Gerold Wandel · Reviereinrichtungen selbst gebaut

Gerold Wandel

Reviereinrichtungen selbst gebaut

193 Fotos und Skizzen,
86 Konstruktionszeichnungen
vom Verfasser

Dritte, überarbeitete Auflage

BLV Verlagsgesellschaft
München Wien Zürich

CIP-Kurztitelaufnahme der Deutschen Bibliothek

Wandel, Gerold:
Reviereinrichtungen selbst gebaut / Gerold Wandel. – 3., überarb. Aufl. –
München; Wien; Zürich: BLV Verlagsgesellschaft, 1983.
  (BLV Jagdbuch)
  ISBN 3-405-12860-9

Satz: Georg Wagner, Nördlingen
Druck: Rombach & Co. GmbH, Freiburg i. Br.
Bindung: Conzella, Urban Meister, München

Printed in Germany · ISBN 3-405-12860-9

Inhaltsübersicht

Einrichtungen für die Jagdausübung

Vorwort

Dieses Buch ist bei dem Aufbau und der Einrichtung von Hochwild- und Niederwildrevieren entstanden. Der Selbstbau von Reviereinrichtungen ist für den Jäger eine interessante, kostensparende und somit lohnende Arbeit. Er ist Bauherr, Architekt und Jagdrevier-Handwerker gleichermaßen. Die Einrichtung des Jagdrevieres macht nur dann Freude, wenn der Jäger eigene Ideen bei der Ausführung der Arbeit verwirklichen kann. Aus diesem Grund soll das Buch nur ein Ratgeber für den Jäger sein. Reviereinrichtungen müssen immer und überall den Geboten der Sicherheit und der jagdbetrieblichen Zweckmäßigkeit entsprechen. Die dargestellten Einrichtungen für den Jagdbetrieb haben sich in der Praxis bewährt. Durch die umfangreiche Illustration werden die Einrichtungen leicht verständlich vorgestellt.

Die technischen Zeichnungen sind vom Jäger für den Jäger gezeichnet worden und bilden die Grundvoraussetzung für den Nachbau der Einrichtungen. Zusammenstellungszeichnungen und Teilzeichnungen sind mit Buchstaben gekennzeichnet, so daß auch der im Lesen von Zeichnungen nicht Geübte diese lesen und leicht verstehen kann.

Die Maßangaben sind nur auf das Notwendigste beschränkt, so daß sie die Zeichnungen nicht zu sehr verwirren. Die Stechzirkelmaße der maßstabgerechten Zeichnungen ermöglichen eine Abnahme von Maßen, die z. T. nicht eingezeichnet sind. Die *Buchstabenfolge auf den Zeichnungen ist gleichzeitig die Bauanleitung.* Gerade diese Systematik erleichtert den Nachbau der Einrichtungen. Zur bildhaften Darstellung sind einzelne Zeichnungen in isometrischer oder dimetrischer Projektion gezeichnet worden.

Bescheidene handwerkliche Kenntnisse sind erforderlich, um die Reviereinrichtungen anfertigen zu können. In der Materialbeschaffung war ich bemüht, das Holz, das seit Urgenerationen schon immer zum Baumaterial des Jagdhandwerkes gehörte, in den Vordergrund zu stellen. Das Holz, das uns die Natur bietet und wieder zerstören kann, ist geradezu ideal als Baumaterial für einen bewußten Umweltschutz. In bezug auf Reviereinrichtungen können wir es uns nicht leisten, auch nur irgendwo und irgendwie das Landschaftsbild aus Bequemlichkeit oder falsch verstandener Zweckmäßigkeit zu schänden.

In jahrelanger Arbeit wurden die Einrichtungen in verschiedenen Revieren gebaut und erprobt. Nun sollen die Erfahrungen bei ihrer Herstellung in diesem Buch, zusammengefaßt für den Jäger, den Revierinhaber und das Jagdschutzpersonal, mit einer Reihe von Hinweisen als Arbeitsanleitung weitergeleitet werden.
Für die verständnisvolle Unterstützung möchte ich meinem ehemaligen Jagdherrn in der Westeifel danken.

> Jagd ist kein Steckenpferd
> Jagd ist Arbeit
> in der Natur,
> für die Natur
> und nicht gegen die Natur.

> Gerold Wandel

Werkraumeinrichtung

Für den Jagdrevierhandwerker ist ein Werkraum unerläßlich. Bei ungünstigem Wetter können im Werkraum Arbeitsvorbereitungen getroffen werden. Für den Arbeitsplatz sind eine Werkbank oder Hobelbank und zwei Arbeitsböcke notwendig. Die elektrischen Anlagen, Licht und Steckdosen, sind dem Arbeitsplatz anzupassen. Für die Arbeit mit der Handkreissäge oder dem Elektrohandhobel läßt sich das gefährliche Zerschneiden der Anschlußkabel durch Steckdosen an der Werkraumdecke vermeiden. Werkzeug kann im Schrank oder an Lochwandplatten untergebracht werden. Zweckmäßig ist das farbige Markieren der Werkzeugumrisse an der Lochwand. Somit erhält jedes Werkzeug seinen Platz und der Verlust von Werkzeug wird schnell bemerkt.

Werkzeug

Elektrische Schnittwerkzeuge: Tischkreissäge 6 PS Drehstrom mit Höhen- und Schrägverstellung des 400er Sägeblattes (Wolfszahnung); Handkreissäge 5 A, 1000 W, 4900 U/min mit Hartmetall-Blatt (für kunstharzverleimtes Holz) min. 50 mm Schnitt; Schlagbohrmaschine 450 W, 1200/1800 U/min mit Bohrfutter 13 mm; Motorsäge, nicht zu lange Schwertlänge (ca. 40 cm).

Handschnittwerkzeuge: Bügelsäge 45 cm langes Blatt, Eisensäge, Stichsäge, Stechbeitel, Astschere, Zangen und Hobel.

Bohrer: Spiralbohrersatz 2–10 mm, Holzspiralbohrer 12–16 mm, Irwin-Schlangenbohrer 12–25 mm, Körner, Bohrzwinge.

Schlagwerkzeuge: Zimmermannshammer 500 g, Fäustlingshammer 1500 g, kleiner Hammer, Holzhammer, Vorschlaghammer groß, Iltisaxt mit Hickorystiel, Handbeil.

Spannwerkzeuge: Schraubzwingen 25 cm und 60 cm, Schraubstock 150 mm Backenbreite.

Werkzeug für Erdarbeiten: Spaten, Schaufel, Rechen, Locheisen, Stahlfächerbesen.

Meßwerkzeuge: Unzerbrechlicher Meterstock (»Zollstock«), Bandmaß 20 m, Zirkel, Anschlagwinkel 600er, Anschlagwinkel 250er, Senklot, Schmiege, Wasserwaage.

Baumaterial

Schalbretter 25 mm; Bretter 35 mm, Bretter 15 mm; Nut- und Federbretter 19 mm; wasserfest verleimte Spanplatten (Pahnplatten) mit Nut- und Feder 10 mm und 19 mm; Kantholz 8 × 8 cm, Kantholz 6 × 6 cm, Kantholz 4 × 6 cm (Kreuzrahmen); Dachlatten; Rundholz-Derbstangen (Länge und Zopfdurchmesser je nach Verwendung) geschält; Reiserstangen; Bitumendachpappe 500er; Nägel 20–100 mm, 120, 130, 140, 160, 180, 210 mm; Dachpappnägel; Rundkopf- und Flachkopfholzschrauben, Schloß- oder Schlüsselschrauben M 10 und M 12, Länge je nach Bedarf; Unterlegscheiben.

Holzimprägnierungsmittel

Die mit großem Arbeitsaufwand hergestellte Einrichtung sollte grundsätzlich mit Holzschutzmittel behandelt werden. Der Kosten- und Arbeitsaufwand für den Holzschutz steht in keinem Verhältnis zur Wertminderung der Einrichtung, die durch Pilzbefall und Fäulnis ohne diesen Schutz eintritt. Für Revieraußenarbeiten ist das Carbolineum PAV-142, 30–50 l/m^3 geeignet. Für Fütterungseinrichtung, Hundezwinger usw. haben sich farbige Holzschutz-Lasuren (Holzschutzmittel auf Ölbasis) nach DIN 68800, 250 ml/m^2 (= 200 g/m^2) bewährt. Wertvollere Einrichtungen sollten mit diesem Schutzmittel behandelt werden. Völlig ungeeignet für die Praxis sind Lackfarben.

Revierkarten

Die Revierkarten sind mit Absicht an den Anfang dieses Buches gesetzt worden. Die Übernahme des Jagdreviers beginnt mit der Landkartenarbeit. Die Revierkarte bietet dem Jäger Information und macht die Planung im Jagdbetrieb erst möglich. Bei der Vorbesprechung und Durchführung von Treib- und Drückjagden ist die »Kartenarbeit« unerläßlich. Eingetra-

gene Wildmarkierung, Wechsel und Nachsuchen geben Aufschluß über das Verhalten des Wildes im Revier. Die Revierkarte ist der beste Berater des Jägers und dazu eine gute Gedächtnisstütze. Je nach Reviergröße sind die Karten im Maßstab 1:10 000 (Meßtischblatt) oder 1:25 000 (topographische Karte) zu wählen. Beim Meßtischblatt sollten zusätzlich zur Grenzeintragung die Wald–Feld-Flächen mit grünen und gelben Farben gekennzeichnet sein. Nach eventuellem Zurechtschneiden mehrerer Kartenausschnitte werden diese auf die Sperrholzplatten mit Tapetenleim aufgeklebt und mit einer Klarsichtklebefolie überspannt.
Die Klebefolie verhindert ein Verschmutzen und Vergilben der Revierkarten. Falsch wäre es, die baulichen Reviereinrichtungen einzuzeichnen. Werden Reviereinrichtungen von ihrem Standort entfernt, müssen diese auch gleichzeitig von der Revierkarte gelöscht werden. Das Markieren der Einrichtungen auf der Revierkarte geschieht deshalb am zweckmäßigsten mit bunten Kartennadeln. Kartenfähnchen in verschiedenen Farben zeigen wichtige Standorte z. B. vereinbarte Treffpunkte vom Jagdausübungsberechtigten und Berufsjäger. Nächtliche Jagdschutzaktionen sollten grundsätzlich auf der Karte vor dem Verlassen des Jagdhauses abgesteckt werden.

Die Jagdbetriebskarte (Zeichnungen 1 u. 2) erschöpft alle Möglichkeiten der Kartenführung für den Jagdbetriebsleiter (Berufsjäger, Förster, Jagd-

Abb. 1 Arbeit an den Jagdbetriebskarten

aufseher usw.). Im Kartenrahmen sind eine Wandkarte und vier verdeckte Arbeitskarten untergebracht. Auf die Sichtwandkarte (E) (Revierkarte) werden alle Einrichtungen, die auffallend und für jedermann im Revier sichtbar sind, abgesteckt. Reviereinrichtungen, die im Revier versteckt untergebracht sind, z. B. Fallen, Jagdschutzholzstapel usw., werden auf die Arbeitskarten (G–H), die in den Innenraum des Kartenrahmens eingeschoben sind, abgesteckt. Die Seitenteile des Kartenrahmens (C–D) lassen sich aus den Laufnuten des Deckteiles (B) und dem Bodenteil (A) mit Bleistift- und Stechzirkelrille (A1) herausziehen (Abb. 1). An der Rückwand (F) wird die Jagdbetriebskarte im Jagdhaus aufgehängt. »Reviergeheimnisse« sind somit vor »neugierigen Kartenstudenten« im Jagdhaus verwahrt. (Material: Eichenholzrahmen und Gabunsperrholzplatten)

Die Wandkarte wird auf eine der Größe entsprechenden Sperrholzplatte geleimt, mit Bilderrahmenleisten umsäumt und an einem geeigneten Platz (nicht Hausflurwand) aufgehängt.

Die Tischkarte eignet sich besonders für die Berufsjägerausbildung. Auf dem Tisch befindet sich ein Sandkastenrahmen, der mit der Revierkartenplatte abgedeckt wird. In den Sandkastenrahmen wird feiner Flußsand eingefüllt. In diesem Sand finden die legendären »Treibjagd-Sandkastenspiele« bei der ernsten Ausbildung von Berufsjägern statt. Ein weiterer Vorteil ist die Horizontallage der Tischkarte. Sie erleichtert das Kartenlesen, und der Auszubildende kann die Karte leichter ausnorden.

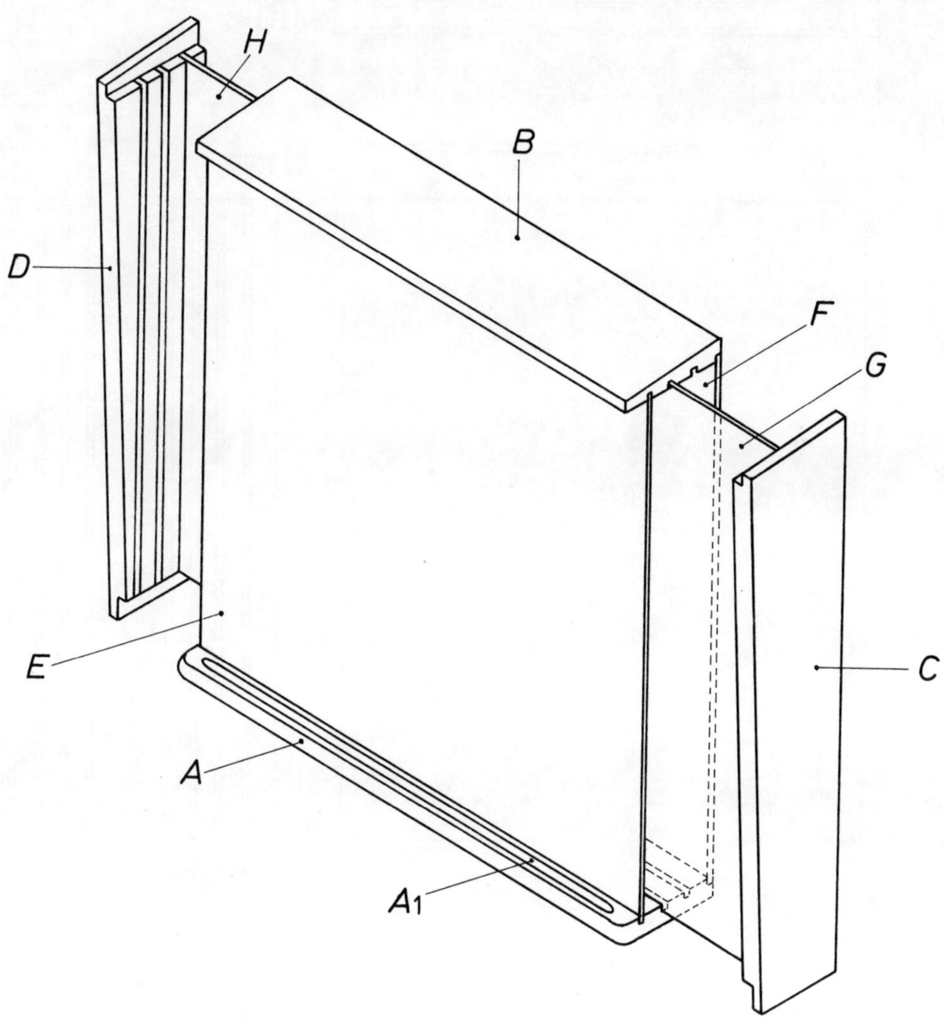
H
B
D
F
G
E
A
A1
C

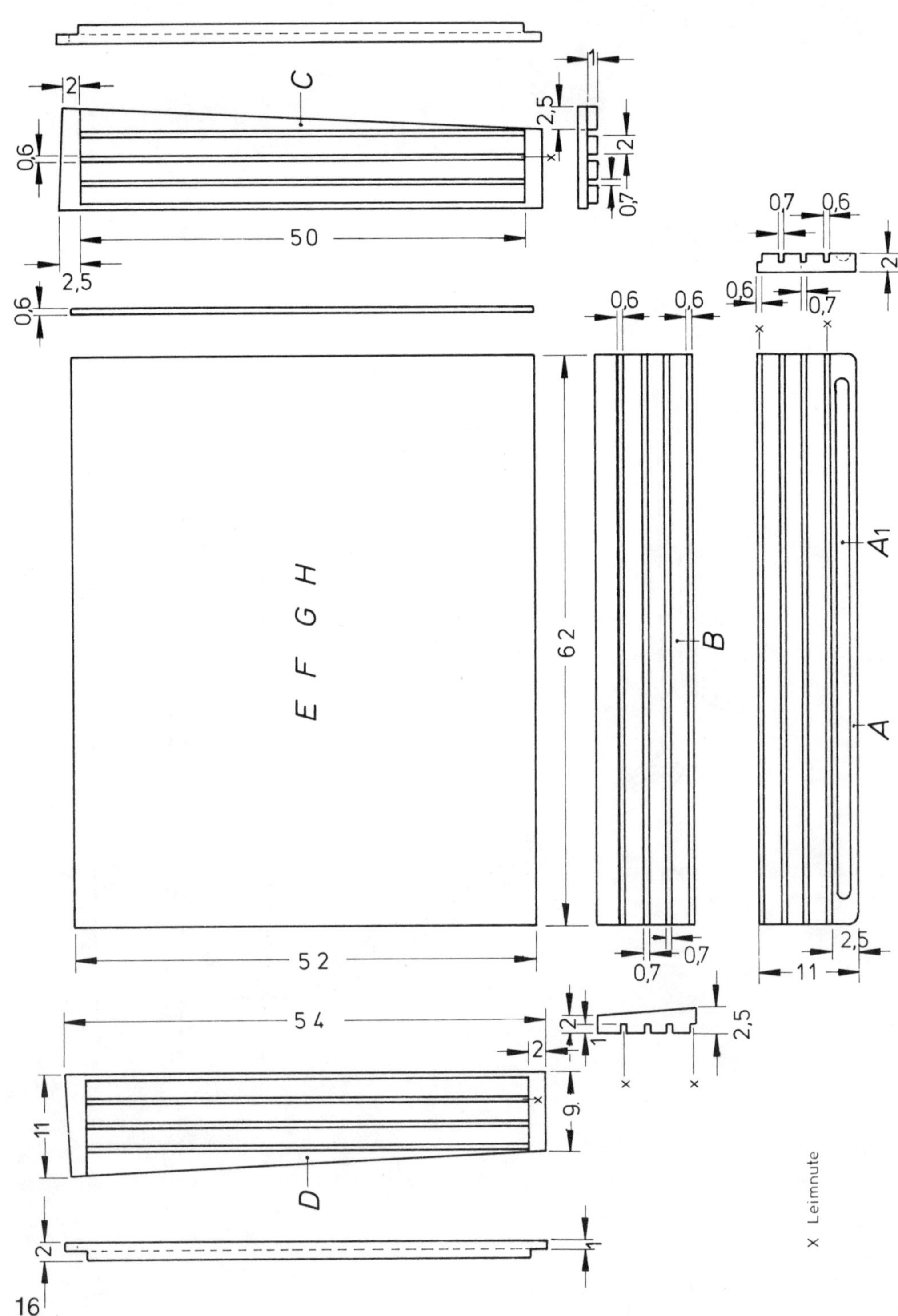
C
2
0,6
2,5
0,6
50
2,5
1
2
0,7
0,7
0,6
0,7
0,6
2
0,6
0,6
62
B
A
A1
0,7
0,7
0,7
2,5
11
E F G H
52
54
11
2
9.
D
2
16
2
1
2
2,5
1
x
x
x Leimnute

Futterlager für Schalenwild

In einem Hochwildrevier müssen für die sachgemäße Winterfütterung große Mengen Futter eingelagert werden. Schalenwild kann nicht aus dem Rucksack gefüttert werden! Es sollen keine bombastischen sondern zweckdienliche Fütterungseinrichtungen gebaut werden. Das nachfolgend beschriebene Futterlager entspricht diesen Aufforderungen (Abb. 2, Zeichn. 3). Das Futterlager ist eine Grundeinrichtung für die Winterfütterungsanlagen im Rotwild-, Damwild-, Muffelwild- und Schwarzwildrevier. Die Baukosten sind gering gehalten. Bei einer Winterfütterungsdauer von ca. 200 Tagen (15. Oktober–30. April) wäre es unzweckmäßig, die Futtermittel täglich mit dem Fahrzeug an den Futterplatz zu fahren. Die Fahrkosten sind auf Jahre gerechnet höher als die Baukosten. Die Witterungsverhältnisse im Winter erschweren den Futtertransport und machen oft ein Befahren der Mittelgebirgsreviere unmöglich.
Um den »Äsungskreislauf« im Revier von der Wildweide über den Wildakker zur Winterfütterung zu schließen, ist der Fütterungsbeginn noch vor der Rübenernte einzuleiten. Dieser Termin erlaubt auch den preiswerten Einkauf von Futtermitteln im Zeitraum der Herbsternte. Der Zivilisations-Wald im Winter bietet dem Schalenwild auch bei angemessener Wilddichte nicht mehr das nötige Erhaltungsfutter um den Wildbestand gesund zu erhalten und die auftretenden Wildschäden zu vermindern. Im Futterlager werden die Futtermittel, Saftfutter (Rüben, Futterkartoffeln, Silage) und Kraftfutter (Hafer, Gerste, Eicheln) zur täglichen Entnahme untergebracht. Die Fütterung ist durch die Bauweise des Futterlagers zeitsparend während eines Revierganges durchzuführen.

Die Rübenmiete (Abb. 5, Zeichn. 4) wird in Satteldachform aus geschältem Eichenrundholz (A) und Fichtenstangen (B) gebaut. Die selbsttragende Holzkonstruktion wird mit kunststoffbeschichtetem 5 × 5 Maschendrahtgeflecht (C) überspannt, mit Strohpreßballen (D) wie eine Backsteinmauer abgedeckt und zur nochmaligen Abdeckung mit Kaff oder Sägemehl (E) überschüttet. Nach dem Aufstellen der Kraftfuttervorratsbehälter (G) und des Schutzzaunes (F) werden die zwei Giebelseiten der Miete ebenfalls mit Strohpreßballen abgedichtet. Die Türöffnung (Abb. 3) zur Entnahme der Rüben und die Lukenöffnung (Abb. 4) zum

Abb. 2
Futterlager für Schalenwild mit Kraftfuttervorratsbehältern

Abb. 3
Futterlager mit Eichelbehälter und Silos

Abb. 4
Futterlager mit Mietengiebel am Fahrweg

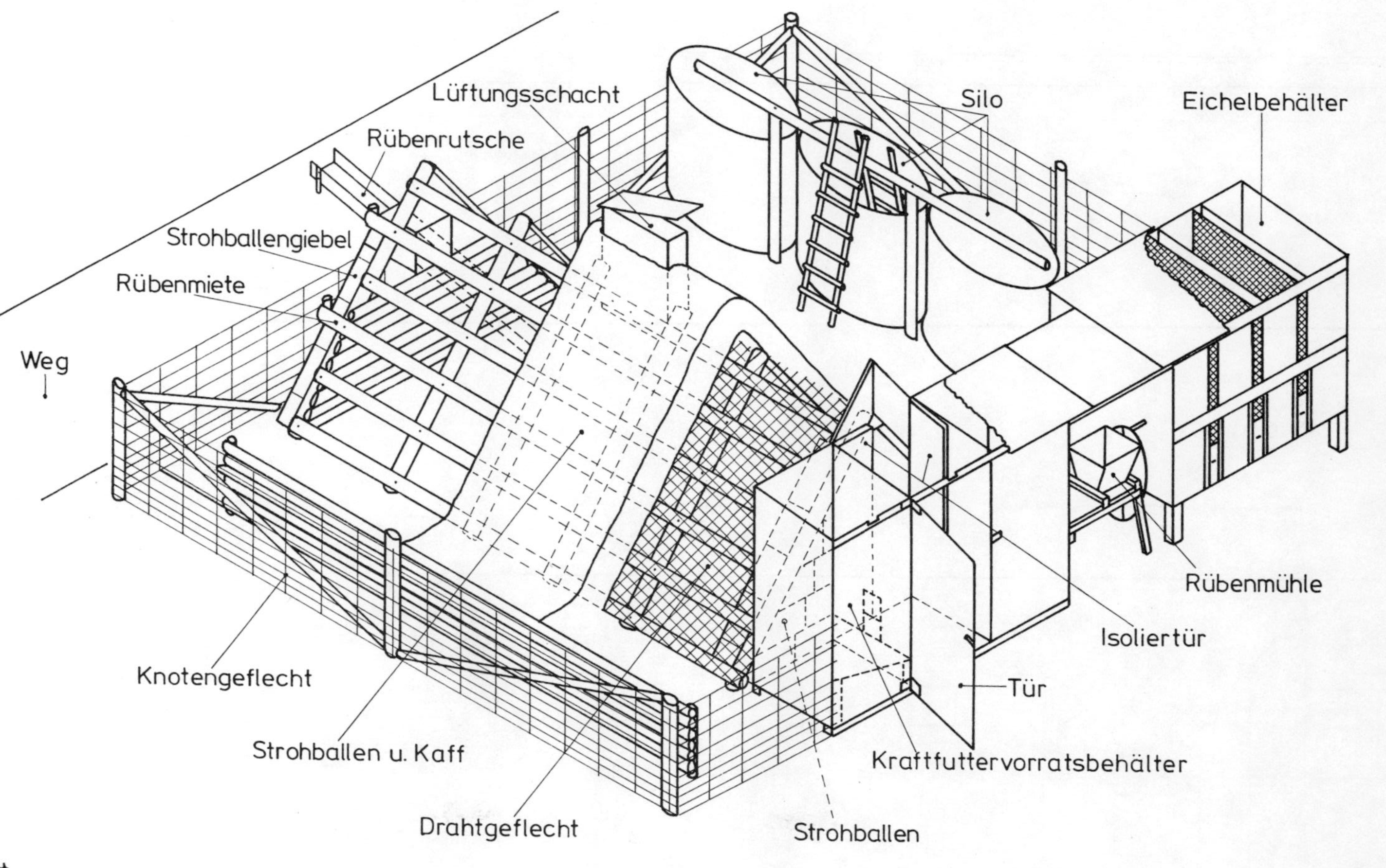

Lüftungsschacht
Rübenrutsche
Strohballengiebel
Rübenmiete
Weg
Silo
Eichelbehälter
Rübenmühle
Isoliertür
Tür
Kraftfuttervorratsbehälter
Strohballen
Drahtgeflecht
Strohballen u. Kaff
Knotengeflecht
100 cm

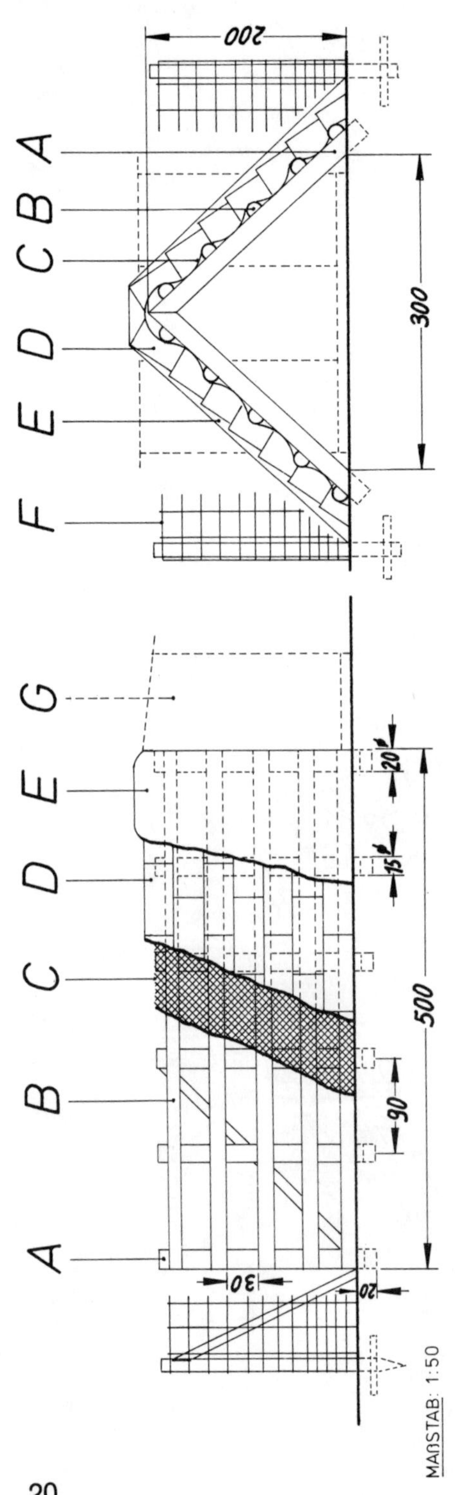
A
B
C
D
E
F
G
200
300
500
20
15
90
30
20
MAßSTAB: 1:50

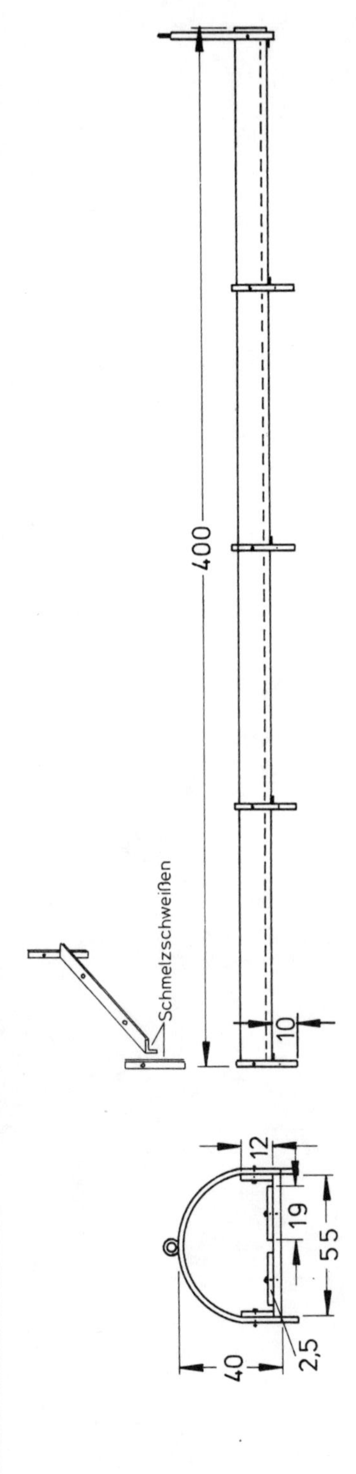
400
10
Schmelzschweißen
12
19
55
40
2,5

Füllen der Miete vom Fahrweg aus werden nicht mit Strohballen zugestellt. Eine Rübenrutsche erleichtert das Füllen (Abb. 9, Zeichn. 4).
Die Abdeckung der Miete ist frostsicher, kostensparend, und die gelagerten Rüben können ausdunsten. Bei Beginn der Lagerung wird der Lüftungsschacht von außen geöffnet und bei Frostgefahr geschlossen. Temperaturregelung in der Miete +4° C. Lagermenge: ca. 95–115 dt. Rüben. Abdeckmaterial, das im Hochwildjagdbetrieb ständig anfällt, z. B. überständig gewordenes Gras der Wildmähweide, Farnkraut, Topinamburkraut usw., kann jährlich auf die Rübenmiete aufgeschüttet werden.
Die übliche Stroh-Erdmiete, wie die Landwirtschaft sie verwendet, ist für den Jagdbetrieb ungeeignet. Das tägliche Öffnen und Schließen der Stroh-Erdmiete, das Eindringen von Schneewasser und Erde und das erneute Anfahren von Abdeckmaterial im Herbst bekräftigen diese Meinung. Der Beton- oder Steinkeller ist in den Baukosten zu aufwendig und dieser »Betonbunker« ist schlecht aus der Landschaft zu entfernen. Die anfällige Lagerung in einem solchen Keller, begünstigt durch das »Schwitzen«, ist ein weiterer Nachteil.
In den zwei **Kraftfuttervorratsbehältern** (Zeichn. 5) wird wiederkäuergerechtes Kraftfutter z. B. Hafer/Gerste für Rotwild oder Mais für Schwarzwild gelagert. Die Entnahme des Futters erfolgt durch die an den Innenseiten (As–Bs) angebrachten Schieber (G). Die 8 Wände (A–B–As–

Bs) der Behälter werden aus wasserfesten Spanplatten 19 mm stark oder Nut- und Federbrettern 20 mm stark zugeschnitten und mit 6 × 6 cm Kantholz verschraubt. Nach dem Anfertigen der Tür (C) wird der linke und rechte Behälter provisorisch zusammengestellt, so daß die Tür anschlägt. Der Fußboden (D) und die Distanzleiste (E) werden vermessen. Ist der Fußboden zugeschnitten und mit dem 8 × 8 cm Kantholz vernagelt, können die beiden Behälter auf den Fußboden aufgesetzt werden. Die Dachfläche (F) wird aus dem genannten Material gebaut, der Distanzleiste angepaßt und mit Bitumendachpappe (F1) abgedeckt. Die Schieber (G) die Schieberöffnung und die Schieberführungsleisten werden zugeschnitten und angeschraubt. Die Behälterböden (H) werden schräg eingepaßt.

Im Revier werden der Boden, der linke Kraftfutterbehälter mit der Tür und der rechte Kraftfutterbehälter vor die Giebelseite der Rübenmiete gestellt. Durch die zwei Behälter und die Tür entstehen ein Mieteneingang und ein Vorraum. In dem Vorraum wird das Kraftfutter entnommen und Arbeitsgeräte (Schiebkarre, Gabel, Schaufel) untergestellt. Der Mieteneingang wird zusätzlich zur Außentür mit einer doppelwandigen Isoliertür (Abb. 6) (Styroporfüllung) frostsicher verschlossen. Durch das Verschließen der Außentür ist der Zugang in die Rübenmiete, die Entnahme von Kraftfutter und die Entwendung von Arbeitsgeräten unbefugten Personen versagt.

Abb. 6 Kraftfuttervorratsbehälter, mit Vorraum und Arbeitsgeräten

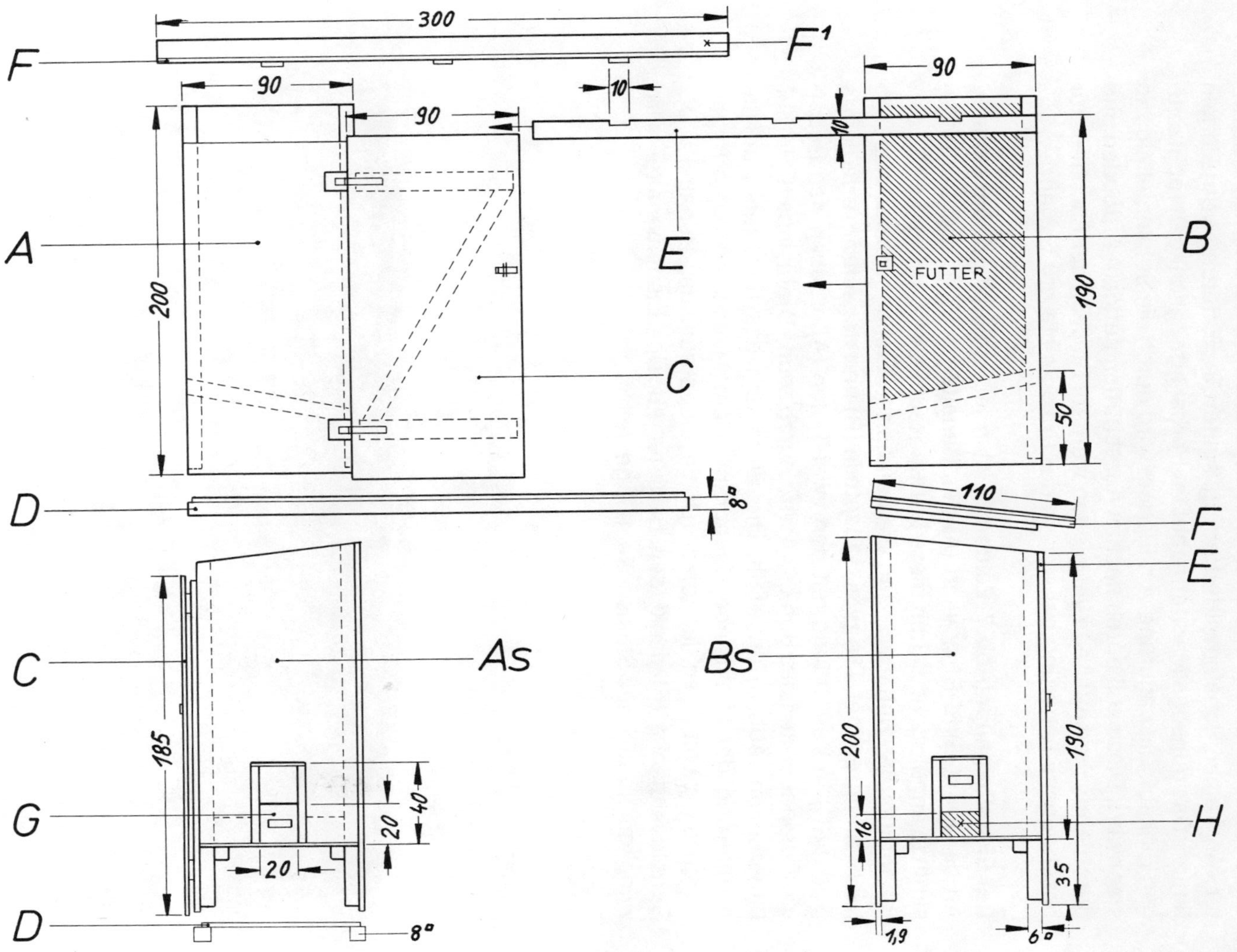

300
F
F¹
90
90
10
10
A
E
B
200
FUTTER
190
C
50
D
8°
110
F
E
C
As
Bs
E
185
200
190
G
40
20
H
20
16
3,5
D
8°
1,9
6°

Die einfache und trockene Lagerung von Kraftfutter in Vorratsbehältern
ist der Lagerung in Säcken vorzuziehen. Etwas schwieriger ist die Lagerung von Eicheln. Die Eichel ist ein sehr wertvolles natürliches Kraftfutter. An keiner Schalenwildfütterung sollte die Fütterung von Eicheln
fehlen. Das günstige Marktangebot im Herbst ermöglicht den rechtzeiti-
gen Einkauf. Die Lagerung von Eicheln wird durch die Schimmelbildung
erschwert. Diese soll durch flaches Ausschütten auf dem Erdboden und
durch Abdecken mit Laub vermieden werden. Diese in der Fachliteratur
beschriebene Lagerung hat sich in der Praxis nicht gut bewährt.

Der Eichelbehälter (Abb. 7, Zeichn. 6) ist in seiner Funktion sehr einfach.
An der Front- und Rückwand (A) des Behälters sind je drei Lüftungs-
schlitze angebracht. Durch diese Lüftungsschlitze (X) dringt Luft in den
Innenraum des Behälters, und die gelagerten Eicheln werden dadurch
leicht angetrocknet. Die zwei Seitenteile (B) und der schrägverlaufende
Boden (C) in Verbindung mit den zwei Teilen (A) ergeben den Behäl-
ter. Der Innenraum des Behälters wird durch sechs Drahtsiebe (E) in vier
Lagerboxen (Abb. 8) unterteilt. Die Einteilung des Behälters und die
Arretierung der Drahtsiebe (Siebdraht 1 cm Maschenweite) erfolgen
durch die zwölf Anschlaghölzer (D) im Innenraum des Behälters. Die
Satteldachfläche (F) deckt den Behälter ab. Der Eichelbehälter wird
zweckmäßig auf vier Steinsockel (G) gestellt.

Abb. 7 Eichelbehälter

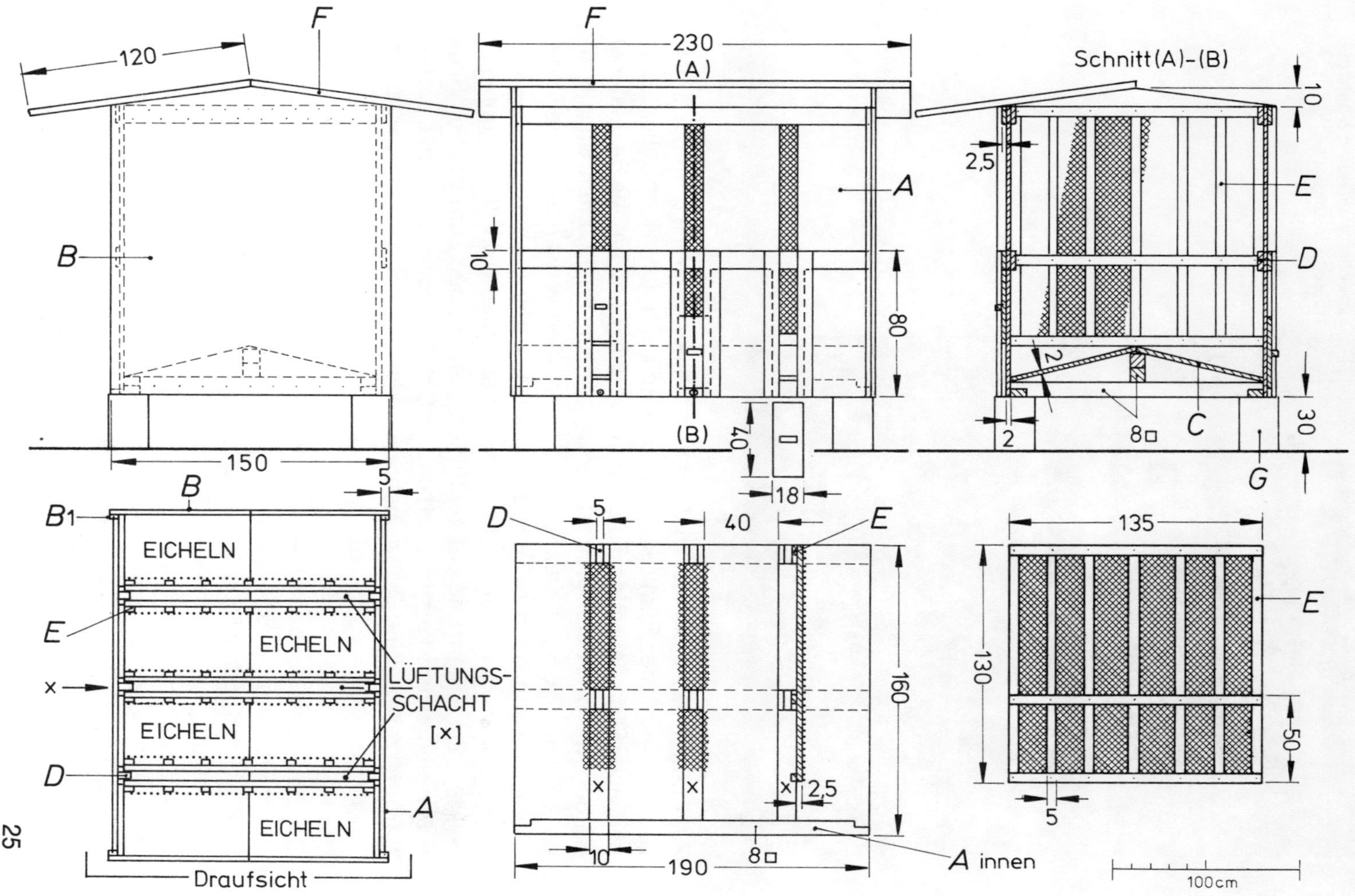

F
120
B
F
230
(A)
A
10
80
(B)
40
18
Schnitt(A)-(B)
10
2,5
E
D
2
2
8□
C
30
G
B
B1
5
EICHELN
EICHELN
EICHELN
EICHELN
E
LÜFTUNGS-SCHACHT
[×]
D
A
150
Draufsicht
D
5
40
E
160
×
×
×
2,5
10
190
8□
A innen
135
130
E
50
5
100 cm
25
Eichelbehälter 6

Zur Entnahme der Eicheln wird der Futtereimer unter die Lüftungsschlitze der Front- oder Rückseite gestellt, und nach dem Hochziehen einer
der sechs Schieber rollen die Eicheln aus dem Behälter. Als Baumaterial
werden Nut- und Federbretter oder wasserfeste Spanplatten, Schalbretter 2,5 mm, 8 × 8 cm Kantholz und Dachlatten verwendet. Werden die
Drahtsiebe von oben herausgenommen und die Lüftungsschlitze von
innen mit Brettern zugestellt, kann jedes andere Kraftfutter gelagert
werden. Zur Ergänzung des Saftfutters kann in den aufgestellten Silos
z. B. Apfeltrester siliert, gelagert und verfüttert werden. Das Risiko bei der
Gärfutterzubereitung ist in mehreren kleineren Silos geringer als in
einem Hochsilo.

Der Baustahlgewebesilo (Abb. 10, 40 Zeichn. 7) hat sich gut bewährt. Die
Baukosten und der Arbeitsaufwand sind sehr gering. Das Baustahlgewe-
be R 131–BST 50/55 RK und die Betoplanplatten 4 mm stark (Sichtbeton-
verschalung) werden über das Baugewerbe bezogen. Die Baustahlmatte
(A) wird zugeschnitten, zu einer Kreisform gebogen und mit Seilklemmen
(X) verschraubt. Die Innenseite des Baustahlgeweberinges wird mit zwei
Betoplanplatten (B) ausgekleidet. Es ist darauf zu achten, daß der Silo
horizontal in der Waage steht.

26

Abb. 9 Rübenmietengiebel mit Rübenrutsche zum Füllen der Miete

Abb. 10 Silos am Futterlager

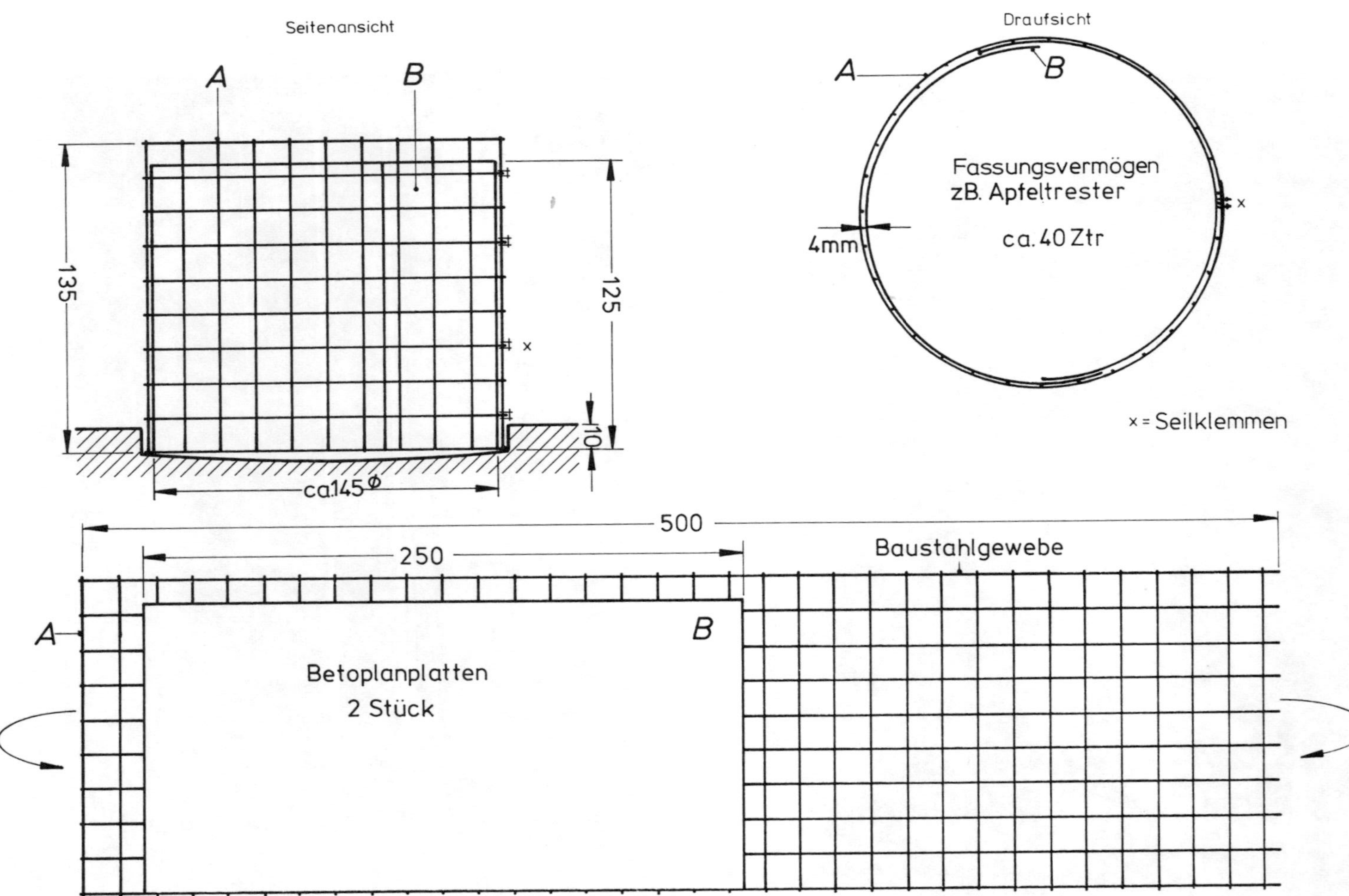

Seitenansicht
A
B
135
125
10
ca.145 Φ
Draufsicht
A
B
Fassungsvermögen
zB. Apfeltrester
ca. 40 Ztr
4mm
x
x = Seilklemmen
500
250
Baustahlgewebe
A
B
Betoplanplatten
2 Stück

Rotwildfütterung

Das sozial veranlagte Rotwild, das in Rudelgemeinschaft lebt, kann somit nicht als Einzeltier an der Winterfütterung gefüttert werden. Am Rotwildfutterplatz sollen 12–25 Stück Rotwild gefüttert werden. Jede Massierung von Wild an der Fütterung ist zu vermeiden. Ist die Revierfläche und die Rudelkopfzahl groß, ist es besser, zwei Futterplätze für das Rotwild einzurichten. Nach der Einrichtung von zwei Futterplätzen trennen sich in der Regel die Rudelverbände zu einer Hirsch- und Kahlwildfütterung. Die Fütterungsanlage soll möglichst im Buchen- oder Eichenaltholz an einer windgeschützten Stelle liegen (Abb. 11, Zeichn. 8).
Das Rotwild benötigt als »Läufer« freie Sicht und die nötige Entfernung zu den Tageseinständen. Die Grundeinrichtung für den Futterplatz ist das bereits beschriebene Futterlager. Das Futterlager muß mit Fahrzeugen erreichbar sein, um die Futtermittel anfahren zu können, darf aber nicht an häufig benutzten Wegen liegen, wegen der damit verbundenen Störung.

Freistehende Tröge (Abb. 12, Zeichn. 10) werden in Kreisform im Abstand von 8 m aufgestellt. Das Aufstellen der Futtertröge, z. B. 12 Stück, erfolgt auf Kreuzböcken (Zeichn. 10). Die kreisförmige Anordnung und die Trogabstände zueinander vermindern den Futterstreit des Wildes. Im Rotwild-Schwarzwildrevier ist es angebracht, die Tröge lose aufzulegen, denn reißt das Schwarzwild die angeschraubten Futtertröge mit Gewalt vom Kreuzbock, ist eine Beschädigung nicht auszuschließen. Auf dem Kahl-

Abb. 11   Rotwildfutterplatz mit Heuraufe, freistehenden Trögen und Futterlager

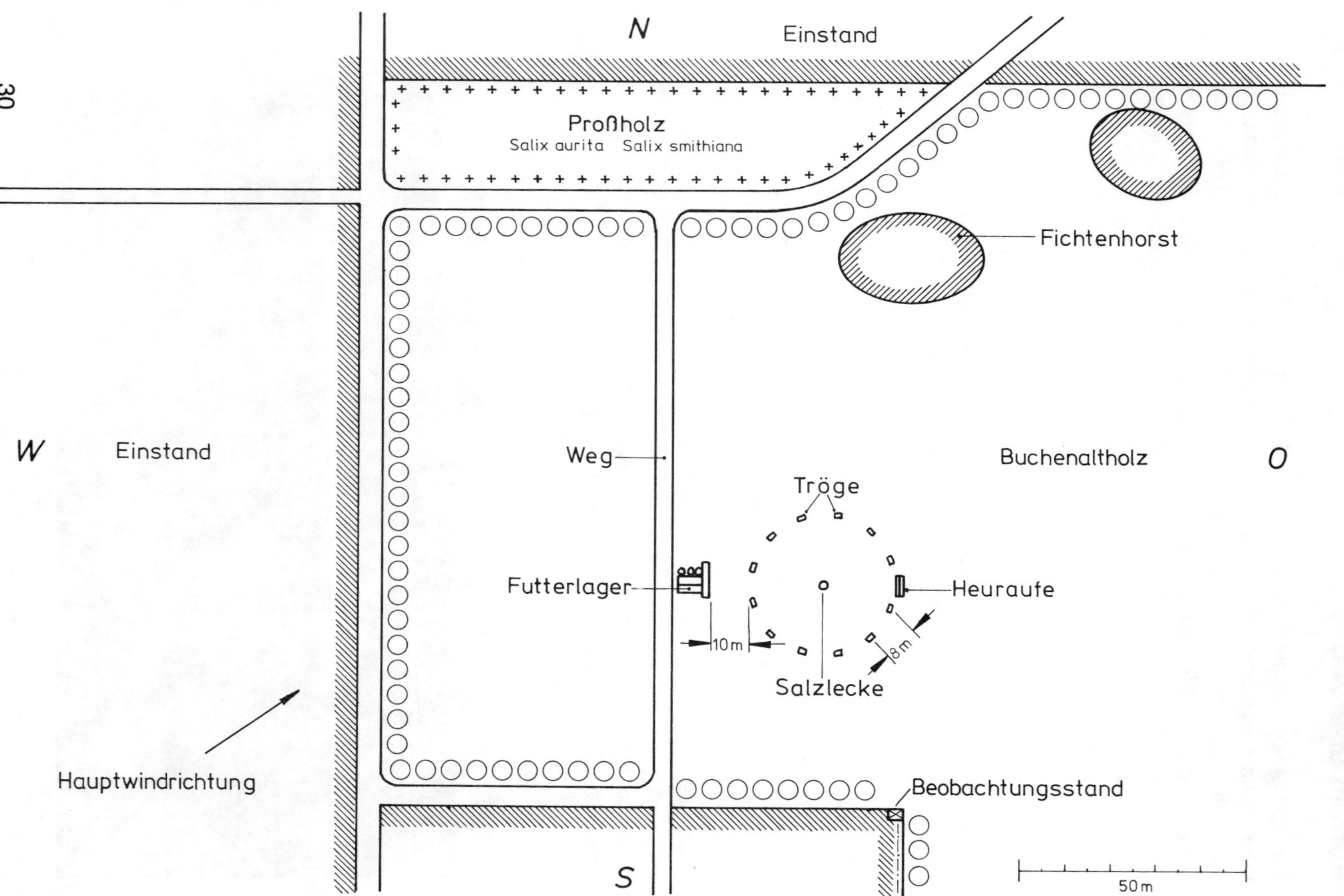

N
O
S
W
Einstand
Proßholz
Salix aurita Salix smithiana
Fichtenhorst
Weg
Buchenaltholz
Futterlager
Tröge
Heuraufe
Salzlecke
Beobachtungsstand
Hauptwindrichtung
10 m
8 m
50 m
30

wildfutterplatz sollten die Tröge in der Höhe von 70 cm aufgestellt werden. Die Troghöhe von 1 m ist »schwarzwildsicherer« und an der Hirschfütterung zu empfehlen. Die Futtertröge werden aus 3 cm starken Fichtenbrettern zusammengeschraubt und mit Bandeisen beschlagen (Zeichn. 10).

Die freistehenden Futtertröge werden vom Futterlager aus mit der Schiebkarre angefahren und gefüllt. Das Rotwild ist als Intermediär- oder Zwischenäsungstyp (Mischäser) einzugliedern. Aus diesem Grund ist eine reichliche Gabe von Saftfutter 80% (Rüben) und Kraftfutter 20% (Hafer–Gerste–Eicheln) gemischt im Trog zu reichen. Das Futtergemisch (Saftfutter–Kraftfutter in einem Trog zu füttern erscheint aufgrund von Beobachtungen, die ich in Rotwild-Dienstrevieren machte, erwähnenswert. Es ist unumstritten und bekannt, daß das Verfüttern von reichlich (80%!) Rüben den Winterschälschaden stark vermindert.

Damit jedes Stück Rotwild zu seinem hohen Saftfutteranteil kommt, hat sich das Zermahlen der Rüben mit der Rübenmühle (Abb. 7) bewährt. Die auf die Erde oder in den Schnee geworfenen Rüben frieren oft bei Frosttagen und können nur mühsam vom Wild aufgeäst werden. Dagegen können Rübenschnitzel und das Kraftfutter schnell und sauber vom Wild aufgenommen werden. Alle nur denkbaren Möglichkeiten der Schälschadensverminderung sollten Beachtung finden. Der Schälschadenumfang im Revier entscheidet oft über die Existenz des Rotwildes! Das Rotwild braucht als Mischäsertyp Rauhfutter (Heu).

In der **Heuraufe** (Abb. 13, Zeichn. 9) wird das gute Wiesenheu oder Leguminosenheu je nach Bedarf gereicht. Um dem Wild die Übersicht am Futterplatz zu erhalten, soll die Heuraufe nicht in die Mitte des Futtertrogkreises gestellt werden (Zeichn. 8). Die Traufhöhe 250 cm und die Raufenhöhe 120 cm sind wichtige Maße der Heuraufe. Werden diese Maße nicht beachtet, so ist die Heuaufnahme für die Hirsche beschwerlich. Die Heuraufe wird auf Steinsockel (A) gestellt. Die Seitenteile (B1–B2) und die Verbindungsteile (C1–C2–C3) werden aus 9 × 7 cm gehobeltem Kantholz gefertigt und mit der Rohrsteckverbindung zusammengefügt. Die Schrägverstrebung (D) im Dach gibt der Heuraufe den zusätzlichen Halt. Die Raufengitter (E) werden aus Hartholz zusammengebaut. Die Dachsparren (F) und die Dachabdeckung aus 2,5 cm starken Schalbrettern und 500er Bitumendachpappe schützen das Heu vor Witterungseinflüssen. Für das Kahlwild kann ein Trog (G) in die Heuraufe eingesetzt werden. Das Zwischenbrett (H) verschließt die Raufenspitze.

Das Suchen und Finden von Geweihabwurfstangen im Revier und an der Fütterung war immer schon eine aufregende und lohnende Arbeit. Die Abwurfstangen sind z. B. für den Berufsjäger die bleibende Erinnerung an »seine Hirsche«. Nicht nur die Freude an den Abwurfstangen ist

Abb. 12
Futtertrog auf dem
Kreuzbock aufgelegt

Abb. 13
Heuraufe

Abb. 14
Hoher Futtertrog mit
Geweihabwurfstan-
genvorrichtung

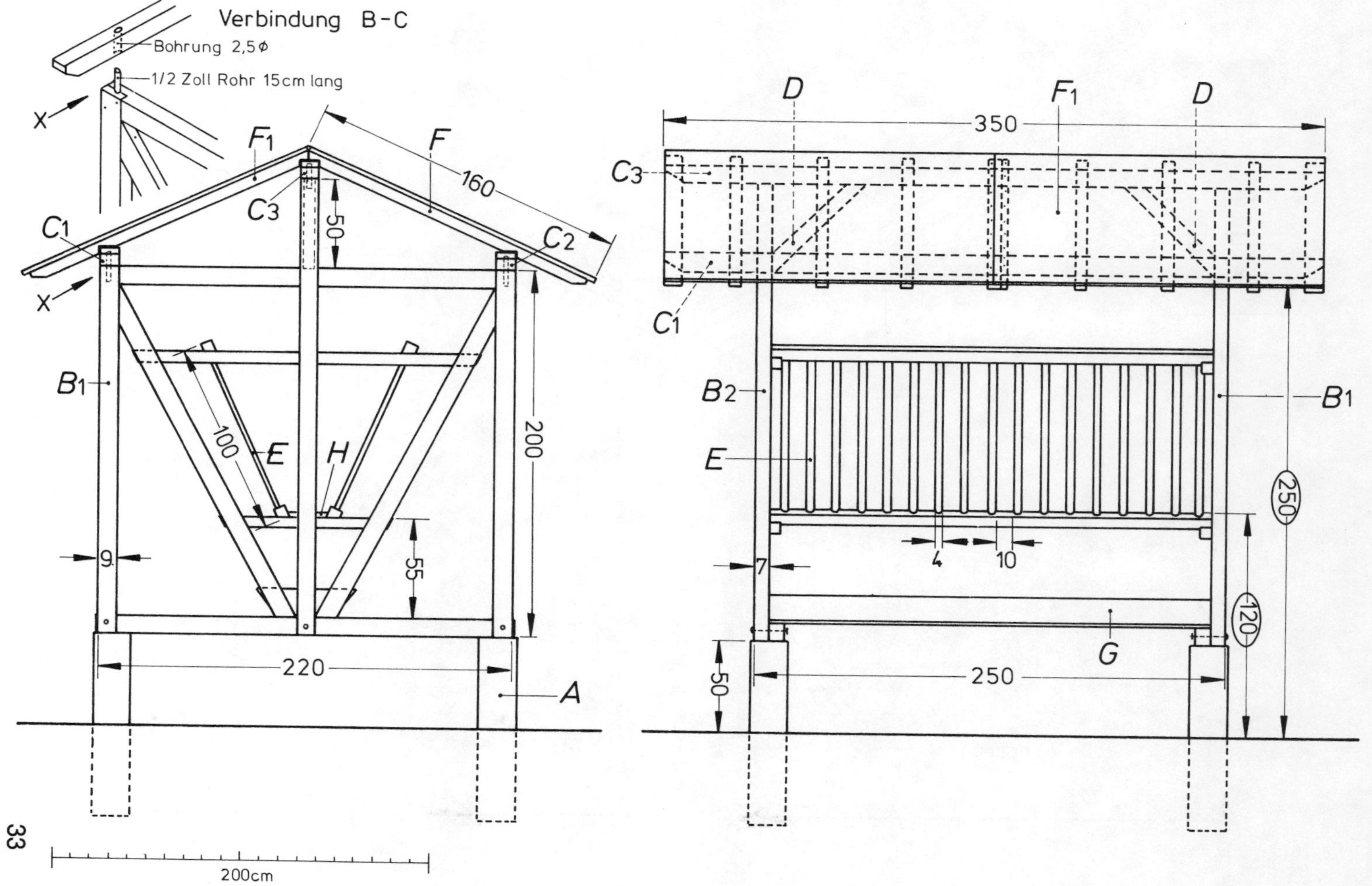
Verbindung B–C
Bohrung 2,5 ⌀
1/2 Zoll Rohr 15cm lang
X
C1
X
F1
C3
F
160
C2
50
D
F1
D
350
C3
B1
B2
B1
100
E
H
200
E
250
9
55
7
4
10
220
A
50
120
G
250
200cm
33

Maßstab: 1:20

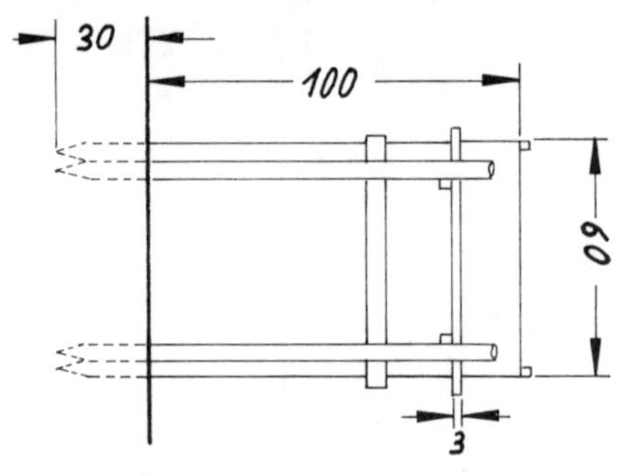

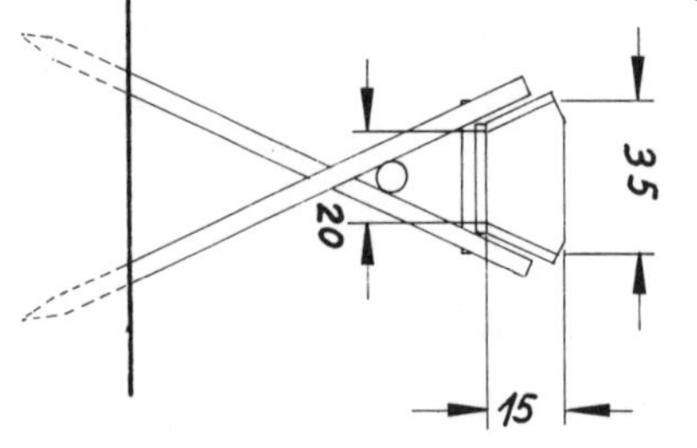

Geweihabwurfstangenvorrichtung

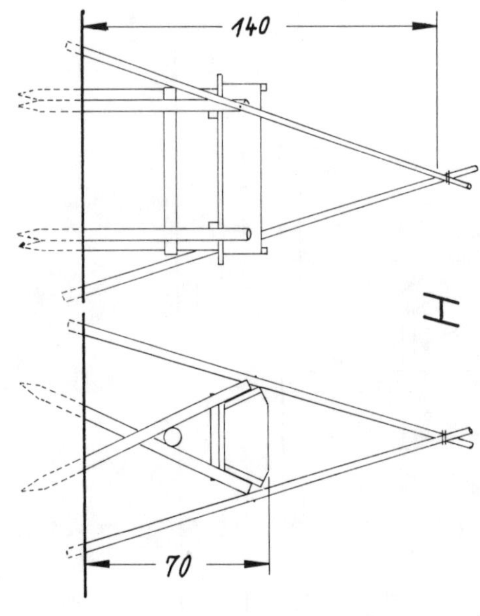

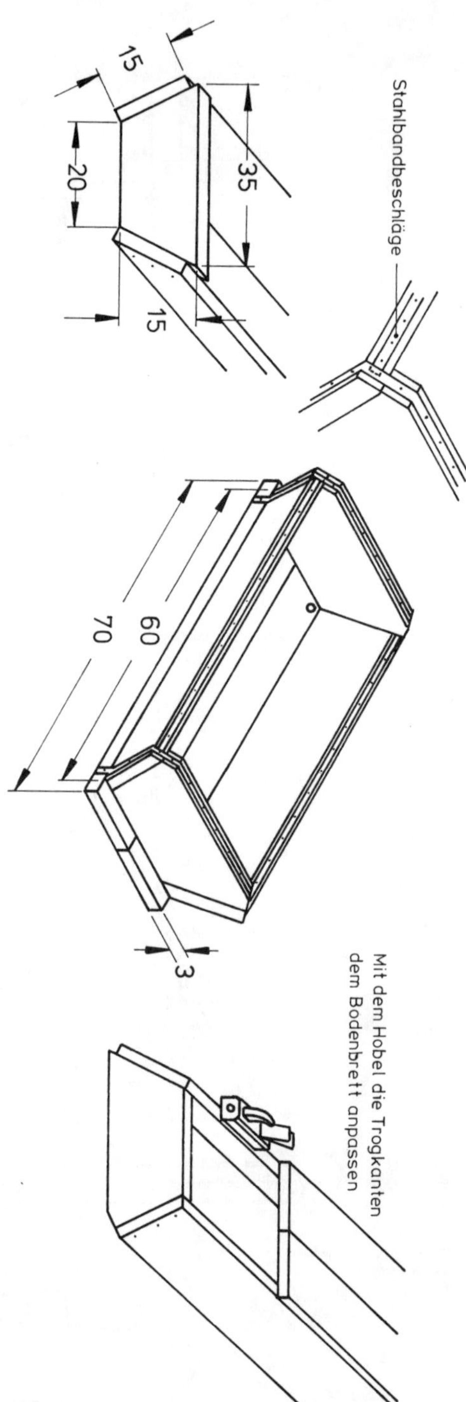

maßgebend, sondern auch die Qualitätsbewertung der noch lebenden Hirsche im Revier. Um das Finden der Abwurfstangen zu erleichtern wird die **Geweihabwurfstangenvorrichtung** (Abb. 14, Zeichn. 10) in den ersten Februartagen an alle freistehenden Futtertröge montiert. Die aus zwei Fichtenreiserstangen über den Trog aufgestellte Vorrichtung behindert die Hirsche bei der Futteraufnahme, ist die Vorabwurfperiode beendet, so liegt oft der ganze Abwurf am Futtertrog.

Schwarzwildfütterung

Hier erscheint es angebracht, die Begriffe Schwarzwildkirrung und Schwarzwildfütterung zu erläutern: Das Wort Kirrung kommt von der Fallenjagd und heißt anlocken und töten. Die Fütterung dient dem Wild in der vegetationsarmen Zeit und im Winter als Ergänzung der Nahrungsaufnahme. Gerade das Schwarzwild, das auf den Erdfraß angewiesen ist, hungert in den Wintermonaten bei Bodenfrost und vereister Schneedecke. Ist eine ausreichende Eichelmast im Herbst nicht vorhanden, so kommt das Schwarzwild in schlechter Körperverfassung in den Winter. Durch eine gute Winterfütterung lassen sich diese Körperschäden ausgleichen. Von Bedeutung ist auch die Sommerfütterung, um das Schwarzwild im Wald zu halten und somit auftretende Feldschäden zu vermeiden.
Die nachfolgend beschriebene Schwarzwildfütterung ist eine kombinierte Sommer-Winterfütterung. Der Futterplatz (Abb. 15, Zeichn. 11) sollte in einem Eichenaltholzbestand nahe dem Einstand erbaut werden. Bei der Wahl des Futterplatzes sind Wechsel und Suhlen zu beachten. Das Futterlager wird an einen mit dem Fahrzeug gut zu erreichenden befestigten Weg gebaut und mit einem guten Knotengeflechtzaun gegen das Schwarzwild abgesichert. In der Miete werden Futter-Kartoffeln gelagert. In den Kraftfuttervorratsbehältern ist Körnermais und in den Silos kann Biertreber siliert werden. Der Eichelbehälter wird mit Eicheln gefüllt. Für die Herbstfütterung hat sich der **Frischlingsrechen** (Abb. 16, Zeichn. 12) bewährt. In den ersten 4 Lebensmonaten genießen die Frischlinge in der Rotte »Narrenfreiheit«. Die Frischlinge werden mit 4½ Monaten von der Muttermilch abgesetzt, dann ändert sich das Verhalten, jetzt dulden nur noch die Bachen ihre eigenen Frischlinge bei der Futteraufnahme. Werden die Frischlinge im Frischlingsrechen getrennt von der Rotte gefüttert, so wird der Futterneid, der sich mit 7–8 Monaten auch auf die eigenen Frischlinge ausdehnt, verhindert.
Der Grundriß des Frischlingsrechens ist sechseckig. Am Staketenzaun (A1 und A2) lassen sich die Durchschlüpföffnungen durch die Schiebe-

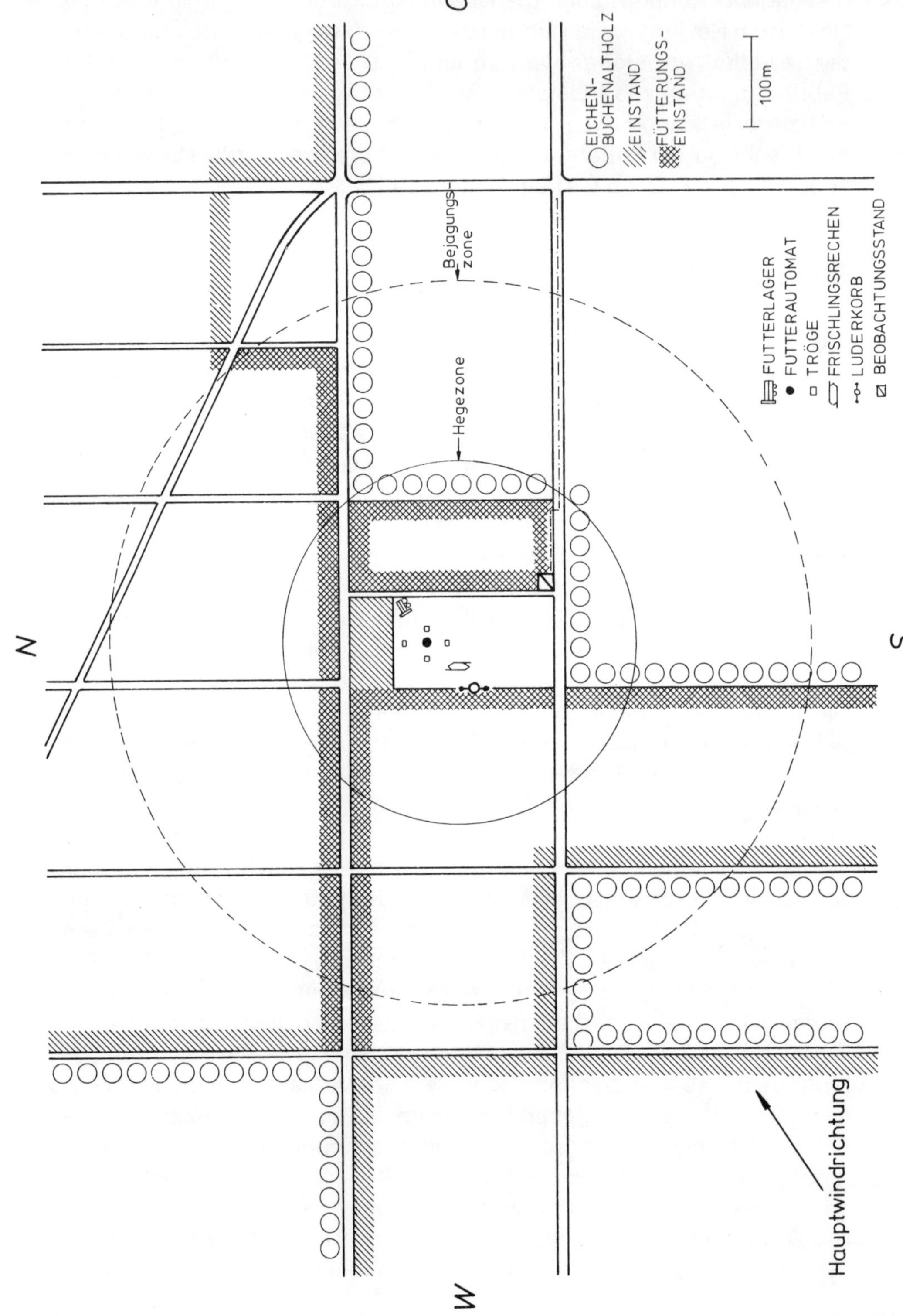

O
N
S
W
EICHEN-BUCHENALTHOLZ
EINSTAND
FÜTTERUNGS-EINSTAND
100 m
FUTTERLAGER
FUTTERAUTOMAT
TRÖGE
FRISCHLINGSRECHEN
LUDERKORB
BEOBACHTUNGSSTAND
Bejagungszone
Hegezone
Hauptwindrichtung

Abb. 15 Schwarzwildfutterplatz mit Futterautomat, Frischlingsrechen, Futtertrögen und Futterlager

staketen (B1) verstellen (Abb. 17). Die Arretierung der beiden Schiebestaketen erfolgt durch ein Anbohren des Holms (A) und in Abständen von 2 cm mehrmaliges Durchbohren des Holmes (B). Durch das Einschieben eines Rundeisens in das Bohrloch von (A) und in die verschiedenen Bohrlöcher von (B) kann der Schieberstaketenzaun (B1) festgestellt und somit die Durchschlüpföffnungen, der »Breite« der Frischlinge entsprechend, eingestellt werden (Abb. 19). So werden die Frischlinge von den Überläufern sortiert. Eine zusätzliche horizontale Unterteilung des Staketenzaunes könnte bei plötzlich auftretender Störung für eingeschlüpftes Rehwild in den Frischlingsrechen zur Falle werden.
Die Seitenteile (C1–C2–C4) haben feststehende Staketen. Das Seitenteil (C3) wird als Tür benutzt (Abb. 18). Die Eckpfähle (D1–D6) werden auf Maß in den Boden eingeschlagen und die Staketenteile angeschraubt. Der Eckpfahl (D4a) ist der Türanschlag, zwischen (D4–D4a) rastet der Türriegel ein. Für das Baumaterial sind Fichtenderbstangen in entsprechendem Durchmesser zu wählen.
Für die Winterfütterung des Schwarzwildes dienen freistehende **Futtertröge.** In den Frischlingsrechen wird ein langer Futtertrog, auch in der Sommerzeit, gestellt (Abb. 20, Zeichn. 13). Die Tröge werden aus Fichten- oder Eichenbrettern 2,5 cm stark angefertigt und die Trogkanten mit Bandeisen beschlagen. Die Seitenteile (A) und die Längsteile (B) ergeben

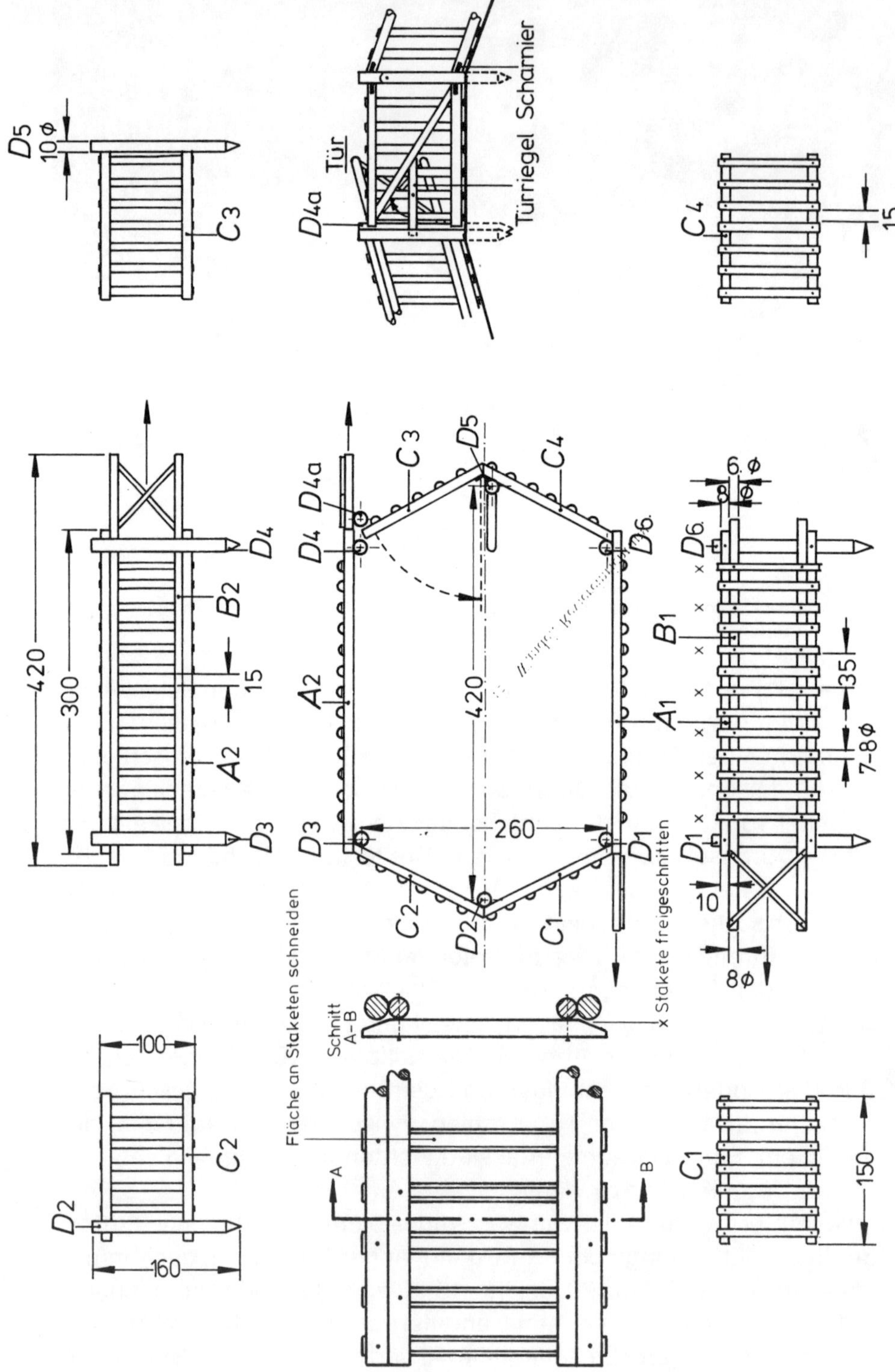
D_5
$10\,\phi$
C_3
Tür
D_{4a}
Türriegel Scharnier
C_4
15
420
300
15
A_2
B_2
D_4
D_3
C_3
D_5
C_4
D_4 D_{4a}
D_4
D_6
D_6
B_1
A_2
A_1
35
7–8 ϕ
6. ϕ
8 ϕ
D_6
260
420
D_3
D_1
C_2
D_2
C_1
D_1
10
8 ϕ
x Stakete freigeschnitten
Fläche an Staketen schneiden
Schnitt A–B
A
B
100
C_2
D_2
160
C_1
150

Abb. 16
Frischlingsrechen
mit geschlossenen
Staketen

Abb. 17
Frischlingsrechen
mit geöffneten
Staketen

Abb. 18
Frischlingsrechen
mit Tür

Abb. 19 Freigeschnittene Staketen am Frischlingsrechen

Abb. 20 Futtertrog im Frischlingsrechen

eine zweckmäßige Form. Die Unterteilung des Troges durch die Trennwände (C u. C1) gewährleistet eine ruhige Futteraufnahme. Der Trogboden (D) wird mit vier Bohrlöchern versehen, um eingedrungenes Regenwasser ablaufen zu lassen.

Die Auflagehölzer (E) für die Abdeckbretter (F) schützen das Futter vor Tauben- und Eichelhäherflügen. Das Abdecken der Tröge mit Brettern nach der Beschickung der Fütterung ist anzuraten, um hohe Futterverluste zu vermeiden. Nimmt das Schwarzwild die Tröge an, so werfen sie die überstehenden Abdeckbretter von den Trögen. Die 1 m langen Futtertröge werden für die Überläufer und stärkeren Sauen aufgestellt (Abb. 21). Offene Tröge (Abb. 22) oder Steintröge (Abb. 23) können ebenfalls verwendet werden.

Der Futterautomat (Abb. 24) hat unübertroffene Vorzüge für die Sommer- und Winterfütterung. Gerade für die Reviere, wo das Schwarzwild als »Wechselwild« auftritt, ist immer Futter z. B. Körnermais am Futterplatz. Nur Schwarzwild kann durch Drehen der Trogeisen mit dem Gebrech Futter aus dem Automaten aufnehmen (Abb. 25). Die Automatenöffnung kann zur Futterentnahme je nach Futtermittel und Abgabemenge

40

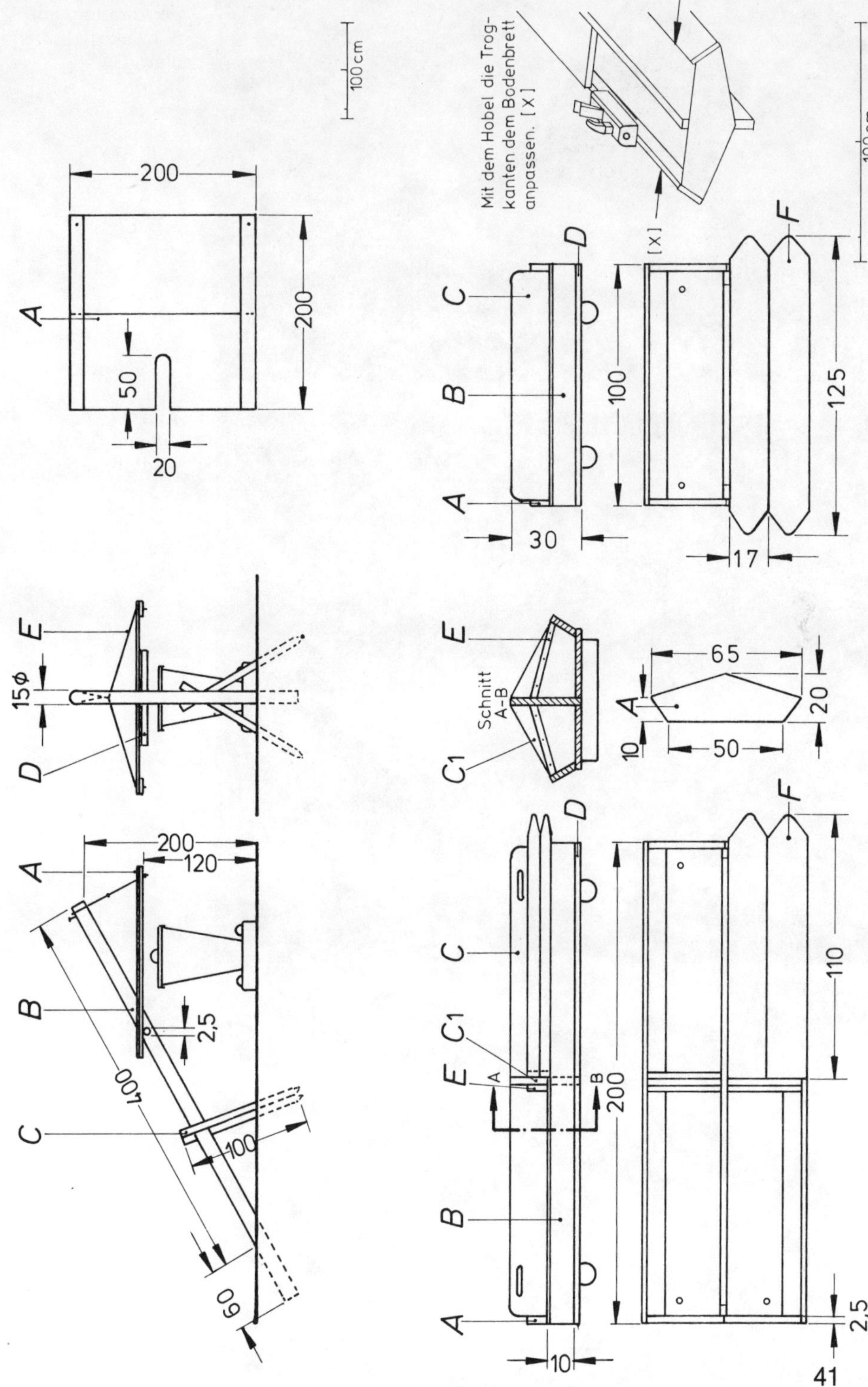
200
A
50
20
200
100 cm
15 ⌀
E
D
A
200
120
B
2,5
C
400
100
60
Mit dem Hobel die Trog-
kanten dem Bodenbrett
anpassen. [X]
C
D
B
A
[X]
100
F
125
30
17
E
Schnitt
A–B
C1
65
A
10
50
20
D
C
E C1
A
B
B
200
110
A
10
2,5
100 cm
41

Abb. 21
Futtertrog mit Ab-
deckbrettern am
Schwarzwildfutter-
platz

Abb. 22
Offener Schwarz-
wildfuttertrog

Abb. 23
Steintrog für
Schwarzwild

eingestellt werden. Durch das mühsame Herausdrehen des Futter sind
die Sauen beschäftigt, was wesentlich zur Wildschadensverminderung
im Feld beiträgt. Die Funktion des Futterautomaten ist im Winter durch
Eindringen von Schnee und Eis in die Futterrille mit einem freihängenden
Dach (A) und Drahtseil (E) zu schützen (Zeichn. 13). Der Futterautomat ist
über die Firma Flockenhaus, Landtechnik KG, 4471 Geeste, unter der
Bezeichnung Ferkelfutterautomat zu beziehen.
Im Sommer muß das Schwarzwild am Futterplatz beschäftigt werden. Mit
dem **Futtereisen** (angespitzte Eisenstange) kann der Körnermais leicht in
den Boden gebracht werden (Abb. 26). Für die Bekämpfung von Insektenkalamitäten in Wald und Feld ist das Schwarzwild bekannt. Die Ein-
dämmung der Insektenkalamitäten über die Ichneumoniden und Tachi-
nen (Insektenvernichter) ist oft auch durch zusätzliche Anwendung von
Insektiziden nicht mehr möglich; hier helfen dann die »Schwarzkittel«.
Der animalische Fraß ist in den meisten Revieren nicht ausreichend, um
das Schwarzwild gesund zu erhalten. Helfen kann hier der Jäger mit dem
Futterkorb für animalischen Fraß (Abb. 27). Der Futterkorb wird mit
einem Drahtseil zwischen zwei Bäumen (Schatten) aufgehangen und mit
Schlachtabfällen von Wiederkäuern gefüllt. In den Sommermonaten legen die Fliegen ihre Eier in den Luderkorb ab und unzählige Maden fallen
durch den Maschenkorb auf den Boden. Diese Maden sind eine Delika-

Abb. 24   Schwarzwildfutterautomat mit freihängendem Dach

Abb. 25
Schwarzwildfutterautomat

Abb. 26   Futtereisen

44

Abb. 27 Schwarzwildfutterkorb für animalischen Fraß

tesse für das Schwarzwild. Wichtig ist dabei, daß kein Schlachtabfall vom Hausschwein verwendet wird, die Ansteckungsgefahr der Schweinepest wäre zu groß. Zu erwähnen wäre dazu noch, daß dieser Luderkorb aus Gründen der Geruchsbelästigung nicht in der Nähe eines Wanderweges hängen soll.

Das Füttern von Schwarzwild in Suhlen sollte tunlichst unterbleiben. Das Schwarzwild nimmt diese Futter-Suhlen in der Regel nicht mehr als Suhle an. Wird das Futter in die Suhle geworfen, ist die Gefahr der Übertragung vom großen Leberegel gegeben.

Aus jeder Holzkiste kann ein **Schwarzwildfutterautomat selbst gebaut** werden (Abb. 29). In den Boden der Futterkiste wird ein Loch von 5,6 cm Durchmesser konisch gesägt und von innen mit einem Blech verstärkt (Abb. 30). Der Futterrohrpendel wird aus einem Eisenrohr von 5 cm Durchmesser hergestellt (Zeichn. 14). Der Lagerbolzen von 1,5 cm Durchmesser wird in das Bohrloch eingeschlagen und verschweißt. Der Futterrohrpendel wird von oben in das Futterkistenbodenloch eingeschoben.

Stoßen die Sauen mit dem Gebrech an den Pendel, so rieselt der eingefüllte Körnermais sehr sparsam aus dem Bodenloch der Futterkiste auf die Erde.

Mit 2 Drahtseilen die durch die Bohrlöcher der Distanzleisten 4 × 6 cm gezogen werden, kann der Futterautomat an einem Galgen in der richtigen Höhe aufgehangen werden. Die Aufhängung mit den Drahtseilen am Galgen ist einfach, schließt ein Beschädigen des Automaten durch Schwarzwild aus und verhindert den Futterfraß durch Mäuse (Abb. 28).

Abb. 28 (oben links)
Selbstgebauter Schwarzwildfutterautomat mit Drahtseilen am Galgen aufgehangen verhindert das Beschädigen durch Sauen

Abb. 29 (oben rechts)
Stoßen die Sauen mit dem Gebrech an den Futterrohrpendel, der von oben in das Futterkistenbodenloch eingehangen wird, so rieselt der Körnermais aus dem Bodenloch auf die Erde

Abb. 30 (links)
Ausgehangener Futterrohrpendel und blechbeschlagenes Behälterbodenloch

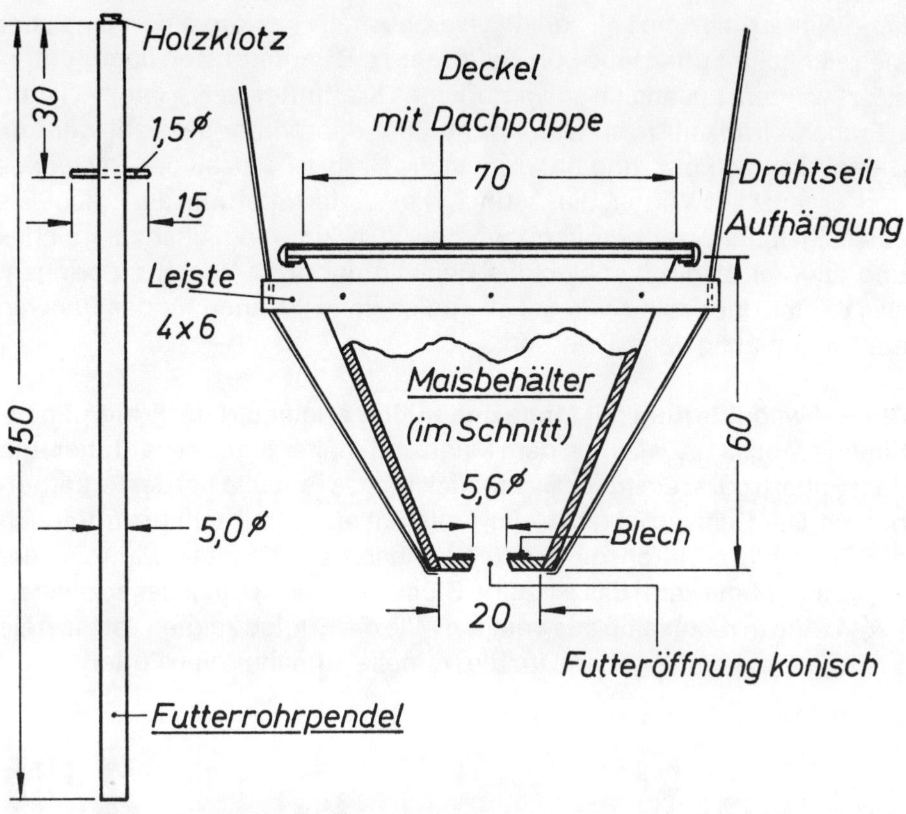

Rehwildfütterung

In den Rehwildrevieren ist die »Biotophege« vordringlichste Arbeit. Unter Biotophege versteht der Jäger die Erhaltung und Verbesserung des Lebensraumes für *alle* freilebenden Tiere. Parallellaufend zur natürlichen Äsungsverbesserung ist die Anpassung der Wilddichte zum Lebensraum. Nur unter Beachtung dieser Grundsätze ist die eventuell notwendige Winterfütterung sinnvoll und erfolgreich.

Das Rehwild ist als Äsungstyp unter die Konzentrat-Selektierer einzureihen (Hofmann). Es äst sehr nährstoffreiche, zellulosearme Blatt-, Kraut-, Knospen- und Blütenpflanzen. Das Hegesymbol, die Heuraufe, gehört nach den Erkenntnissen der Wildernährung der Vergangenheit an. Im Rehwildpansen sind zuwenig zellulosezersetzende Bakterien vorhanden, um die faserreiche Äsung, wie Grasheu, zu verdauen. Durch die künstliche Winterfütterung soll der »Wasserhaushalt« im Körper der Rehe über die reichliche Futtergabe von Saftfutter (z. B. Apfeltrestersilage) unterstützt werden. Zusätzlich soll natürliches Kraftfutter (z. B. Hafer – Gerste – Eicheln) frühzeitig von Oktober an über den Winter gereicht werden. Die frühzeitige Fütterung unterstützt die Herbst-Feistzeit des Rehwildes und ergänzt im Winter die Äsung. Die Winterfütterung darf nicht als »Zielscheibenhege« betrieben werden, d. h. um möglichst zahlreiches und dadurch bedingt schlechtes Rehwild über den Winter zu bringen. Das Winterfutter sollte, wie bei allem Schalenwild, auch für das Rehwild am Futterplatz gelagert werden.

Die Rehwildfütterung mit Magazinbehälter erleichtert die Fütterung erheblich (Abb. 31). Zwischen dem Magazinbehälter für das Kraftfutter und dem Futtertrog ist ein freier Durchblick für das Rehwild bei der Futteraufnahme. Das Rehwild ist territorial veranlagt und somit sehr unverträglich am Futterplatz. Durch die freie Sicht nach allen Seiten während der Futteraufnahme kann das einzelne Stück Wild dem Druck der sozialstärkeren Stücke rechtzeitig ausweichen. Wie die Erfolge zeigten, ist die freie Sicht sehr ausschlaggebend für die schnelle Aufnahme von Futter.

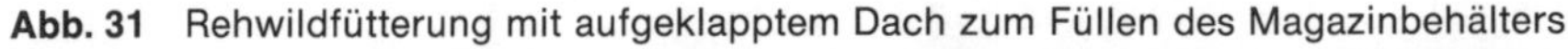

Abb. 31 Rehwildfütterung mit aufgeklapptem Dach zum Füllen des Magazinbehälters

Abb. 32   Rehwildfütterungseinheit: Rehwildfütterung und Rehwildsilo

Nach Aufklappen des Daches können ca. 5–6 Ztr. Kraftfutter gelagert werden (Abb. 31). Die Abgabe des Futters erfolgt über den eingebauten Schieber. Eine ungewollte Entnahme z. B. durch Schwarzwild, die beim Rehwildfutterautomaten auftreten kann, entfällt. Die Beschickung des Futtertroges wird zweimal in der Woche während des Revierganges durchgeführt. Im Frühjahr kann mit der natürlichen Saftäsung zur automatischen Futterentnahme der in den Abb. 33, 34 u. 35 gezeigte Futtertrichter zwischen Magazinbehälter und Futtertrog eingesetzt werden. – Über dem Futtertrog in Rohrschellen eingeschobene Holzstangen erleichtern das Finden von Abwurfstangen an der Rehwildfütterung (Abb. 36). Die für 8–10 Stück Wild ausreichende Fütterungseinheit bilden Rehwildmagazinfütterung und Rehwildsilo (Abb. 32). Nach der Entnahme des silierten Apfeltresters aus dem Silo wird dieser mit Kraftfutter aus dem Magazinbehälter im Futtertrog gemischt. Dieses Beimischen von Kraftfutter in das Saftfutter verhindert das totale Zusammenfrieren des Apfeltresters an Frosttagen. Über das angebotene Mischfutter erhält jedes Stück Rehwild seinen nötigen Saftfutter-Kraftfutteranteil (80/20% oder 50/50%).

Die Rehwildfütterung mit Magazinbehälter wird aus wasserfesten Spanplatten 1,9 cm stark, gehobelten Kanthölzern 8 × 6 cm und 3 cm starken gehobelten Brettern hergestellt. Es ist darauf zu achten, daß die Giebelseiten (A u. B) gleiche Maße erhalten. Zeichn. 15/16 zeigt die genaue

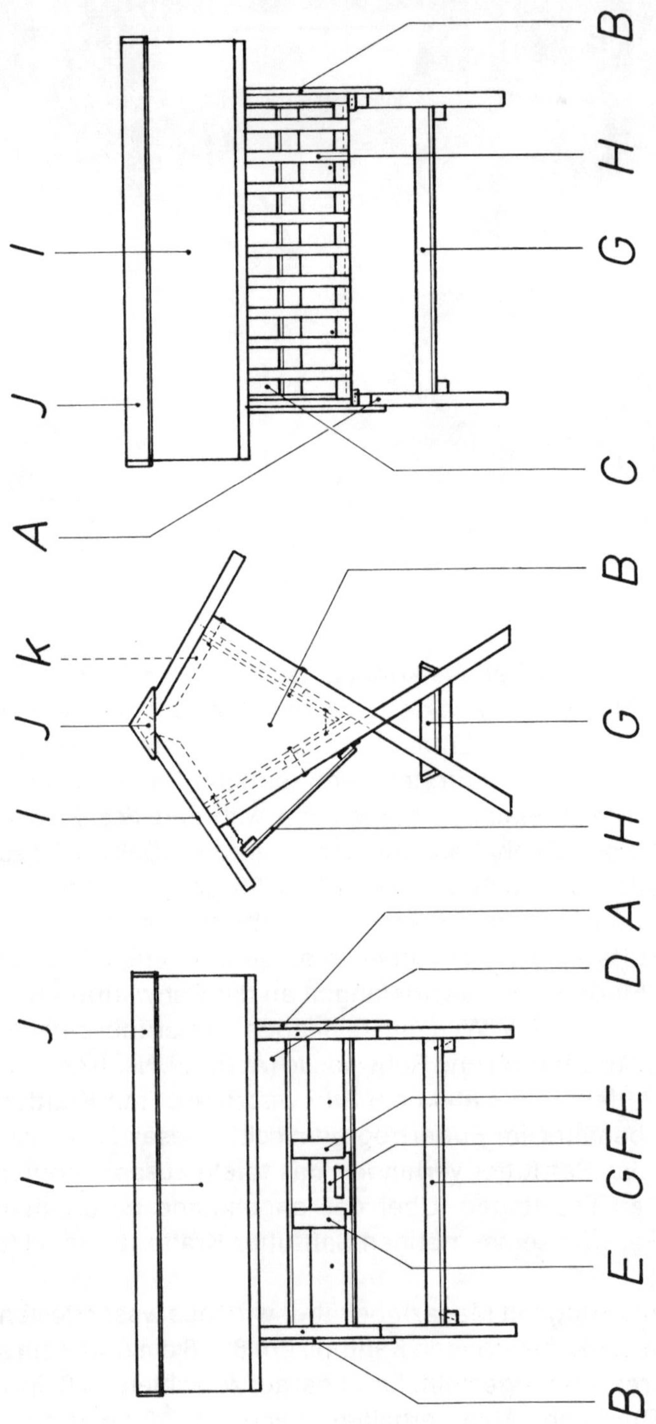

Abb. 33
Futtertrichter hängt
unter dem Futtertrog

Abb. 34
Futtertrichter an der
Rehwildfütterung zur
automatischen
Futterentnahme

Abb. 35
Rehwildfütterung mit
Futtertrichter für die
Futterentnahme im
Frühjahr

Bauweise der Giebelteile. Auf eine Arbeitsplatte werden die Giebelmaße aufgezeichnet (Abb. 37, Zeichn. 17). Die Holzklotzanschläge (8 × 8 cm) ermöglichen ein genaues Anzeichnen der Kreuzflächen (Abb. 38). Nach dem genauen Einschneiden der Kreuzpassung wird diese mit dem Stechbeitel ausgestochen (Abb. 39). Sind die Giebelplatten zugeschnitten, werden sie auf die Kantholzkreuze aufgeschraubt (Abb. 40).

Die Rückseite (C) wird zugeschnitten und mit zwei 3 cm starken Brettern verstärkt. Die Frontseite (D) wird nach dem gleichen Arbeitsgang angefertigt. Die Schieberführungsleisten (E) und der Schieber (F) werden aus Schnittholz zugeschnitten und an die Frontseite angenagelt. Der Trogtisch (G) wird nach der Herstellung genau und unter Spannung in die zusammengeschraubte Fütterung eingepaßt (Abb. 41). Die Raufe (H) wird ebenfalls nach den Zeichnungsmaßen gebaut und mit Scharnieren an die Rückseite (C) angeschraubt.

In der Raufe kann z. B. die Mistel als Verbißholz gefüttert werden. Die zwei aus Platten zugeschnittenen Dachflächen (I) werden mit 2,5 cm starken Schalbrettern umsäumt und vorschriftsmäßig (s. Zeichn. 52) mit 500er Bitumendachpappe überspannt. Der Dachfirst (J) schließt die Satteldachfläche ab. An den unter das Dach geschraubten Kantholzabschnitten (K) wird die Dachfläche in die Schrauben der Fütterung eingehangen.

Die Montageanleitung (Zeichn. 18) zeigt:

1. Das Verschrauben der Fütterung mit 12 Schloß- oder Schlüsselschrauben.
2. Das Kantholz (K) wird mit einem Bohrloch 2,5 cm (x) versehen und der Dachfirst (J) mit einem Sturmhaken mit der Giebelseite verbunden. So ist ein gewaltsames Öffnen der Dachfläche nicht möglich.
3. Der Schieber sollte mit einem Überwurfverschluß abgeschlossen werden.
4. Die Raufe wird mit einer Einhängekette und Haken versehen. Je nach Füllmenge kann die Raufe mit der Kette bis zur Dachtraufkante eingestellt werden.

Nach dem Auseinanderbauen sind die Teile mit Holzschutz zu streichen und können leicht in das Revier gefahren werden (Abb. 42). Die Fütterung soll im Revier unmittelbar am Einstand des Rehwildes aufgestellt werden (Zeichn. 19). Das Rehwild als sogenannter Ducker und Schlüpfer fühlt sich nur in der Nähe seines Einstandes wohl.

Das Aufstellen von Fütterungen in weiter Entfernung vom Deckungseinstand zwecks »Bewegungstherapie« ist abzulehnen. »Trimm-Dich-Ratschläge« wie sie der Mensch benötigt, um zu überleben, kann dem Rehwild erspart bleiben. Acht bis elf notwendige Äsungsperioden pro Tag verschaffen dem Rehwild reichlich Bewegung. Das Wild vermeidet

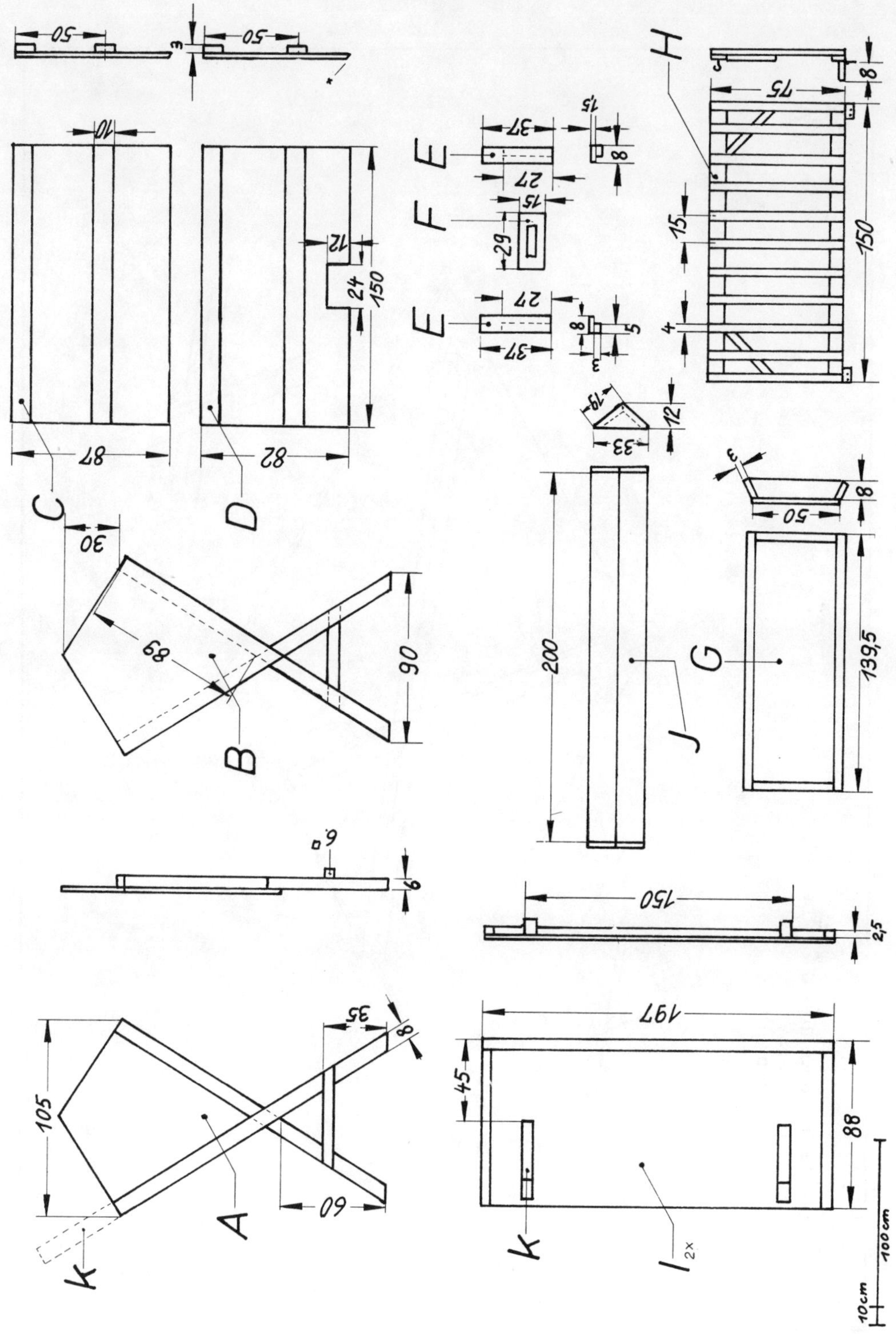
H
E F E
E F
C
D
B
A
K
G
J
I 2×
K
50
50
3
10
12
24
150
87
82
30
68
90
37
15
27
8
15
29
27
8
5
3
4
75
150
15
19
33
12
200
3
8
50
139,5
6,0
6
150
2,5
35
8
105
60
197
45
88
100 cm
10 cm

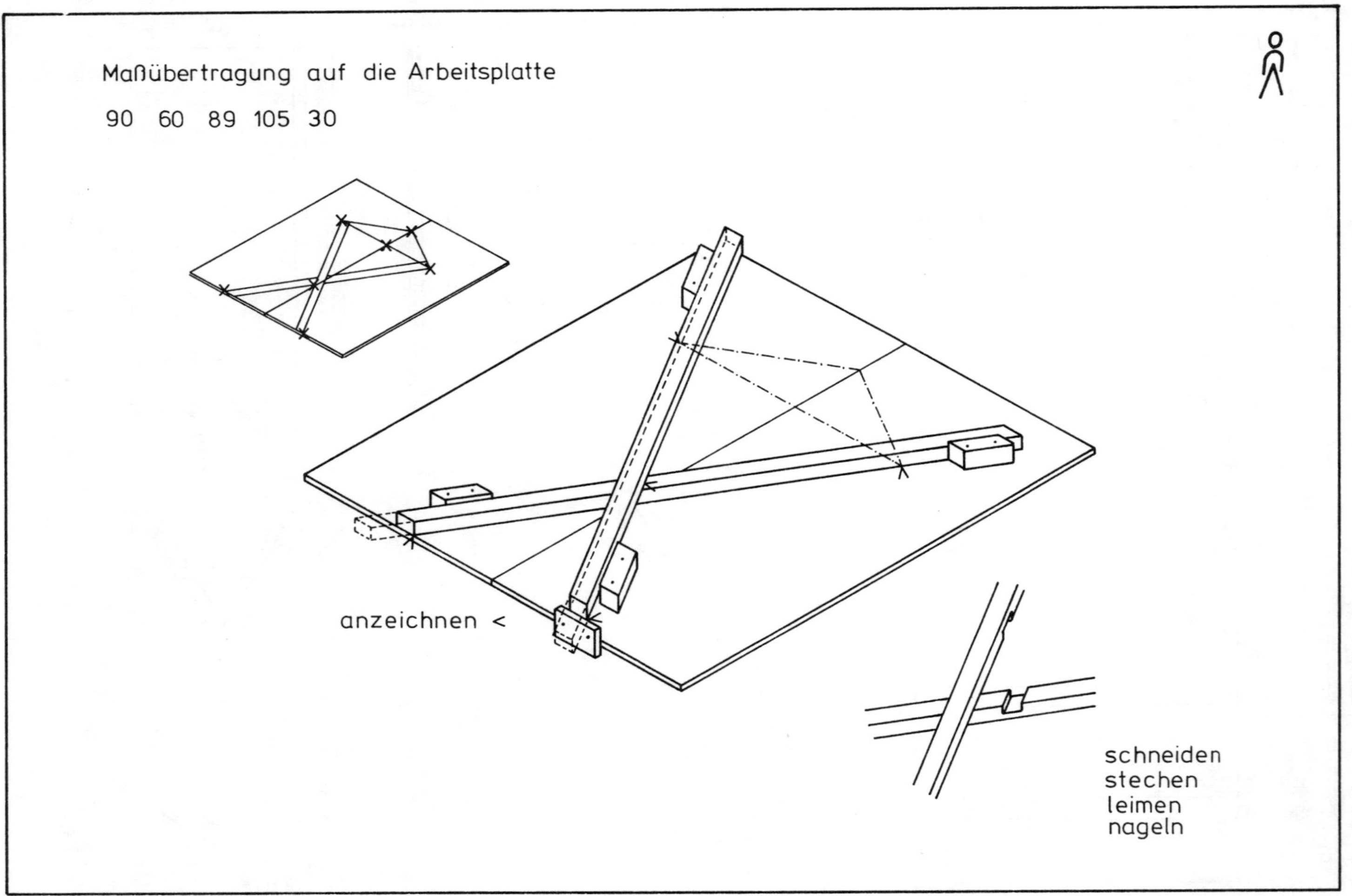

Maßübertragung auf die Arbeitsplatte
90 60 89 105 30
anzeichnen <
schneiden
stechen
leimen
nageln

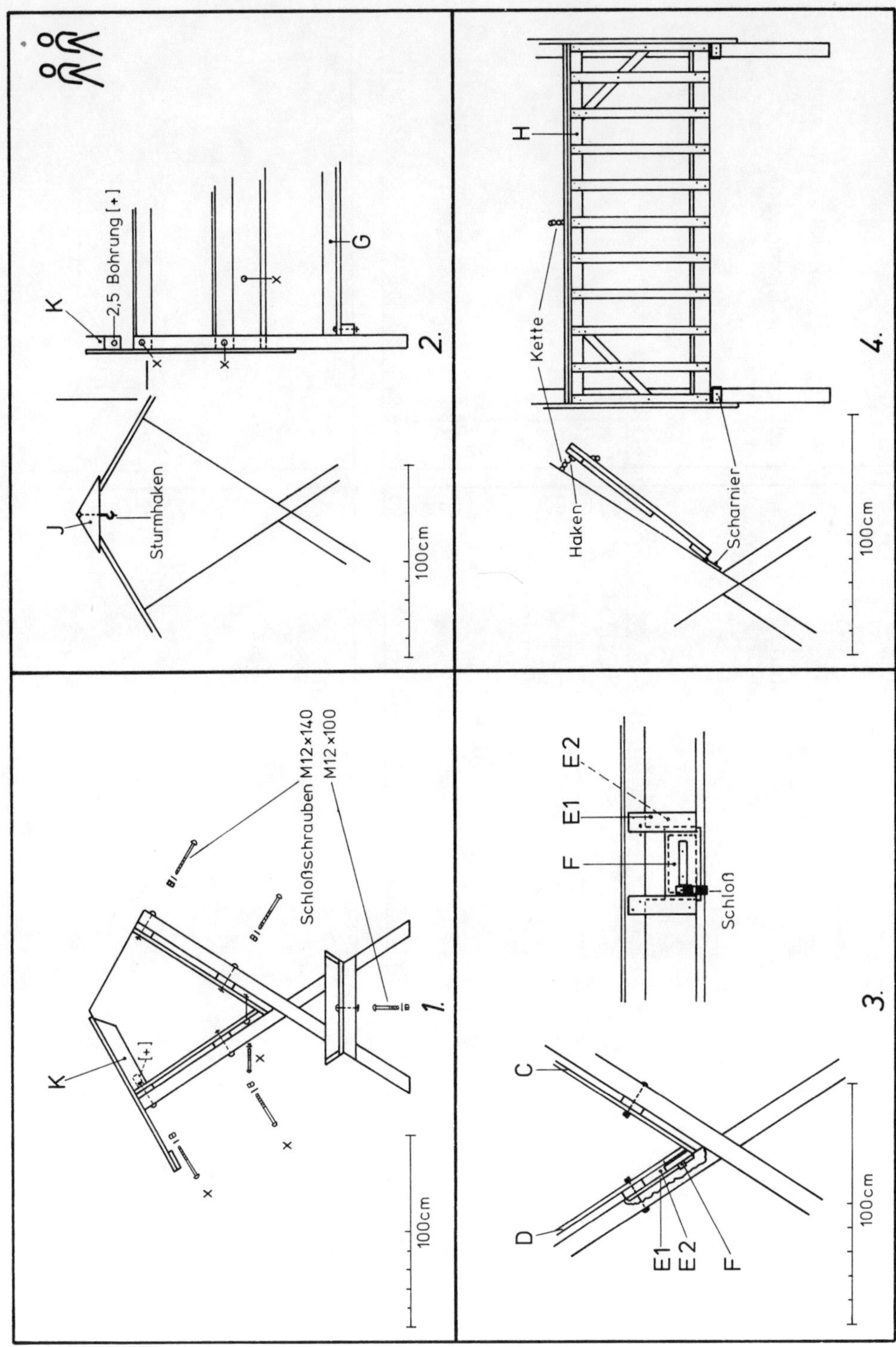
K
2,5 Bohrung [+]
G
Sturmhaken
J
100 cm
2.
H
Kette
Haken
Scharnier
100 cm
4.
Schloßschrauben M12×140
M12×100
K
[+]
1.
100 cm
E2
E1
F
Schloß
C
D
E1
E2
F
3.
100 cm

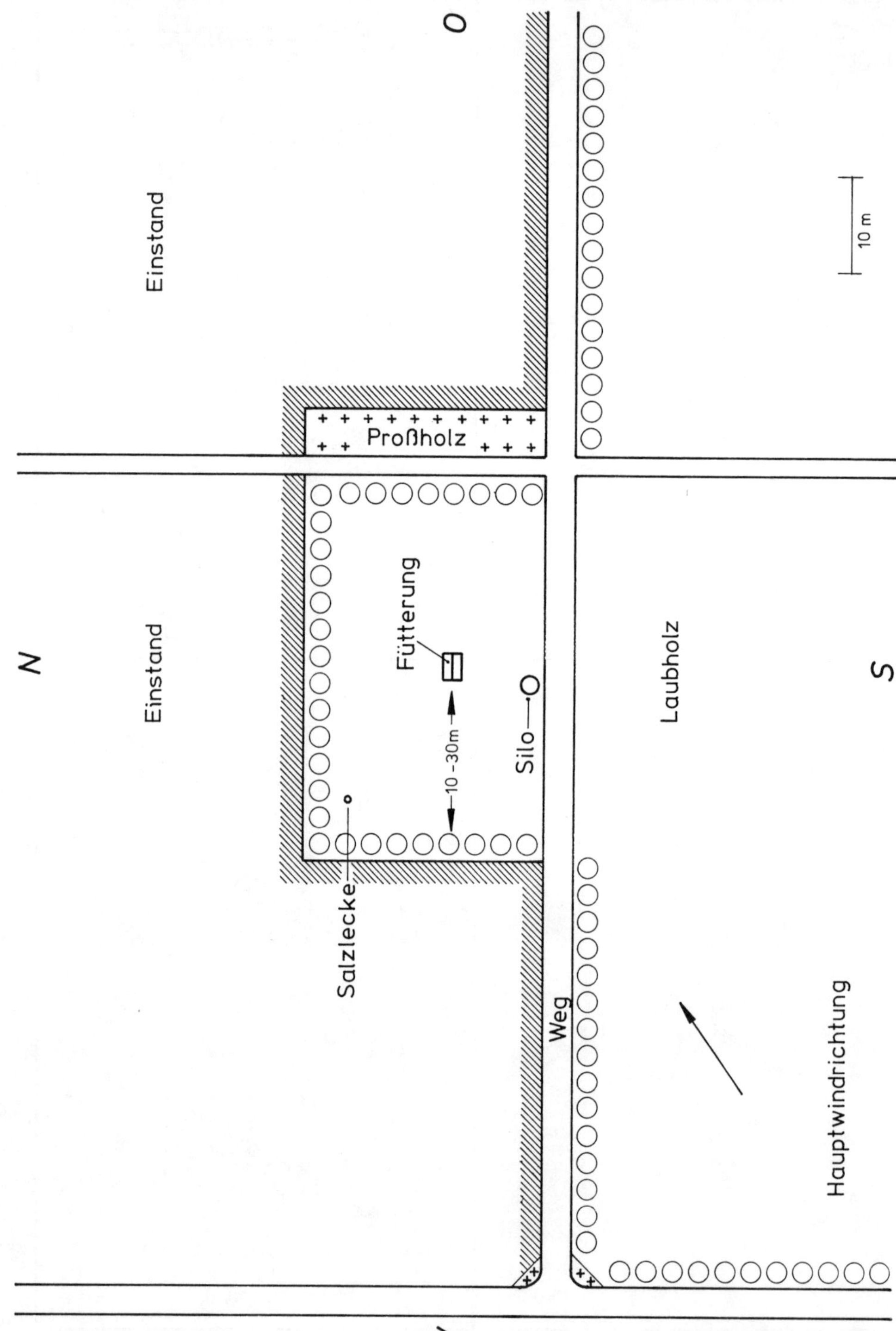
Einstand
O
10 m
Proßholz
Einstand
N
Fütterung
10 - 30m
Silo
Laubholz
S
Salzlecke
Weg
Hauptwindrichtung
W

Abb. 36
Fütterung mit Stangen für Gehörnabwurf

Abb. 37
Die Kanthölzer für die Rehwildfütterung werden in die Arbeitsschablone eingelegt

Abb. 38
Anzeichnen der Kanthölzer auf der Arbeitsplatte

Abb. 39
Die Kanthölzer für die Rehwildfütterung werden eingeschnitten, ausgestochen und verleimt

im Winter jeden unnötigen Kalorienverbrauch. Die am Futterplatz ganz-
jährig beschickte Salzlecke leitet das Rehwild immer wieder zur Fütterung hin, somit verkürzt sich der Anfütterungszeitraum im Herbst.

Der Rehwild-Silo (Zeichn. 20) wird aus dem gleichen Material hergestellt,
wie der Silo am Futterlager für Hochwild. Wegen seiner niedrigen Höhe
(Füllmenge 10 Ztr. Apfeltrester) kann der Silo an Stelle des Baustahlge-
webes (Abb. 43) auch mit Schraubleisten zusammengefügt werden (Abb.
44–47).
Der Wert der **Gärfutterbereitung** für das im Winter so dringend erforder-
liche Saftfutter ist für alle Schalenwildarten kaum zu schätzen. Um gutes
und kein übelriechendes Silofutter herstellen zu können und Mißerfolge
bei der Gärfutterbereitung auszuschließen, mögen folgende Ratschläge
beachtet werden:
Das Futter muß im Behälter eine Milchsäuregärung durchmachen. Da
Milchsäurebakterien zum Leben keine Luft benötigen, sondern nur Zuk-
ker oder Stärke brauchen, schafft man ihnen im Gegensatz zu Buttersäu-
re- und Essigsäurebakterien die besten Lebensmöglichkeiten durch Entfernung der Luft. Bleibt bei lockerer Lagerung zuviel Luft im Behälter
oder dringt Luft ein, so entwickeln sich Buttersäure- und Essigsäurebakterien. Eine solche Fehlgärung erkennt man am stinkend-stechenden
Geruch. Grundsatz muß somit der luftdichte Verschluß des Silos sein
(4–6 Wochen).

58

Abb. 40
Aufschrauben der Giebelteile auf die Kanthölzer

Abb. 41
Die Rehwildfütterung wird montiert

Abb. 42
Einzelteile der zerlegten Rehwildfütterung

Abb. 43 Rehwildsilo mit Baustahlgewebe

In vielen Versuchen hat sich der nachfolgende Siloverschluß für den Jagdbetrieb bewährt (Zeichn. 20–21): Der Druckauffanggürtel aus Baustahlgewebe oder Spannleisten (a) umspannt die Silowand aus Betoplanplatten (b). Die Bodenfläche des Silos ist mit einer Mulde zu versehen, die den Sickersaft sammelt und abfließen läßt (c).

Arbeitsanleitung:

1. Vor dem Einfüllen des Futter ist die Innenseite der Silowand mit einer Polyäthylen-Folie (d), die an der Bodenkante 30 cm nach Innen gelegt wird, auszukleiden (Abb. 44). Das verhindert ein Eindringen der Luft an der Silobodenkante.

2. Diese Folie muß gleichzeitig vor dem Füllen und Einstampfen des Futters im Silo an der Oberkante überstehen und nach außen umgeschlagen werden (Abb. 45). Beim Füllen des Silos ist darauf zu achten, daß die Folie nicht beschädigt wird.

3. Der Futterkopf (e) wird zu einer Rundung gestampft, die an der Silooberkante eine 20 cm tiefe Rille erhält.

4. Die Folie (d) wird an der Oberkante durch die Rille und auf den Futterkopf gelegt (Abb. 46).

5. Danach wird der Futterkopf mit einer Abdeckfolie (f) im gesamten überspannt und diese wiederum in die eingedrückte Rille und über den Silorand nach außen gelegt.

6. In die rundumlaufende Rille wird Wasser (g) gefüllt (Abb. 47).

7. Als letzter Arbeitsgang wird ein Stein (h) von ca. 25 kg auf den gefüllten Silo gelegt. Durch Regenwasser, das an dem Silokopf ab und in die Rille läuft, wird diese in der Regel immer mit Wasser nachgefüllt.

Ein so verschlossener Silo verhindert mit Sicherheit das Eindringen von Luft. Nach dem Öffnen des Silos wird dieser nur noch gegen Regen und Schnee oberflächllich mit der Folie abgedeckt. In einem Versuch wurde das Futter zwei Jahre bei Kontrolle der Wasserschicht in sehr guter Qualität erhalten.

60

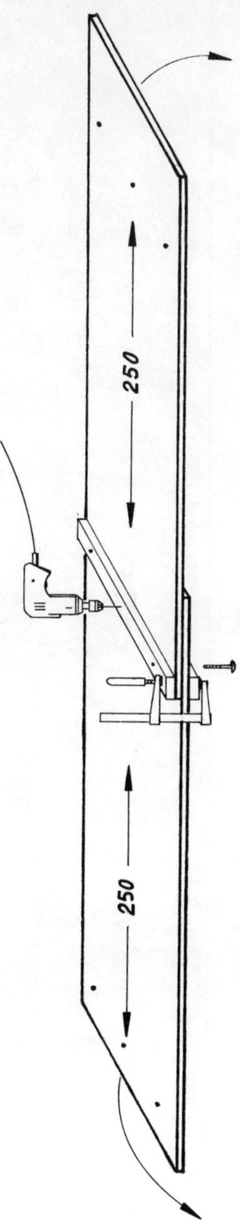

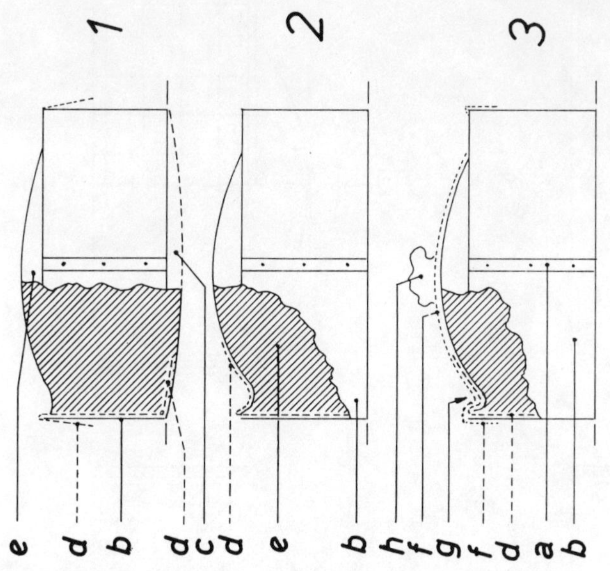
1
2
3
e d b d c d e b h f g f d a b

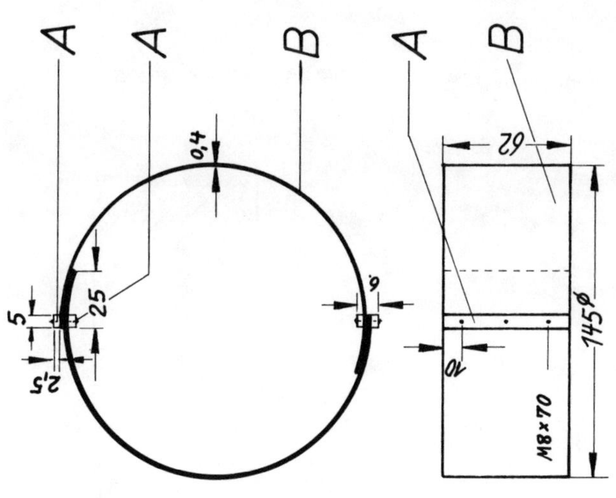
A A B A B
0,4
25
5
2,5
62
145⌀
10
M8×70

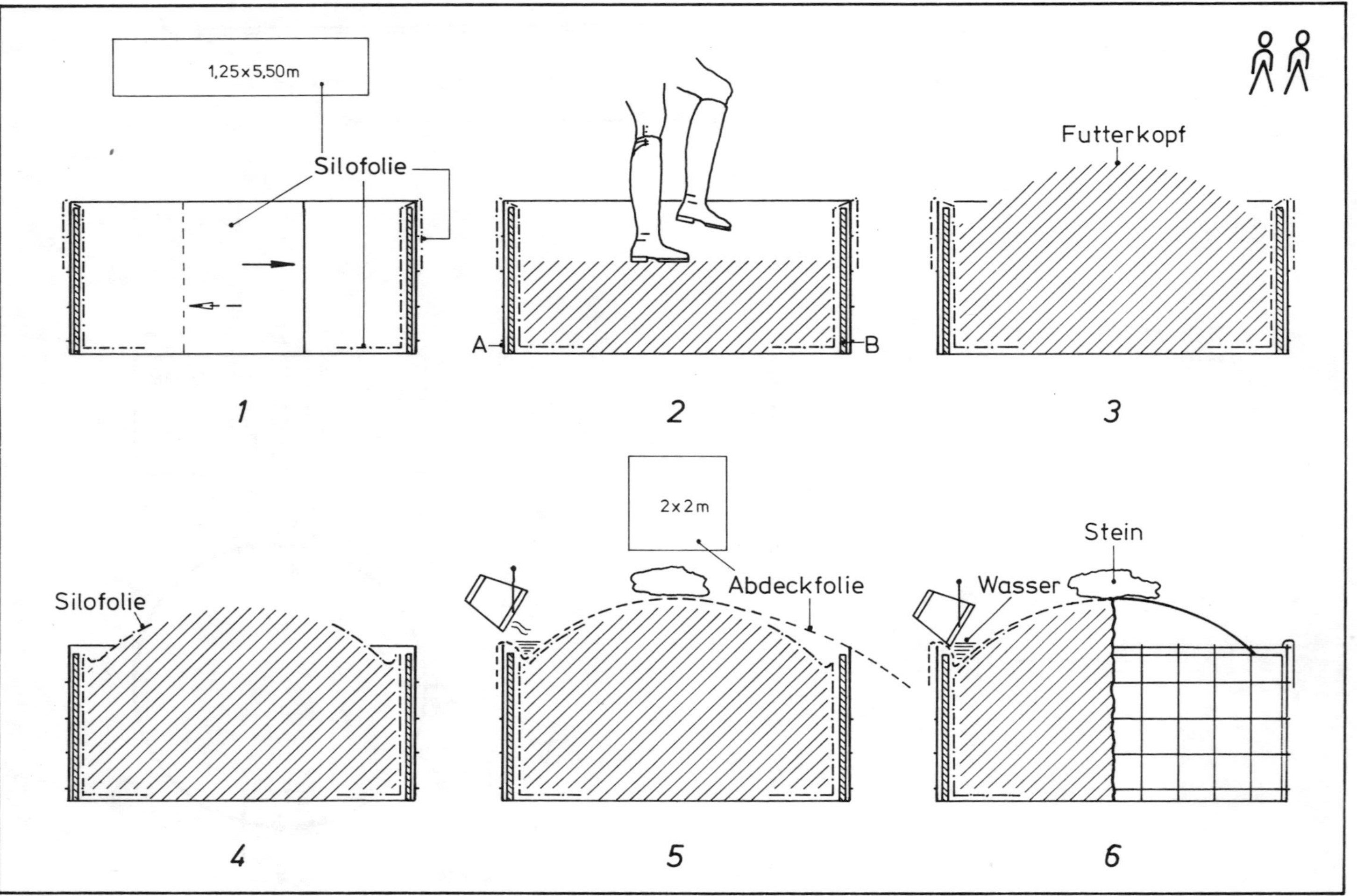

1,25 x 5,50 m
Silofolie
1
A
B
2
Futterkopf
3
Silofolie
4
2 x 2 m
Abdeckfolie
5
Wasser
Stein
6

Abb. 44
Einlegen der Silofolie

Abb. 45
Füllen des Silos mit
Apfeltrester

Abb. 46
Silofolie wird auf den
Futterkopf gelegt

Fasanenschütten

Die stationäre Fasanenschütte soll eine Pultdachfläche von mindestens 5 m² haben. Das Dach wird auf vier Pfählen in Höhe von 80 cm und 40 cm genagelt (Abb. 48). Wird die Fasanenschütte auf den Wildacker oder in die Fasanenvoliere gestellt oder müssen im Revier kurzfristig zusätzlich neue Futterplätze geschaffen werden, ist **die transportable Fasanenschütte** zweckmäßig (Abb. 48). Muß der Wildacker oder die Fasanenvoliere gepflügt werden, ist es mühsam, die stationäre Schütte ständig auf- und abzubauen. Für Reviere, die mit der Fasanenhege erst beginnen, sind die geeigneten Futterplätze oft nicht ausreichend bekannt; hier ergänzt die transportable Fasanenschütte die stationäre Schütte.

Die Dachauflagehölzer (A) und die schwenkbaren Beine (B) mit dem Anschlagbrett (C) werden aus 4 × 6 cm Kreuzrahmen zusammengeschraubt (Zeichn. 22). Auf diese zwei zusammenklappbaren Böcke werden die drei wasserfesten Spanplatten (D) gelegt (Abb. 49).

Nach Abschluß der Getreideernte und bei Beginn der Hackfruchternte soll die Fütterung des Fasans einsetzen. Von unserem Niederwild ist der Fasan am meisten auf die künstliche Herbst- und Winterfütterung angewiesen.

Die Futtermittel: Hinterkorn von Weizen, Hafer, Gerste, Körnermais oder Mais in Kolben, Sojabohnen, Buchweizen, Wildkrautsamen und Eicheln werden unter der Fasanenschütte mit Druschabfällen (Kaff) gemischt. Bei Schnee darf das Ausschütten von Magensteinen (Waidkorn), die der Fasan – wie alle Hühnervögel – für den Verdauungsvorgang braucht, nicht versäumt werden. An Saftfutter können dem Fasan durchgeschnittene Rüben, Kartoffeln, Topinamburknollen, Kohlblätter und Eber-

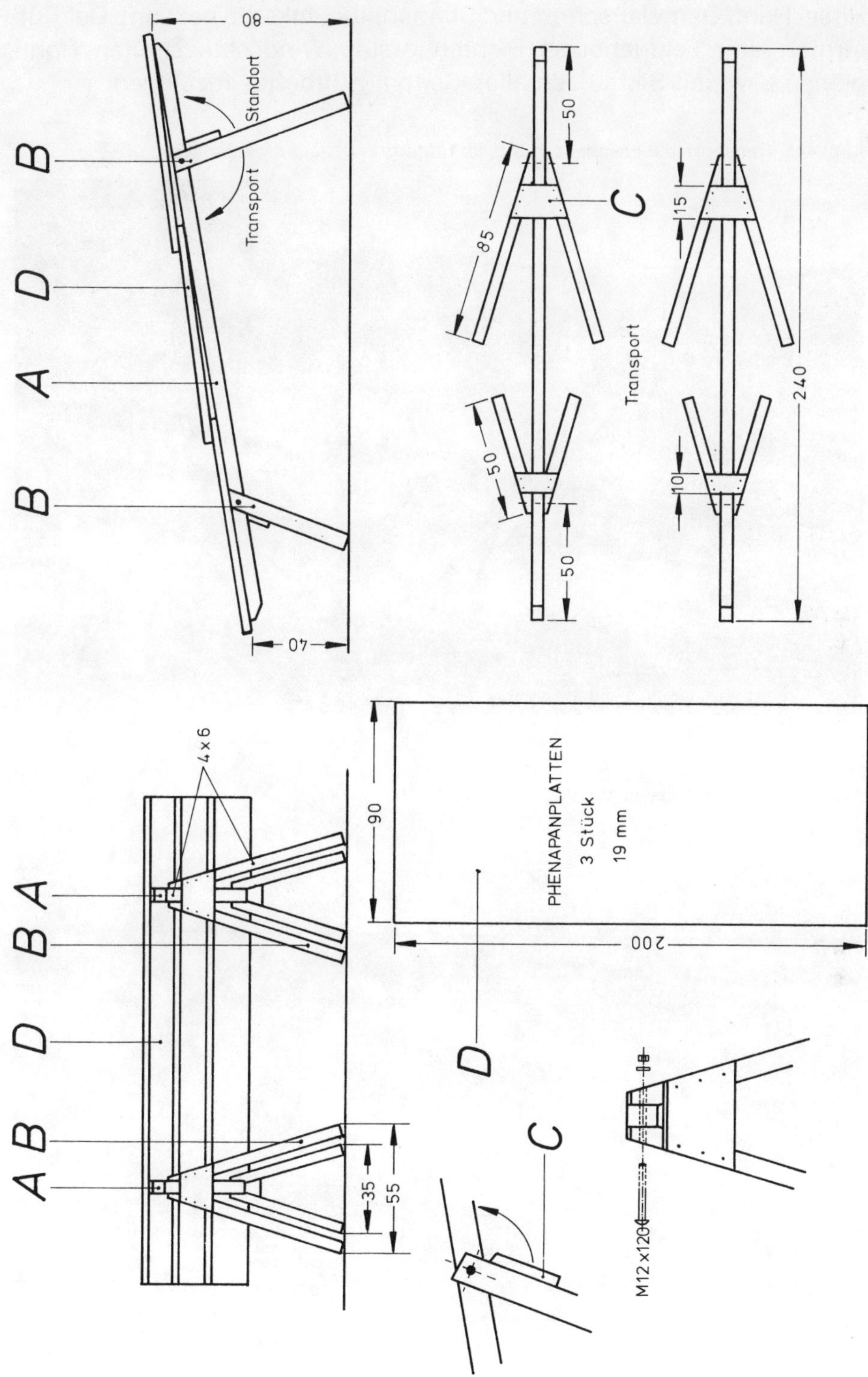
Standort
Transport
80
70
B
D
A
B
50
85
C
15
240
Transport
50
10
50
4×6
A
B
D
B
A
90
PHENAPANPLATTEN
3 Stück
19 mm
200
D
C
M12×120
80

eschenbeeren gereicht werden. Als Anlockfutter sind Abfallrosinen, Hirse, Hanf, Garnelenschrot und Sonnenblumenkerne bekannt. Der Futterplatz ist in Feldgehölzen, Fichtenhorsten, Windschutzstreifen, Rohrplänen usw. mit Sicht nach allen Seiten (Hüfthöhe) anzulegen.

Abb. 48 Transportable Fasanenschütte, im Hintergrund stationäre Schütte

Abb. 49 Zerlegte Fasanenschütte

Rebhuhnfütterung

Mit großer Sorge betrachten wir Jäger den Rückgang der Rebhühner in der belebten Landschaft, in der Natur, dem Ernährungsgarten des Menschen. Jede nur denkbare Hilfe muß der Jäger und Bauer den Rebhühnern zukommen lassen um zu retten was noch zu retten ist. Gerade das Rebhuhn als empfindlicher Indikator in der Natur hat uns Menschen deutlich gezeigt wie sinnlos und mit Gewalt der Lebensraum für Tier und Mensch zerstört wird.

Der alte und somit weise Jäger Seattle hat im Jahre 1855 gesagt:

»Was ist der Mensch ohne die Tiere? Wären alle Tiere fort, so stürbe der Mensch an großer Einsamkeit des Geistes. Was immer den Tieren geschieht – geschieht bald auch den Menschen.«

Trotz aller Mahnung und Einsicht schreitet die Zerstörung des Lebensraumes fort.

Den Rebhühnern fehlt in den Revieren die Heckenlandschaft, der, in kleinen Mosaikflächen verteilte, vielseitige Feldanbau, die Nahrung und die Ruhe. Für die bis zu drei Wochen alten Küken ist die eiweißreiche Insektennahrung lebensnotwendig. Diese Insektennahrung wird vernichtet durch Pestizideinsatz direkt und indirekt durch das Bekämpfen der Wildpflanzen, den spezifischen Wirtspflanzen für die Insekten. Das Fehlen von Wildkrautsamen (der Jäger spricht nicht von Unkräutern) im Herbst und Winter ist ein weiterer Engpaß in der Ernährung der Hühner.

Abb. 50 Rebhuhnschütte

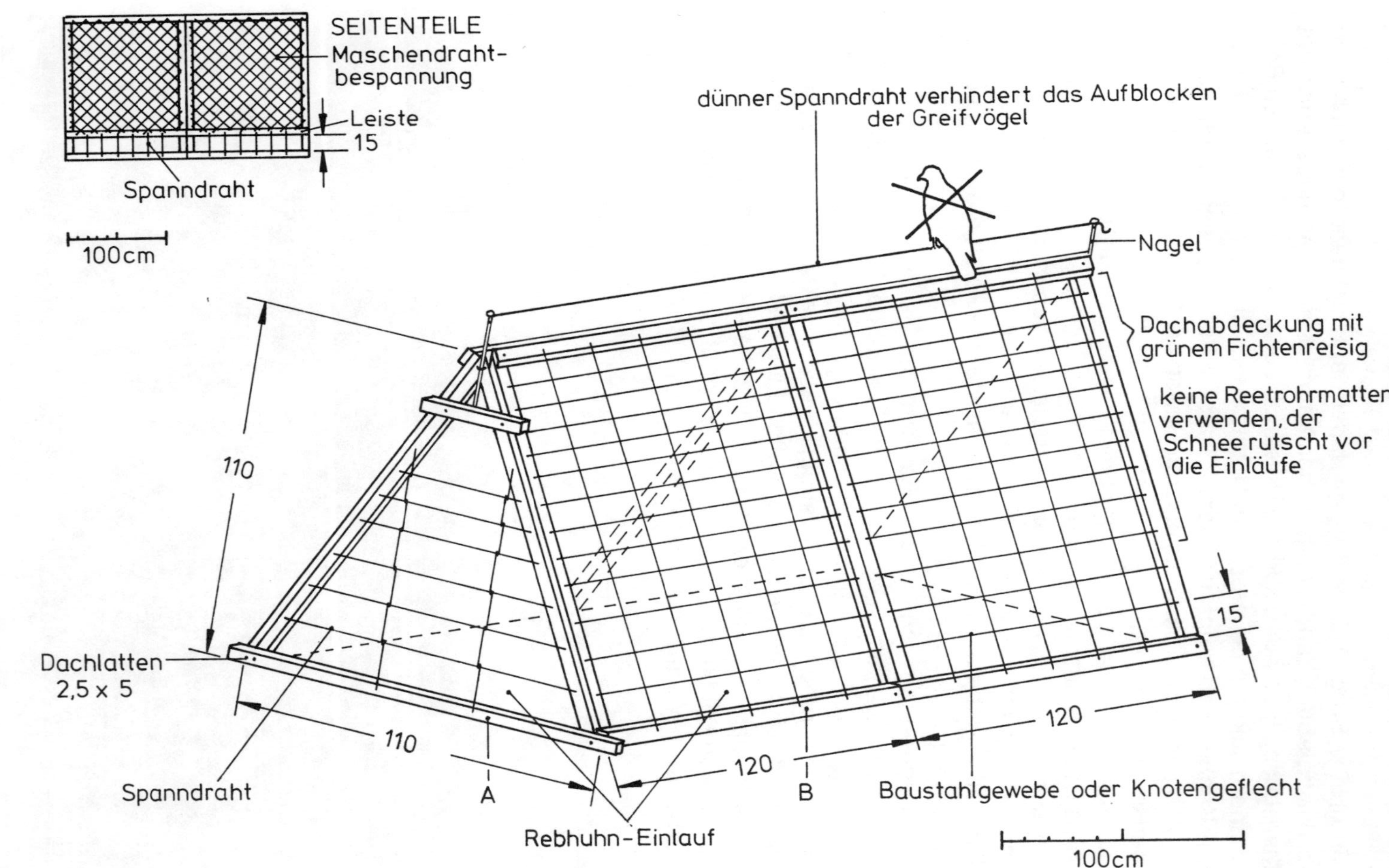

SEITENTEILE
Maschendraht-bespannung
Leiste
15
Spanndraht
100cm
dünner Spanndraht verhindert das Aufblocken der Greifvögel
Nagel
Dachabdeckung mit grünem Fichtenreisig
keine Reetrohrmatten verwenden, der Schnee rutscht vor die Einläufe
110
Dachlatten 2,5 x 5
110
Spanndraht
A
Rebhuhn-Einlauf
120
120
B
15
120
Baustahlgewebe oder Knotengeflecht
100cm

Die Rebhuhnfütterung im Winter, mit den aus Niederösterreich entwik-
kelten Schutzdächern, hat sich in der Praxis vielfach gut bewährt (Abb.
50). Mit Baustahlgewebe bespannte Holzrahmen sind mit wenigen
Handgriffen zum Giebeldach zusammengefügt (Zeichn. 23). Reisigab-
deckung sorgt für Wetterschutz und die Hühner haben eine kleine »Er-
satzhecke« in der ausgeräumten Feldflur.

Das Aufstellen der Schütten muß im Aktionsraum der bestätigten Reb-
huhn-Ketten erfolgen und nicht in der Nähe von Hochspannungsmasten, Bäumen usw. – also vor allem potentielle Greifvogel-Aufblockstel-
len – sind zu vermeiden. Als Futter werden Reste der Getreidereinigung,
Druschabfall, Weizen und Hirse verwendet.

Den Rebhühnern kann im Winter auch mit dem Einsatz des Schneepfluges sehr geholfen werden.

Noch eine Bemerkung zum **Futtereimer**: Es kann nicht die Aufgabe des
Jägers sein, durch eine solche Konstruktion nur *die* Tiere zu füttern, die
er bejagen möchte, und alle anderen »Mitfresser« auszuschließen. Der
Futtereimer ist nur in der Kombination mit der althergebrachten Schütte
vertretbar.

Entenbruthaus

Die Ente, besonders die Stockente, ist sehr dankbar für jede Hegemaß-
nahme des Jägers und für die Ruhe des Fischers. Die Grundlage jeder
Entenhege ist die Erhaltung und Gestaltung des Entengewässers. Vor
dem Aufstellen von Entenbruthäusern sollte der Jäger prüfen, ob er nicht
der Lebensraumgestaltung für die Ente den Vorzug gibt. Jede natürliche
Brutdeckung am Wasser wird dem Befliegen von Bruthäusern vorgezo-
gen. Die Anlage von Inseln mit Flachufer, die Bepflanzung der Ufer mit
überhängenden Weiden und die Ansiedlung von Uferdeckungspflanzen
sind wichtige Maßnahmen für die Entenhege.

Die große Brennessel *(Urtica dioica)* ist die wertvollste Brutdeckungs-
pflanze für die Ente, sie ist wichtiger wie das Schilf. Ein altes naturver-
bundenes Bauerntum wußte um den Wert der Brennessel und hat sie in
mannigfaltiger Weise zu nutzen vermocht. Der Jäger und der biologische
– dynamische Bauer schätzt die Brennessel heute noch. Diese Pflanze
wächst besonders gut auf Rohhumus und läßt sich leicht durch Teilen der
Wurzelstöcke im Februar–März verpflanzen und vermehren. An der
Uferzone werden störrische Baumkronen und Äste ausgelegt und zwischen diese wird die Brennessel in Gruppen verpflanzt. In kurzer Zeit
überwuchern die Brennesseln die Äste und bilden eine ideale Brutge-
legenheit für die Ente.

Abb. 51 Entenbruthaus am Lehrpfad stehend

Das Aufstellen von Entenbruthäusern (Abb. 51) ist eine weitere Möglichkeit die Stockente am Teich und See anzusiedeln, wo sie sicher ihren Schof aufziehen kann.
Das Bruthaus wird zum 1. Februar auf Pfählen (G) und Lagerleisten (I) im Wasser (Hochwasserhöhe beachten) aufgestellt (Zeichn. 24). Die Anflug-

70

öffnung zeigt zum Wasser und in Richtung Süd-Ost. Um das Gelege im Bruthaus vor hochkletternden Ratten zu schützen, ist anzuraten die Pfähle mit Blecheimer oder Blechdose (H) zu verkleiden. Sehr wichtig ist, daß Nestmaterial in das Bruthaus eingebracht wird, da die Ente kein Nestmaterial zuträgt. Eine Graswasenplatte von 5 cm Stärke wird in das Bruthaus eingelegt und mit der Faust eine Nistmulde geklopft, Brennesselpflanzen und Schilfblätter werden hinzugegeben. Diese Graserdplatte begünstigt die nötige Brutfeuchtigkeit im Entenbruthaus.

Zum Bau des Entenbruthauses werden 2–2,5 cm starke Fichtenbretter verwendet. Auf das Anflug- und Bodenbrett (A) werden die vier Eckhölzer (B) schräg aufgenagelt. Die Rahmenleiste (C) vorn, an der Rückseite und an den Seiten (D) halten die Eckhölzer in stabiler Schräglage. An der Vorderseite und Rückseite ist die Dachauflageleiste (C1) anzunageln. Die drei Seiten des Entenbruthauses werden mit Sichtleisten (E) verkleidet. Das Pultdach (F) wird zugeschnitten und aufgenagelt.

Die Verkleidung des Entenbruthauses mit Leisten und die somit entstehenden Sehschlitze geben der brütenden Ente ein Sicherheitsgefühl. Die Ente kann durch die Sehschlitze jede Störung rechtzeitig wahrnehmen. Bei Versuchen im Revier hat es sich gezeigt, daß diese Leistenbruthäuser besser angenommen werden als die geschlossenen Entenhäuser.

Mit dem *Entennistkorb* aus Fichtenreiserstangen, der mit Schilf gefüllt und oben auf dem Dach abgedeckt wird, bietet sich eine weitere Nisthilfe an (Zeichn. 25).

Entenbruthäuser aus nicht umweltfreundlichem Material (Kunststoff) sind abzulehnen.

Entenfutterfloß

Wird die Ente am Wasser gefüttert, so soll das Futter z. B. Mais, Weizen, Roggen, Buchweizen, Kartoffeln, Karotten gekocht oder roh geschnitzelt unter Wasser gereicht werden. Für fett- und eiweißreiche Nahrung bei Eintritt des Frostes sorgen Zugaben von Hülsenfrüchten, Eicheln, Bucheckern, Sonnenblumenkernen und feingehackten Kastanien, ja selbst Fleischabfälle und Innereien.

Die Stockente (Gründelente) kann nur bis zu einer Wassertiefe von 40–48 cm gründeln. Wird das Futter tiefer ins Wasser geworfen, so kann die Gründelente es nicht aufnehmen.

Bei *Steilufern* ist zur Fütterung ein **Futterfloß** notwendig. Dieses Futterfloß wird aus 2,5 cm starken Schalbrettern gebaut (Zeichn. 25). Auf die zwei Rundholzbalken (A) werden die Bodenbretter (B) und der Rahmen

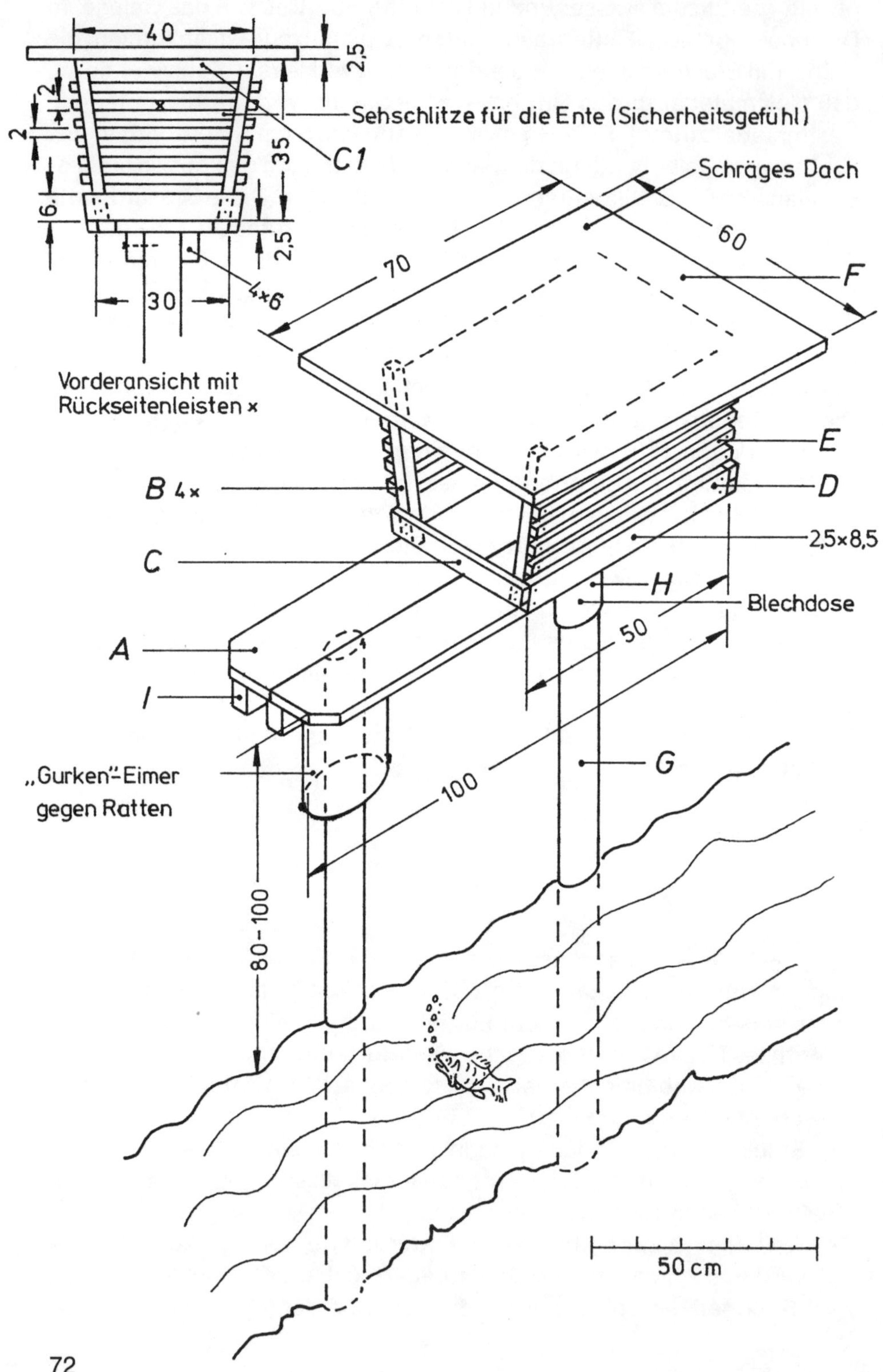
40
2,5
2
2
6.
35
2,5
30
4×6
C1
Sehschlitze für die Ente (Sicherheitsgefühl)
Vorderansicht mit
Rückseitenleisten ×
Schräges Dach
60
70
F
E
D
B 4×
C
2,5×8,5
H
Blechdose
A
50
I
G
100
„Gurken"-Eimer
gegen Ratten
80–100
50 cm

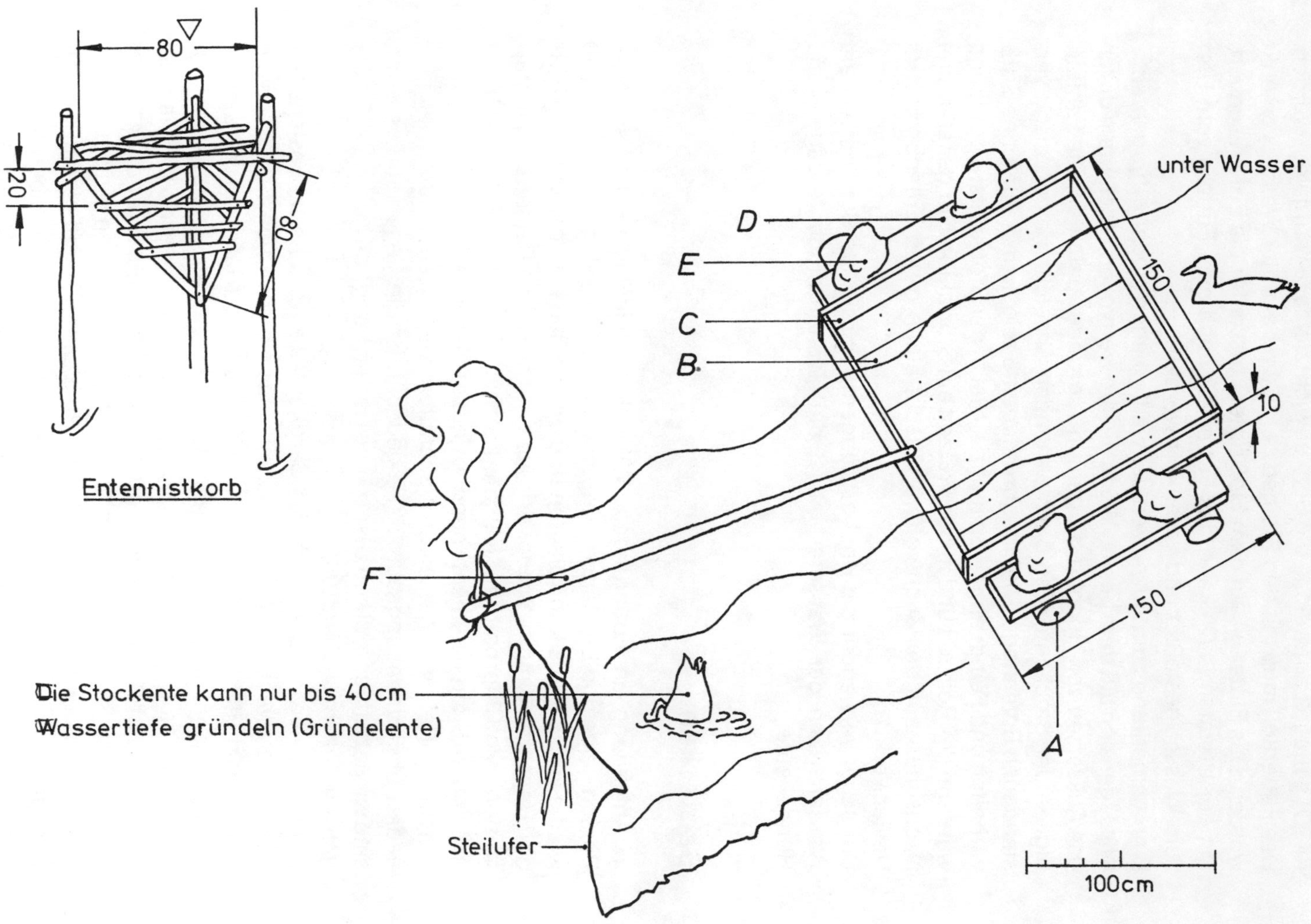
Entennistkorb
80
20
80
unter Wasser
D
E
C
B
150
10
150
A
F
Die Stockente kann nur bis 40 cm
Wassertiefe gründeln (Gründelente)
Steilufer
100cm

(C) genagelt. Auf die überstehenden Rundholzbalken werden zwei Bretter (D) genagelt auf welche die Senkgewichtsteine (E) aufgelegt werden. Das Futterfloß muß mit den Steinen ca. 10 cm tief unter Wasser versenkt werden. Das Futter ist auf dem Floß unter Wasser für die Ente reserviert. Mit der Uferstange (F) kann das Futterfloß nach dem Füttern vom Ufer zum Wasser gestoßen und verankert werden.

Eine Anmerkung zum Aussetzen der wildfarbenen *Hochbrutflugenten.* Wir Jäger sind auf dem besten Wege unsere wertvollen Stockenten durch das Aussetzen von Hochbrutflugenten zugrunde zu richten. Die Fehlfarbigkeit der Stockente sind die mahnenden Anzeichen einer falsch verstandenen Entenhege. Die Hochbrutflugente zeigt kein natürliches Brutverhalten und Feindvermeiden mehr, sie ist in der Stockentenpopulation während der Reihzeit und in der Brutzeit ein Störfaktor. Nur der ständige Nachschub aus der Zuchtvoliere täuscht einen guten Entenbesatz im Revier vor.

Der Jäger verwendet die Hochbrutflugente nur für die Hundearbeit am Wasser. Nach der Wasserarbeit ist die Hochbrutflugente Jäger- und Hundebeute.

Salzlecken

In Anlehnung an Fütterungen, Wildäcker, Wildweiden, Kahlschläge, Pürschsteige und Einstände bringen wir auch die Salzlecken an, so daß wir sie von hier aus kontrollieren und uns an den Erfolgen dieser geringen Hegearbeit immer wieder erfreuen können. Eine Reihe von Mineralstoffen, wie Chlornatrium, Kalium, Kalzium, Phosphor, Eisen, Natrium und andere Spurenelemente benötigt jedes Lebewesen zu seiner Gesunderhaltung. Bei einer gesunden Vegetation wird dieser Spurenelementbedarf über die Äsungsaufnahme gedeckt. Ist die Vegetation verarmt, sind wir gezwungen, durch zusätzliche Darreichung von Kochsalz (Chlornatrium) nachzuhelfen.

Für die Revierpraxis hat sich das Bergkernsalz (Bruchsalz) bestens bewährt. Am zweckmäßigsten geschieht das Reichen von Salz über die Baum- oder Pfahlsulze (Abb. 52). Die Klotzsalzlecke läßt sich von den bei Waldarbeiten liegengebliebenen Stammabschnitten leicht herstellen (Abb. 53). Die Baumstubbensalzlecke ist die bekannteste Art. Sie wird aber oft durch Fuchs- oder Marderlosung beschmutzt (Abb. 54). Vom zusätzlichen Anlocken mit Anisöl ist abzuraten, denn Anisöl ist ein bekanntes Lockmittel für Marder. Die Pfahlsalzlecke auf einen Stubben genagelt hat den Vorteil, daß sich das Salz auf dem Stubben sammelt (Abb. 55). Um das Verschleppen der Salzsteine durch Sauen zu verhin-

Abb. 52 Baumsulze, mit der Motorsäge eingeschnittene Aushöhlung

Abb. 53 Klotzsalzlecke

Abb. 54 Baumstubbensalzlecke

Abb. 55 Pfahlsalzlecke auf einen Stubben genagelt

Abb. 56 Salzlecke für das Schwarzwildrevier und für das niederschlags reiche Bergrevier

dern, kann aus einem Klotz mit der Motorsäge eine Salzlecke für das Schwarzwildrevier gebaut werden. Für niederschlagsreiche Bergreviere ist ein Dach gut (Abb. 56). Das Wild bevorzugt die Salzaufnahme am Holzstamm. Durch die indirekte Salzaufnahme über den Stamm wird die Salzabnahme bei Niederschlägen oder Trockenheit ein wenig reguliert.

Künstlicher Malbaum

Ein »heißer Tip« für jedes Schwarzwild-Rotwildrevier ist die Anlage von künstlichen Malbäumen. Geeignete wertlose Bäume werden an passender Stelle im Revier mit reinem Buchenholzkohlenteer (Apotheke, Drogerie) gestrichen (Abb. 57 und 58). Der Geruch des Holzteers veranlaßt das Schwarzwild und die Rothirsche von weitabgelegenen Einständen in regelmäßigen Abständen zum Malbaum zu ziehen. Das Schwarzwild reibt sich diesen Holzteer gerne auf die Schwarte. Auch ist es interessant

76

Abb. 57 Künstlicher Malbaum, mit
Buchenholzkohlenteer
gestrichen

Abb. 58 Künstlicher Malbaum, vom
Schwarzwild gut angenommen, im
Hintergrund künstliche Suhle

»seine Hirsche mit schwarzem Träger« im Revier zu beobachten. In den
Malbaum können 2 cm tiefe, vertikal verlaufende Schnitte mit der Motorsäge eingeschnitten werden. In diesen Schnittrillen haftet der Holzteer
länger. Das Nachstreichen der Malbäume mit Holzteer ist ca. alle 6–8
Wochen notwendig.

Künstliche Suhle

Fehlen in einem Rot- und Schwarzwildrevier die Natursuhlen an morasti-
gen Bodenstellen, mangelt es an Wasserläufen mit weichgründigem Ufer
und ist der Boden allgemein sehr wasserdurchlässig, so wechselt demzu-
folge das Wild in revierfremde Einstände. Die künstliche Suhle (Abb. 58)
soll möglichst nicht aus einer Betonwanne hergestellt werden. Die Be-
tonsuhle wird in der Regel vom Wild schlecht angenommen und ist ein
»ewiges Denkmal« im Revier. Die Suhle gehört in den Einstand des

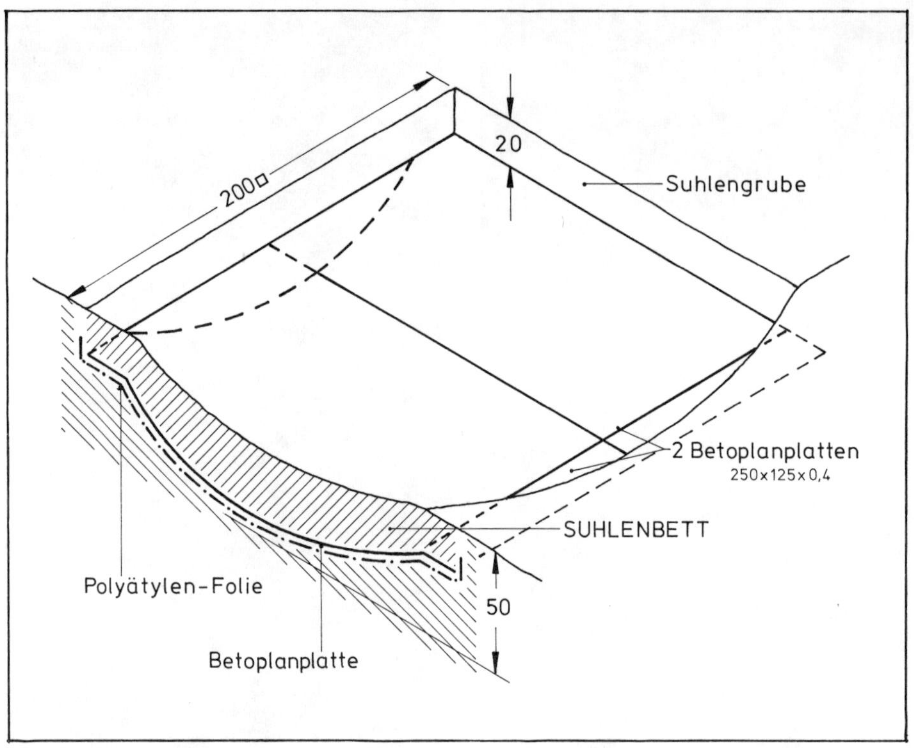

Abb. 59 Künstliche Suhle

Wildes. Das Hineintragen von Beton und Kies in den Einstand ist sehr aufwendig. Die Arbeit läßt sich leichter mit dem nachfolgend beschriebenen Material durchführen.

Das Suhlenbett 200 × 200 cm und 50 cm tief wird am Boden flach ausgehoben. Nach dem Ausheben des Erdreiches wird die Suhlensohle von Steinen freigerecht und mit einer mehrschichtigen Kunststoffolie ausgelegt. Über die Kunststoffolie werden zwei Betoplanplatten (Sichtbetonverschalung im Baugewerbe) überlappt gelegt und die somit entstandene flache Mulde mit Erde aufgefüllt. Die Betoplanplatten vermeiden ein Durchtreten der Folie mit den Läufen. Das Suhlenbett wird mit Wasser gefüllt. Die Höhe des Wasserpiegels muß der Wildart angepaßt sein. Für Rotwild sind ca. 5 cm Wasser in der Suhle angebracht, bei Schwarzwild soll nur Schlamm vorhanden sein. Mit einem in der Nähe versteckten Eisenrechen muß der Wasserzulauf geregelt und die Suhle regelmäßig von Ästen und Steinen gereinigt werden. Das oft empfohlene Eingießen von Altöl in die Schwarzwildsuhle kann zu einer erheblichen Grundwasserverseuchung führen.

78

Schneepflug

Der Einsatz eines Schneepfluges bei vereister Schneedecke, im Mittelgebirgsrevier ist eine der lohnendsten Hegearbeiten. Dem Wild wird durch das Aufreißen der Harschschneedecke die nötige Bewegungsfreiheit verschafft und Äsung auf dem Boden freigelegt. Der Einsatz des Schneepfluges mit vorgespanntem Zugpferd in Begleitung des Jagdhundes, ist eine der schönsten Hegearbeiten im verschneiten Winterwald. Der auf dem Schneepflug aufgelegte Futtersack, aus welchem Streufutter in die Pflugspur rieselt, ergänzt diese lohnenswerte Arbeit. Die Räumspur beginnt am Winterfutterplatz. Es ist tunlichst zu vermeiden, vom Dorf aus zu räumen, um nicht freistreunende Hunde ins Revier zu leiten. Am Ausgangspunkt ist die Pferdedecke nicht zu vergessen, um das erhitzte Zugpferd beim Rückmarsch zum Dorf vor Kälteeinfluß zu schützen.
Für den mit der Dorfgemeinschaft vertrauten Jäger ist die Beschaffung eines Zugpferdes sicherlich möglich. Ist kein Pferd im Dorf oder in Stadtnähe vorhanden, kann der Schneepflug auch von einem Traktor gezogen werden. Der ideale Einsatz des Schneepfluges, d. h. das Räumen im Einstand des Wildes, ist aber nur mit einem Zugpferd möglich. Für den robusten Einsatz im Revier muß der Schneepflug mit U-Eisen beschlagen sein. Holzkästen ohne Eisenbeschläge halten der »PS-Kraft« beim Auflaufen auf verschneite Baumstubben nicht stand. Die Abb. 60

Abb. 60 Mit dem Verstellrohr kann die Pflugspur verändert werden

zeigt einen stabilen, für viele Jahre zu gebrauchenden Schneepflug. Der Schneepflug ist in der Pflugspur verstellbar und somit als Wechsel- oder Räumpflug zu verwenden. Für den Transport ins Revier kann der Schneepflug leicht zerlegt werden (Abb. 61).

Die zwei Wangen (A) des Schneepfluges werden aus 3 cm starken Hartholzbrettern angefertigt und mit U-Eisen (B) beschlagen (Zeichn. 26). Die Pflugspitze muß abgerundet sein, um ein Festfahren zu vermeiden. In die Verstärkerflacheisen (C) werden die Rohrgelenke der Stellschiene eingehangen. Der Zugring für die Zugkette und für das Waagenholz ist an dem Verstärkerflacheisen (D) angeschweißt. Die Rohrscharniere (E) an der Schneepflugspitze und der dazu gehörende Haltedorn (F) ermöglichen das Verstellen und Zerlegen des Pfluges. Der U-Eisenbeschlag (G) an der Rückseite ist nicht verschweißt, somit können die Wangenbretter erneuert werden. Das Verstellrohr (H) und das eingeschobene Rohr (I) sind mit Bohrlöchern versehen. In diese Löcher wird ein Bolzen eingeführt. Die zwei Handgriffe, 4 × 6 Kantholz (J) zum Lenken des Pfluges, werden mit dem Distanzrohr (K) in Arbeitshöhe an die Wangen geschraubt.

Abb. 61 Zerlegter Schneepflug

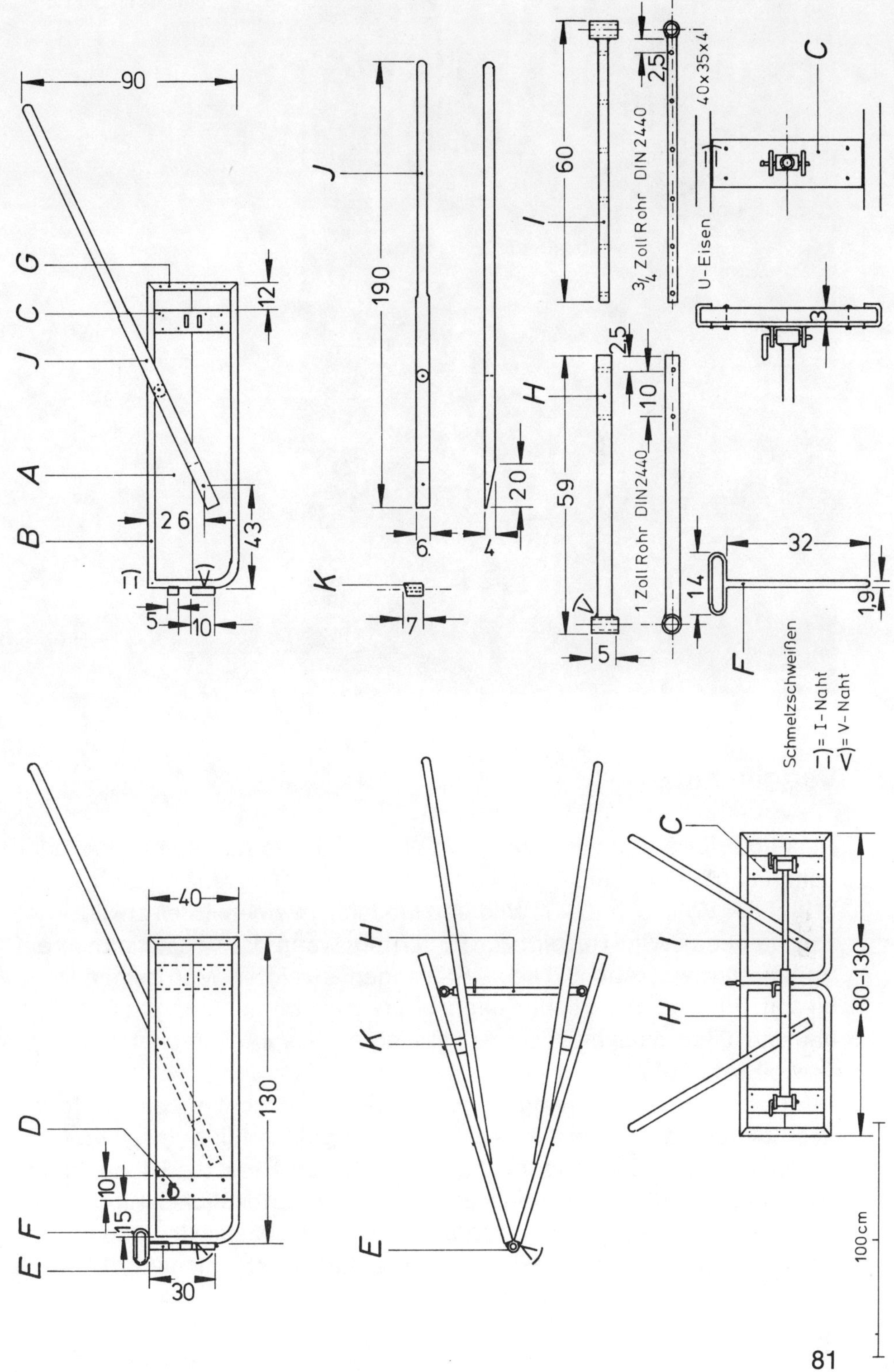
90
12
J C G
J C
J
A
B
2 6
4 3
5
10
K
7
190
J
6.
4
60
I
3/4 Zoll Rohr DIN 2440
25
20
H
59
2,5
10
5
1 Zoll Rohr DIN 2440
14
V
32
1,9
F
40 x 35 x 4
C
U-Eisen
3
Schmelzschweißen
Ξ) = I-Naht
V) = V-Naht
40
130
D
10
15
E F
30
E
H
K
C
H I
H
80-130
100 cm

Vogelschutz

Die Winterfütterung der Vögel ist in Wald und Feld für den naturverbundenen Jäger eine Selbstverständlichkeit geworden. Unzählige Vorteile
bringt der Vogelschutz für Wild und Mensch. In einem Eifelrotwildrevier
zog *dann* das Wild *vertraut* zur Fütterung, wenn die Vogelstimmen am
Vogelfutterhaus (Abb. 62) keine Störungen anzeigten. Man neigt dazu in
diesem Fall vom natürlichen Jagdschutz zu sprechen. Ein Winterfutter-
haus am Jägerhaus aufzustellen, erleichtert das »Ansprechen« der Vogelwelt (Abb. 63).
Das Herstellen und Aufhängen von Nistkästen ist nicht nur eine Aufgabe
des Försters, der Jäger sollte sich gleichermaßen mit demselben Eifer
daran beteiligen. Die Fliegenschnäpper z. B. verzehren die Rachenbrem-
sen und Dasselfliegen. Bei der Herstellung von jagdbaulichen Einrichtungen entstehen genügend Holzabfälle, die sich für Nistkästen und Futter-
häuser eignen. Nachstehend die Maße der für die verschiedenen Höhlen-
brüter in Frage kommenden Nistkastengrößen.

82

Vogelart	Wand-stärke	Flug-loch-weite	Flug-loch-wand	Rück-wand	Seitenwände	Boden	Dach
Alle ein-heimischen Meisenarten, Kleiber, Trauer-schnäpper	20	27– 36	120×230	160×285	140×250×280	120×130	190×250
Garten-rotschwanz	20	30– 45	120×230	160×285	140×250×280	120×130	190×250
Wendehals, Mauersegler, Star	20	46– 50	140×260	180×310	150×275×310	140×140	210×250
Steinkauz	20	60– 70	170×310	210×375	180×325×375	170×170	240×310
Hohltaube	25	74– 85	250×340	300×380	263×360×380	250×250	340×360
Waldkauz	25	120–130	250×400	300×440	280×420×440	250×268	340×380

Die Tabelle ist dem AID-Heft 65 »Vogelschutz heute« entnommen. Herausgegeben 1975 vom AID, Heerstraße 124, Postfach 708, 53 Bonn–Bad Godesberg. Dieses Heft gehört in jede Jägerhand. Es ist kostenlos zu beziehen.

Abb. 63 Vogelfutterhaus am Jägerhaus

Ameisenschutzgitter

An Wander- und Holzabfuhrwegen sollten die Ameisenhaufen mit Ameisenschutzgitter vom Jäger überdeckt und damit geschützt werden. Es ist immer wieder zu beobachten, wie nicht naturverbundene Menschen die belebten Ameisenhaufen zerstören. Das Schutzgitter wird aus vier Reiserstangen in Zeltdachform zusammengebaut. Die vier spitzen Seitenteile werden mit engmaschigem Drahtgeflecht benagelt. Eisenstäbe sollten für die Schutzgitterhaube nicht verwendet werden (Abb. 64).
Es macht jedem Jäger Freude, Sinn und Zweck dieser Kleinarbeit des Jagd- und Umweltschutzes dem Spaziergänger zu erläutern.

Abb. 64   Ameisenschutzgitter am Wanderweg

Greifvogeljule

Auf großen Feldflächen, die den Greifvögeln keine Aufbaumöglichkeiten bieten, können Greifvogeljulen aufgestellt werden (Abb. 65). Die Julen erleichtern den Greifvögeln die Mäusejagd. Wird die Deckung im Niederwildrevier weniger, sollten die Julen eingezogen werden. Fehlen die biologischen Regulatoren und Indikatoren in der freien Landschaft, muß der Landwirt zum Mäusegift greifen. Das Gift und nicht die Greifvögel würde dem Niederwild schaden. Sind keine Mäuse mehr im Revier, bricht auch der Lebenskreislauf des Niederwildes zusammen.

Abb. 65   Greifvogeljule im Feldrevier

Die Natur ist eine Kette, ein Glied greift in das andere. Von den Boden-
bakterien, Kleinlebewesen, Greifvögeln, vom Niederwild bis zum Rothirsch und Menschen sind diese Kettenglieder unlösbar miteinander
verbunden. Wird ein Kettenglied herausgenommen, so ist die Kette zer-
rissen. Das erneute Zusammenfügen mit einem Kettennotglied (Gift) ist
Flickwerk des Menschen. Die »Naturkette« ist zerstört.

Heureuter

Die Heutrocknung auf Reutern ist der Erdbodentrocknung im Jagdbetrieb vorzuziehen (Abb. 66). Durch den Maschineneinsatz bei der Boden-
trocknung brechen die wertvollen Grasspitzen ab. Diese getrockneten
Pflanzenspitzen enthalten den größten Eiweißgehalt. Für die wertvolle
Rauhfuttergewinnung sollten somit Reuter verwendet werden. Die Reu-
tertrocknung ist weniger wetterabhängig. Es ist beim Bepacken der
Reuter mit Futterpflanzen darauf zu achten, daß Reuter bodenfrei stehen,
d. h. daß die Luft ungehindert unter ihnen durchziehen kann und daß
keine herunterhängenden Heupflanzen die Bodenfeuchtigkeit nach oben
ziehen.
Der Klappreuter eignet sich besonders gut für den Jagdbetrieb. Seine
Bauweise ermöglicht ein problemloses Transportieren (Abb. 67). Die

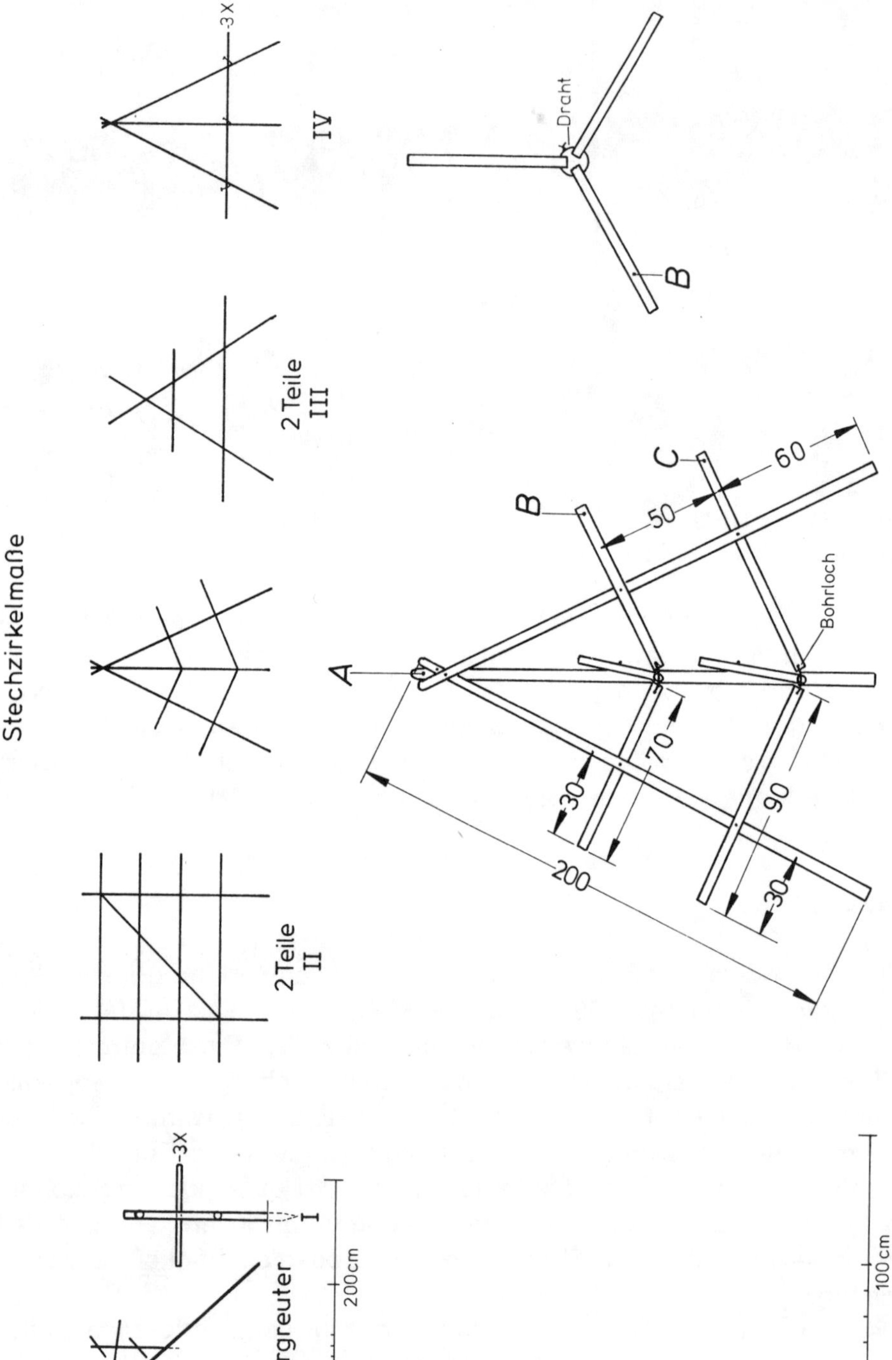

Stechzirkelmaße
IV
-3x
III
2 Teile
Draht
B
2 Teile
II
50
60
C
B
Bohrloch
A
70
30
90
200
30
-3x
I
Bergreuter
200 cm
100 cm
86

Abb. 66 Verschiedene Heureuter

Dreibeinstangen (A) werden oben in einem Drehpunkt verbunden, die Futterlagerhölzer (B) auf Maß gebohrt und mit der Nagelachse an die Dreibeinstangen geheftet. Im Innenteil des Reuters werden die sechs Futterlagerhölzer mit einem Drahtring zusammengebunden. Vier bekannte Reutertypen können nach den Stechzirkelmaßen der Zeichnung 25 nachgebaut werden. Als Baumaterial können geschälte Reiserstangen verwendet werden.

Abb. 67
Heureuter für das Revier zum
Zusammenklappen

Zäune

Zäune sind im Jagdrevier oft ein Ärgernis. Alte verfallene Kulturzäune, die nicht abgebaut werden, stellen eine erhebliche Gefahr für unser Wild dar. Dennoch kommt auch der Jäger nicht ohne Zäune im Jagdbetrieb aus. Im Hochwildrevier kann der Wildacker vor dem frühzeitigen Zutritt des Schalenwildes durch Zäune geschützt werden, d. h. die Äsungspflanzen werden bis zu ihrer Reife im **Wildackerzaun** dem Äser des Wildes vorenthalten. Die Wildackerzäune sind sehr kosten- und arbeitsaufwendig. Der Arbeitsaufwand für den Auf- und Abbau des Zaunes ist oft größer als die eigentliche Zeit für die Bestellung des Wildackers. Den eingewachsenen Zaun ständig für die Bestellung und Freigabe des Ackers abzubauen ist nicht notwendig, wenn der geteilte Rotwild-Wildackerzaun verwendet wird (Zeichn. 28).

Die Zaunpfosten (A) werden in den Boden gerammt und mit den Sprungstangen (B) verbunden (Abb. 68). Die untere Zaunfläche wird mit Knotengeflecht umspannt und an den Pfosten vernagelt. Die Drahtkrampen müssen am Pfahl vertikal versetzt eingeschlagen werden, um ein Reißen des Zaunpfahles zu vermeiden. Außerdem sind die Krampen niemals so fest einzuschlagen, daß die Horizontaldrähte fest am Pfahl anliegen, denn das Geflecht wird mit Hilfe der Zahnradspanner (Abb. 72), nachdem es an den Pfählen angeschlauft ist, gespannt. Eine Verstrebung der Eckpfosten ist nicht nötig, da die Sprungstangen dem Zaun die Stabilität geben. Die über der Sprungstange befindliche Zaunfläche (F) von 1 m Höhe wird mit zwei großen Eisenkrampen (D) am Pfahl gehalten.

Abb. 68 Wildackerzaun für das Rotwildrevier

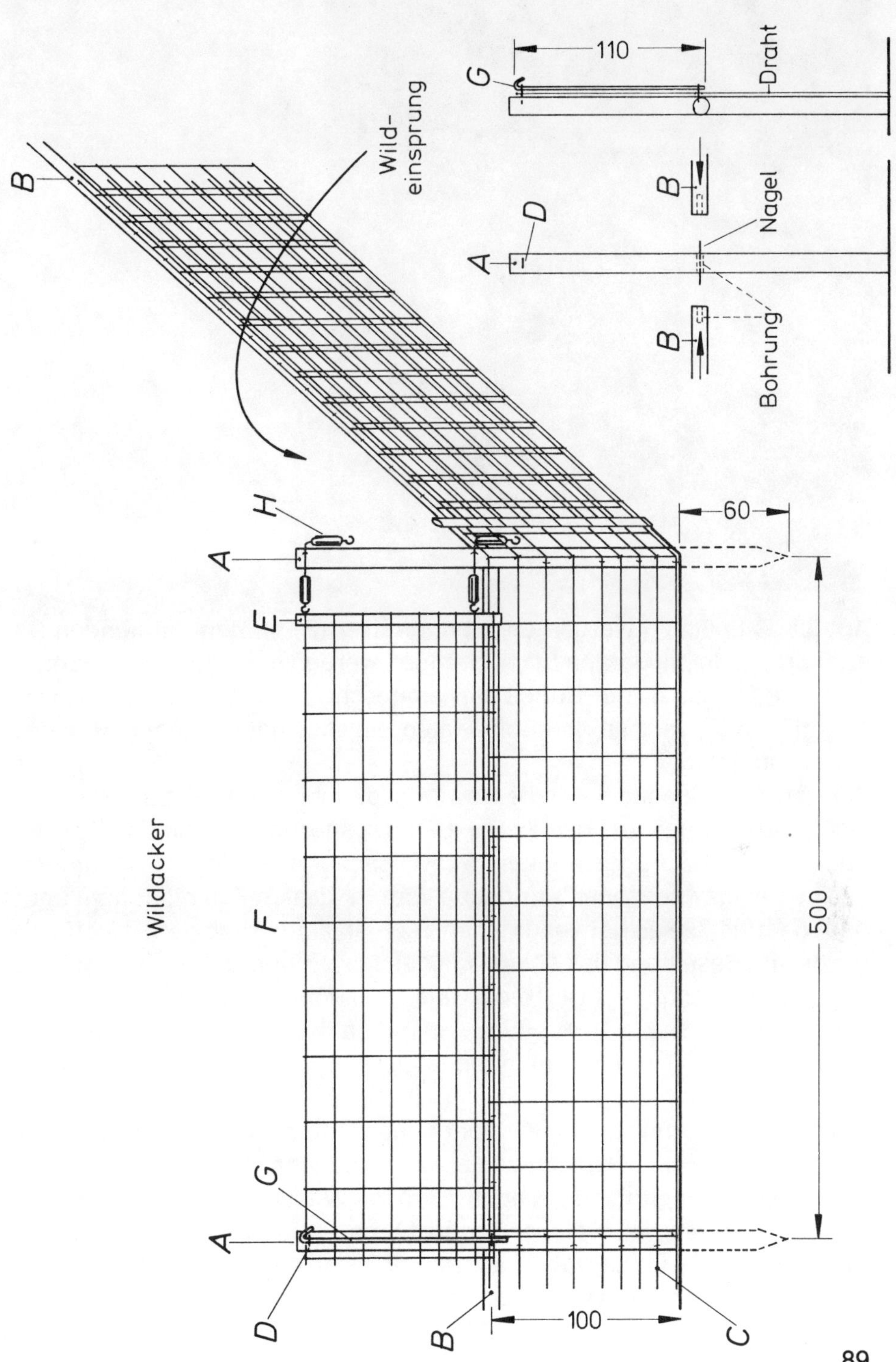
110
Draht
G
B
D
A
Nagel
B
Bohrung
Wild-
einsprung
B
H
A
E
60
Wildacker
F
500
G
A
D
B
100
C

An den Zaunecken werden die Spannhölzer (E) an den Zaunenden (F) angebracht. In die großen Eisenkrampen werden die Zaunbefestigungsstangen (G) aus 8 mm Rundeisen eingeschoben (Abb. 69). Die obere Zaunfläche (F) wird an den Eckpfosten mit Gewindespannern (H) befestigt (Abb. 70).

Werden am Wildackerzaun die Gewindespanner gelöst und die Zaunbefestigungsstangen aus den Krampen herausgezogen, kann das Rotwild über die Sicht-Sprungstange in den Wildacker einspringen. Die untere, im Gras eingewachsene Zaunfläche wird in diesem Fall nicht abgebaut oder geöffnet. Ist es notwendig, den Zaun an einer Seite ganz zu öffnen, um bei der Bestellung des Ackers mit den Maschinen wenden zu können, kann das Knotengeflecht auf einer Seite in Kettennotglieder eingehangen werden (Abb. 73). Zur Herstellung von gut haltbaren Drahtschlaufen und -verbindungen verwendet man ein Rödeleisen (Abb. 74).

Der Wildschadenszaun aus Knotengeflecht ist eine gute Schutzmaßnahme gegen Rot- und Schwarzwildschäden (Zeichn. 29). Die Kosten des Zaunes sind verhältnismäßig hoch. Wird der Wildschadenszaun in richtiger Bauweise erstellt, bietet er Schutz für ca. 20 Jahre. Beim Einkauf des Knotengeflechts ist darauf zu achten, daß sich die Vertikaldrähte nicht mit den Horizontalspanndrähten verschieben lassen. Die Eckpfosten

Abb. 70 Wildackerzaun mit Eckverstrebung

Abb. 71 Wildackerzaun mit Drahtseilverstrebung

Abb. 72 Wildackerzaun mit Zahnradspannern

Abb. 73 Wildackerzaun mit Kettennotgliedern

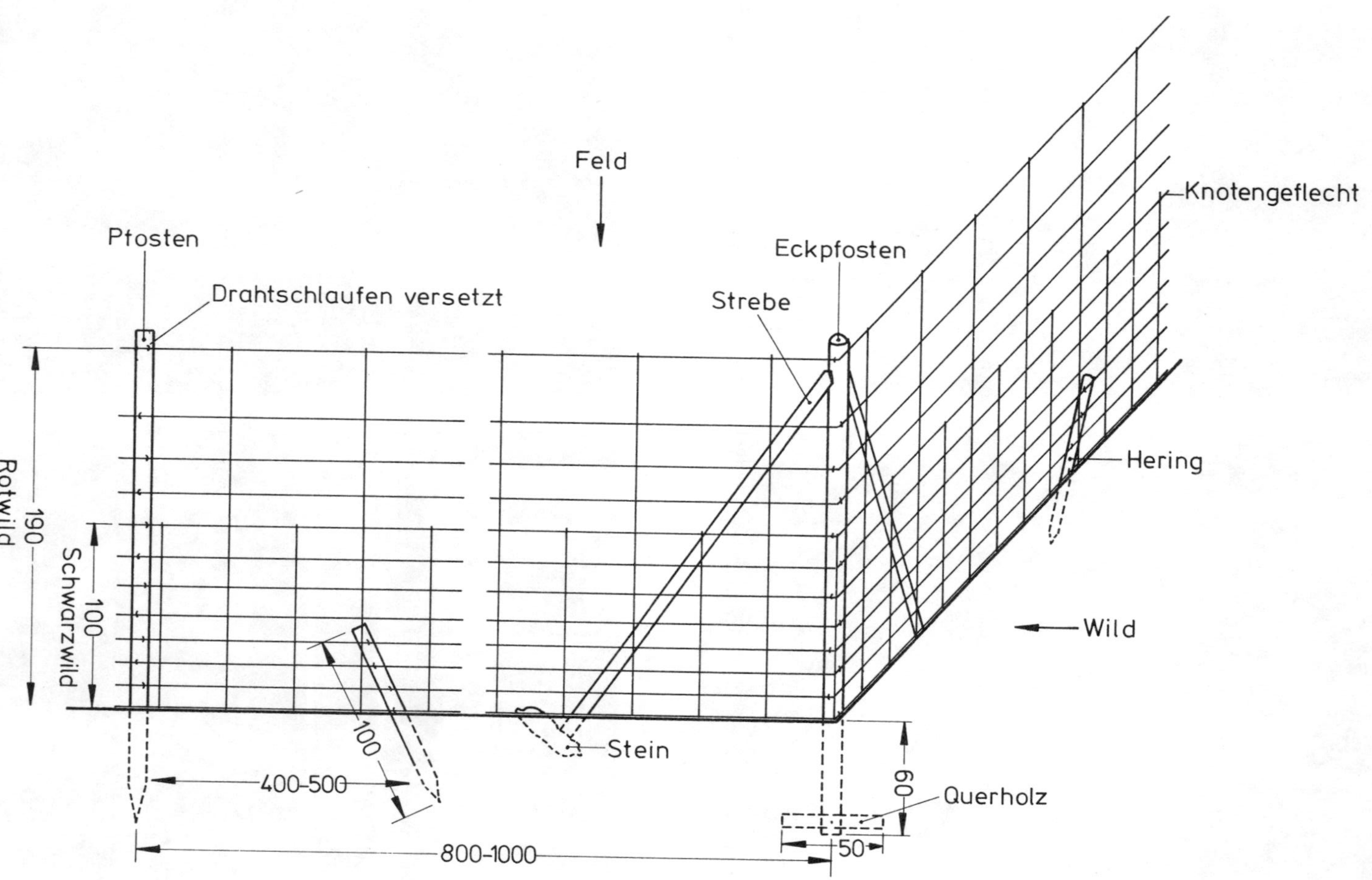

Feld
Knotengeflecht
Ptosten
Eckpfosten
Drahtschlaufen versetzt
Strebe
Hering
Rotwild
190
Schwarzwild
100
Wild
100
400-500
Stein
60
Querholz
50
800-1000

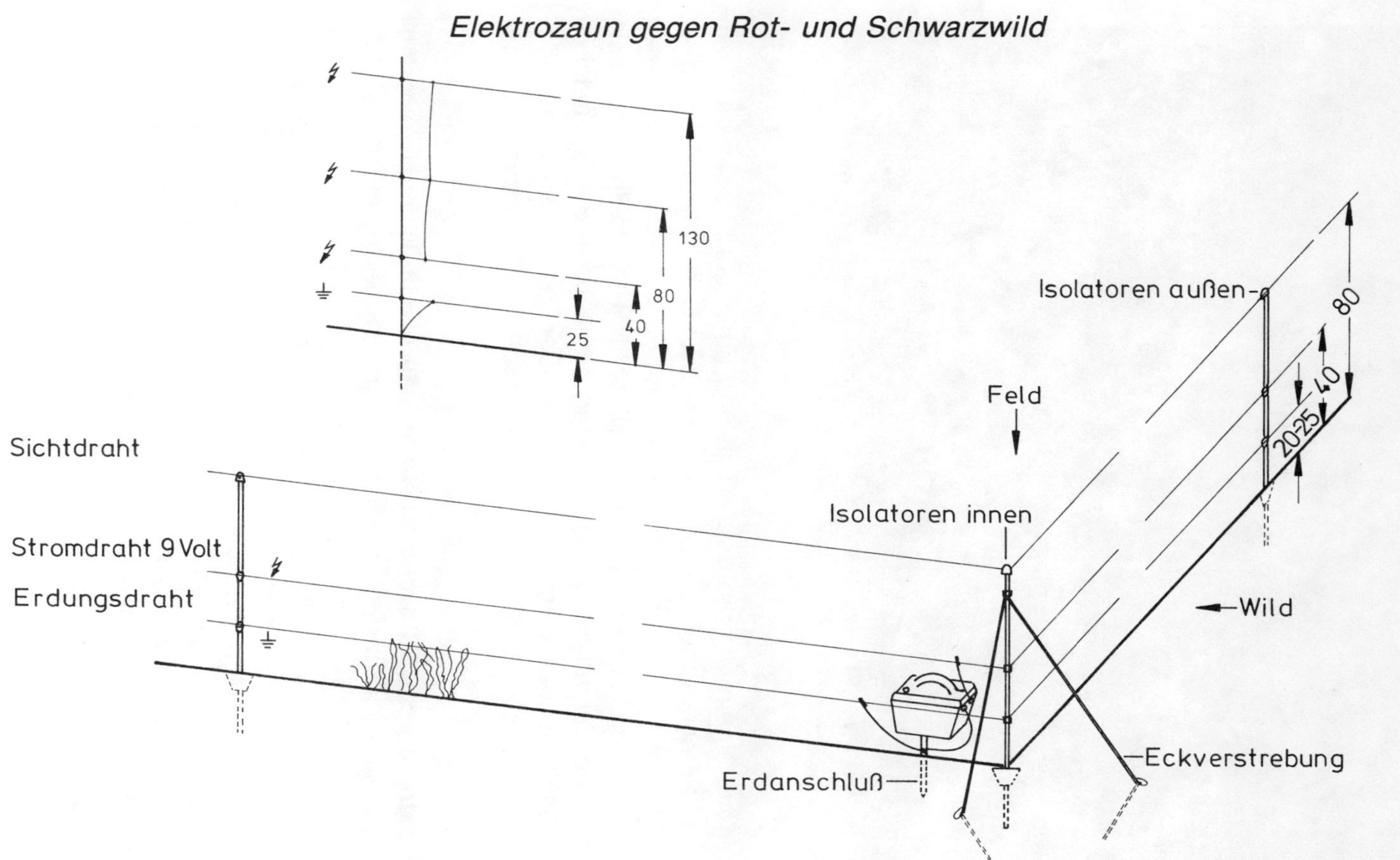
Elektrozaun gegen Rot- und Schwarzwild
130
80
40
25
Sichtdraht
Stromdraht 9 Volt
Erdungsdraht
Isolatoren außen-
Feld
Isolatoren innen
Wild
20-25
40
80
Eckverstrebung
Erdanschluß
Elektrozaun gegen Schwarzwild

Abb. 74 Rödeleisen

werden mit einem Querholz versehen und unter die Streben ein Stein gelegt. Die eingegrabenen Eckpfosten mit dem Querholz und die unterlegten Streben geben den Zaunecken die nötige Stabilität beim Spannen des Zauns. Zum Spannen des Knotengeflechtes wird pro Spanndraht ein Drahtspanner verwendet. Die schräg eingeschlagenen Heringe machen den Wildschadenszaun schwarzwildsicher. Der Zaunverlauf sollte möglichst an Fahrwege gelegt werden, um eine schnelle Kontrolle durchführen zu können.

Der Elektrozaun zur Wildschadensverminderung findet immer mehr Anwendung beim Schutz der landwirtschaftlichen Kulturpflanzen (Abb. 75). Rotwild und Schwarzwild kann wirkungsvoll von den Feldern ferngehalten werden. Bei dem Elektrozaun handelt es sich um eine an Isolatoren befestigte Drahtlitze, die in regelmäßigen Zeitabständen mit Hochspannungsimpulsen aufgeladen wird. Die Impulse werden durch ein Elektrozaungerät erzeugt (Abb. 76). Berührt das Wild die Drahtlitze, so schließt es den Stromkreis zwischen Zaundraht und Erde. Die nun fließende Impulsenergie führt zu einer Muskelkontraktion. Das Wild verspürt einen kurzen, aber intensiven Schmerz. Der elektrische Schlag ist durch die Kürze nicht gesundheitsschädlich. Diese Voraussetzung wird mit Sicherheit erfüllt, wenn die Geräte mit dem VDE-Prüfzeichen versehen sind und

94

Abb. 75   Elektrozaun gegen Schwarzwild

Abb. 76   Elektrozaungerät

der Zaun nach den VDE-Vorschriften (0131/4.57 und 0668/8.60) aufgebaut wird. Folgende Werte dürfen auf der Ausgangsseite nicht überschritten werden:

Spitze der Impulsspannung mindestens 2000 V
höchstens 5000 V
Strommenge je Impuls 2,5 m A · s
Impulsdauer 0,15 s

Die Wirkung des Elektrozaunes wird durch das Anbringen eines *Erdungsdrahtes* (Nulleiter), beim Abwehren von Schwarzwild wesentlich erhöht (Zeichn. 30). In einem klassischen Schwarzwildrevier der Eifel standen mir in den Jahren 1968–1972 jährlich 9000 m E-Zaunlänge zur Wildschadensabwehr zur Verfügung. Bei diesen Versuchen wurde der Schwarzwild- und Rotwildschaden in einem Jahr von 32 000,– DM auf 12 000,– DM vermindert. Der durchschlagende Erfolg trat erst im zweiten Jahr nach dem Anbringen des Erdungsdrahtes ein.

Ein wirkungsvoller Schutz gegen Wildschaden ist dann gegeben, wenn die biologische Wildschadensverminderung im Wald (Wildäcker) vorhanden ist, wenn der Zaun nicht die Wald-Feld-Grenze sperrt, am Waldrand Wildschadensausgleichsfelder vorhanden sind und der E-Zaun täglich abends kontrolliert wird. Fehlen die Wildäcker und die Wildschadensausgleichsfelder (Zeichn. 31) wird durch den Elektrozaun der Wildschaden im Revier nur verlagert.

Die im Handel erhältlichen Federstahlpfähle sind Holzpfählen vorzuziehen (Abb. 77). Die Federstahlpfähle lassen sich im Abstand von 8–10 m leichter auf- und abbauen. Die verzinkte Drahtlitze läßt sich leichter

Abb. 77 Elektro-Pfahl zur Abwehr von Schwarzwild

Abb. 78 Elektro-Pfahl zur Abwehr von Rotwild

verlegen, als der übliche steife Weidedraht. Ein Batteriegerät (6000 Stunden) kann mit 4000 m Draht belastet werden. Das tägliche Anfahren der Geräte zum An- und Abstellen ist teurer als der Tag- und Nachtbetrieb. Der Stromfluß darf an den Stromdrähten nicht durch Pflanzenwuchs unterbrochen werden (freistellen). Beim Einbau von Wegetoren ist die Zaunführung zum Gerät und zum Wildeinstand zu beachten (Zeichn. 31).
Der Elektrozaun zur Abwehr von Schwarzwildschäden hilft nicht nur dem Jagdausübungsberechtigten und dem Landwirt, er hilft auch dem Schwarzwild und vielleicht mancher »Milchbache« zu überleben.

Die schwarzwildsichere Rehwildfütterungseinzäunung schützt den Rehwildfutterplatz gegen Schwarzwild (Abb. 79). Die Einzäunung ist nur in sehr guten Schwarzwildrevieren notwendig. Ein guter Knotengeflechtzaun verhindert die Futteraufnahme durch Schwarzwild. Durch die Einschlüpföffnungen an den Ecken des Zaunes wechselt das Rehwild in den ersten Wochen der Herbst-Winter-Fütterung ein. Hat sich das Wild an den Zaun gewöhnt, werden in wöchentlichen Zeitabständen die Einschlüpföffnungen geschlossen. Nach dem Verschließen der Einschlüpfe überspringt das Rehwild die Sprungsichtstangen (Zeichn. 32).

Abb. 79 Schwarzwildsichere Rehwildfütterungseinzäunung, im Vordergrund mit geschlossenem, im Hintergrund (rechts) mit geöffnetem Einschlupf

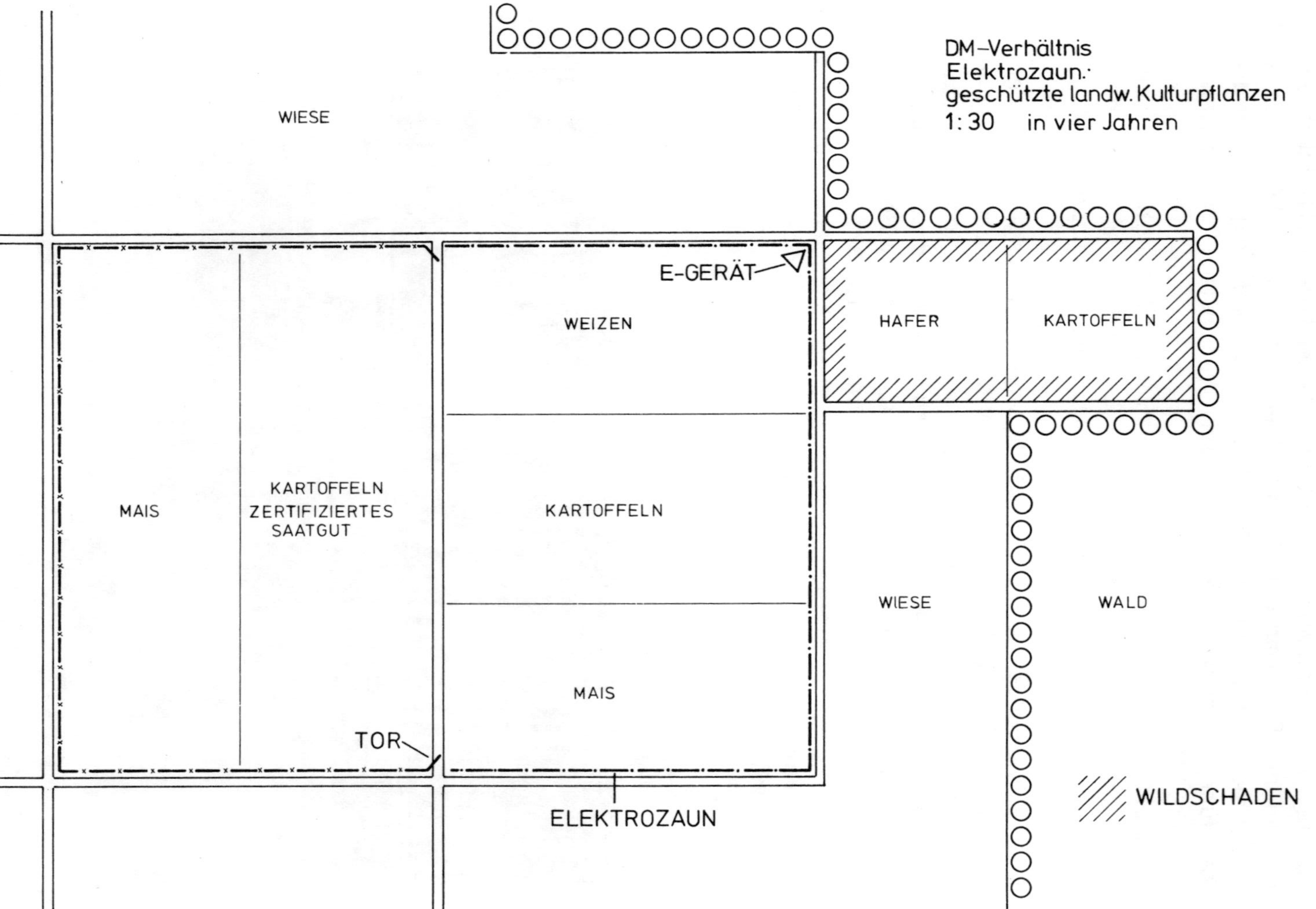

DM–Verhältnis
Elektrozaun:
geschützte landw. Kulturpflanzen
1 : 30   in vier Jahren
WIESE
E-GERÄT
WEIZEN
HAFER
KARTOFFELN
MAIS
KARTOFFELN
ZERTIFIZIERTES
SAATGUT
KARTOFFELN
WIESE
WALD
MAIS
TOR
ELEKTROZAUN
WILDSCHADEN

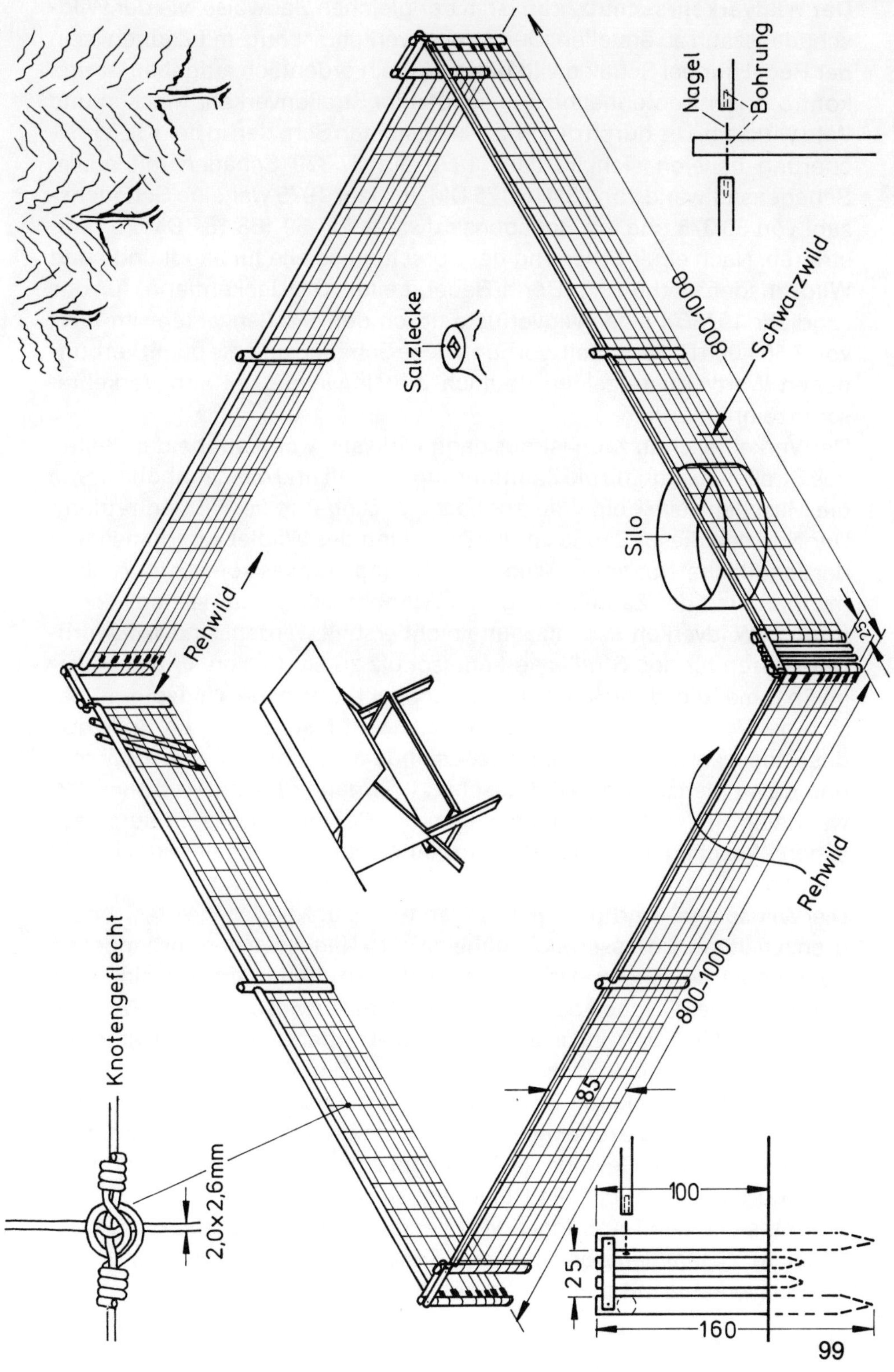
Nagel
Bohrung
Schwarzwild
800-1000
Salzlecke
Silo
Rehwild
25
Knotengeflecht
Rehwild
800-1000
85
2,0 x 2,6mm
100
25
160
99

Der Wildverkehrsschutzzaun ist in der gleichen Bauweise wie der Wildschadenszaun zu erstellen. Der Straßenverkehrsschutz mit Zäunen ist in der Regel nur bei Schalenwild nötig. Nur ein ordentlich aufgebauter und kontrollierter Knotenflechtzaun schützt im Straßenverkehr Mensch und Wild wirksam. Die durch das Wild verursachten Schäden in der Kfz-Versicherung beliefen sich im Jahr 1970 auf 37 379 Schäden mit einem Schadensaufwand von 23 416 175 DM. Im Jahr 1975 war eine Schadenszahl von 56 975 und ein Schadensaufwand von 59 163 181 DM zu registrieren. Nach einer Erhebung der Forschungsstelle für Jagdkunde und Wildschadensverhütung, Bonn-Beuel, Leiter: Dr. Ueckermann, für das Jagdjahr 1973/74 sind Wildverluste durch den Straßenverkehr im Wert von 7 504 000 DM ermittelt worden. Diese Schäden und die damit verbundenen Wertverluste zeigen deutlich die Notwendigkeit von Verkehrsschutzeinrichtungen.

Der Verkehrsschutzzaun ist nur dann wirksam, wenn auf beiden Seiten des Straßenabschnitts die Zaunführung verläuft und die Zaunhöhe sowie die Maschenweite dem Wild angepaßt ist (Angebot der Firmen prüfen). Der Nachteil dieser Zäune ist die Zerteilung des Wildlebensraumes und der Jagdfläche. Nur teuere Wildunterführungstunnels können im Zusammenhang mit der Zaunführung den Wildwechsel gewährleisten.

Können Wildverkehrsschutzzäune nicht erstellt werden, sind **Wildwarnreflektoren** für den Straßenverkehrsschutz zu empfehlen. Eine Schutzmaßnahme, die zu 50% Unfälle ausschließt. Der neue **Wildspiegel** hat sich bei Versuchsstrecken bewährt. Es steht fest, daß durch Reflexion des Scheinwerferlichtes das anwechselnde Wild zum Verhoffen gebracht und damit Mensch und Wild geschützt werden können. Die bisher verwendeten Reflektoren können wegen der Behinderung beim automatischen Waschen nicht an den vorhandenen Leitpfosten angebracht werden.

Die Wildspiegel sind aus nichtrostendem Stahl und daher fast unbegrenzt haltbar. Sie lassen sich mühelos mit 4 Nägeln an den vorhandenen Leitpfosten befestigen. Da sie plan anliegen, behindern sie nicht das automatische Waschen der Leitpfosten. Trotz erwiesener guter Wirkung auf das Wild blenden und irritieren sie den Kraftfahrer nicht. Die Materialkosten sind sehr niedrig, etwa 80 DM pro km. Die Wildspiegel werden mit der Oberkante direkt am Leitpfosten unterhalb der schwarzen Markierung angenagelt. Sie reflektieren das Scheinwerferlicht überkreuz auf die Straße und in das Gelände. (Wildspiegel sind über die Firma Hermann Meyer, Postfach 1180, 2084 Rellingen, zu beziehen.)

Das Aufstellen und Anbringen von Verkehrsschutzmaßnahmen soll der Jäger in Zusammenarbeit mit der örtlichen Polizeibehörde und dem Straßenverkehrsamt planen und ausführen.

Hochsitze

Hochsitz und Landschaft

Die uns Jägern auferlegte Mitgestaltung der Landschaft sollte nicht im Hochsitzbau ihre letzte Vollendung erreichen. Im ordentlichen Jagdbetrieb ist es zur Selbstverständlichkeit geworden, gerade die auffälligen Hochsitze in die Landschaft einzubauen. Ein Hochsitz ist nur dann richtig im Revier aufgestellt, wenn der Jäger ihn von der Deckung aus besteigen und ebenso abbaumen kann. Steht der Hochsitz frei ohne Deckung in der Landschaft, ist eine Jagdausübung ohne Störung des Wildes kaum möglich. Sehen und nicht gesehen werden, das gilt für Jäger und Hochsitz gleichermaßen. Ein ordentlich gebauter Hochsitz kann sich in unserer technisierten Welt harmonisch in die Landschaft einfügen. Ist eine natürliche Deckung für den Hochsitz nicht vorhanden, so kann durch Ballenpflanzung von Bäumen und Sträuchern eine Sichtkulisse geschaffen werden. Auf Hochsitze in der freien Feldlandschaft sollte möglichst verzichtet werden. Dem Waldwanderer und dem Nachbarjäger muß nicht der Grenzverlauf des Jagdreviers durch Hochsitze gekennzeichnet werden. Die Anzahl der Hochsitze ist kein Maßstab für einen renommierten Jagdbetrieb.

Allgemeine Gesichtspunkte zu Ansitzeinrichtungen

Die Ansitzjagd ist in den kleinen Jagdrevieren zur gebräuchlichsten Jagdausübung geworden. Der Ansitz beunruhigt weniger das Wild. Ein bedachtes Ansprechen und Erlegen des Wildes macht die Ansitzjagd zur Notwendigkeit. Die Ruhe und die Gelassenheit des Jägers bei dieser Jagdausübung kommt dem Wild zugute. Während der Ansitzjagd werden die Sinnesorgane des Jägers geprägt.

Um die baulichen Einrichtungen für die Ansitzjagd zu beschreiben, sind die Grundbezeichnungen zu vereinheitlichen. Die Grundbezeichnungen – offener Hochsitz, Kanzel, geschlossener Hochsitz, Leitersitz, Kanzelleitersitz und Schirm – sind altbekannte gebräuchliche Bezeichnungen der gelernten Berufsjäger (Abb. 80).

Die Hochsitze und Ansitzleitern sind in ihrem Verwendungszweck in Sicht- und Windansitze einzuteilen. Für Hochsitze und Ansitzleitern, die dem Jäger eine bessere Sicht verschaffen sollen, ist z. B. eine Höhe von

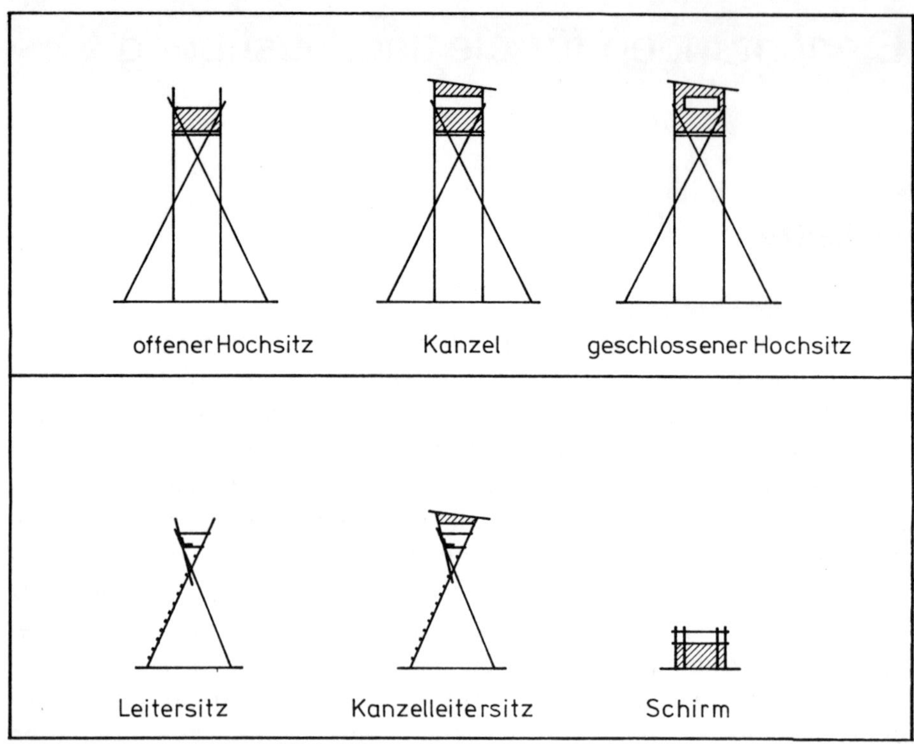

Abb. 80 Ansitzeinrichtungen

vier Metern oft schon ausreichend. Sollen jedoch günstige Windverhältnisse für den Ansitz im normalen Gelände geschaffen werden, beträgt z. B. in einem Schwarzwildrevier die minimale Höhe des Hochsitzes sieben Meter. Das Höhenmaß des Hochsitzes wird grundsätzlich vom Erdboden zum Hochsitzboden gemessen. Dieses Höhenmaß ist auch die Standort-Veränderung, die der Jäger durch den Hochsitzbau vornimmt.

Eine sichere Schußabgabe durch den Neigungswinkel der Flugbahn des Geschosses zur Erde ist vom Hochsitz oder von der Ansitzleiter aus gegeben. Gerade dieser Geschoß-Einschlag im Boden rechtfertigt den Bau von solchen Einrichtungen in den von Menschen überlaufenen Revieren.

Beim Bau der Ansitzeinrichtungen sollten die Grundmaße beachtet werden, um dem Jäger ein gutes Sitzen und sicheres Schießen zu ermöglichen. Von der gewohnten Stuhlhöhe ausgehend, sind die Grundmaße für jede Ansitzeinrichtung brauchbar (Zeichn. 33). Bei der Wahl des Standplatzes für Ansitzeinrichtungen sind vor allem die Sicherheit, die Wildwechsel, die Hauptwindrichtung, der Anmarsch und die Reviergrenze zu beachten.

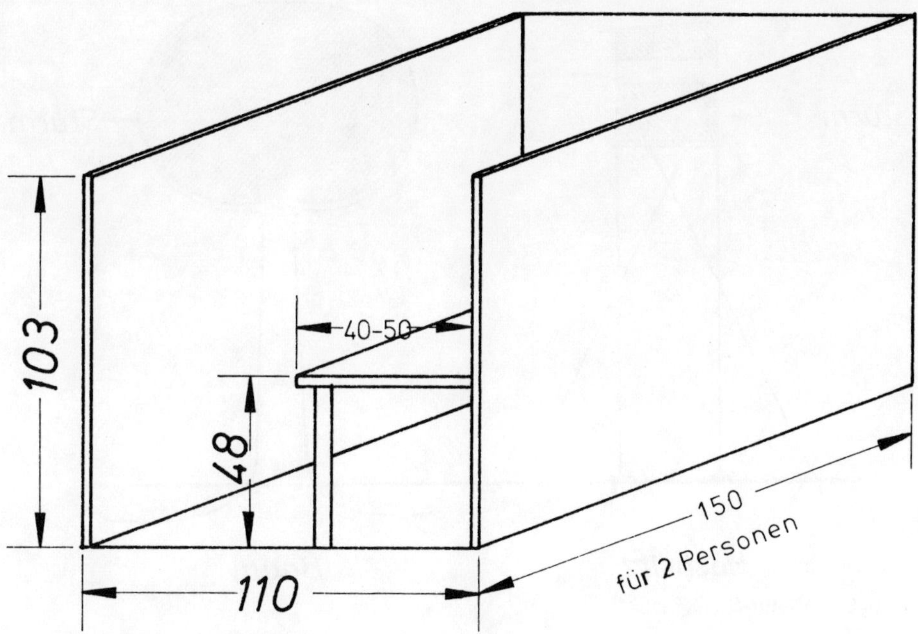

Hochsitzkonstruktionen – pro und kontra

Sicherheit ist die Grundvoraussetzung für alle Hochsitzkonstruktionen. Durch schlechte Hochsitzkonstruktion verursachte Unfälle können ein Menschenleben verändern oder auslöschen. Die Praxis zeigt, daß die Hochsitz-Unfälle den Jäger zur Selbstkritik ermahnen sollten.

Die Unfallverhütungsvorschriften der Landwirtschaftlichen Berufsgenossenschaften für das Gebiet der Jagd schließen auch die baulichen Einrichtungen ein:

UVV 4.4 § 5 (1. 1. 1981)
(1) Erhöht gebaute Jagdeinrichtungen, ihre Zugänge sowie Stege müssen aus kräftigem Material hergestellt sein. Holz darf nur verwendet werden, sofern es gesund ist. Aufgenagelte Sprossen sind nur an geneigt stehenden Leitern zulässig; sie sind in Einkerbungen einzulassen. Belaghölzer müssen so verlegt und befestigt sein, daß sie gegen Verschieben, Kippen und Kanten gesichert sind.
Durchführungsanweisung
Auf UVV 2.1 »Allgemeine Bestimmungen für bauliche Anlagen und Einrichtungen« wird verwiesen.
(2) Bauliche Jagdeinrichtungen müssen stets, insbesondere im Frühjahr, überprüft und in einwandfreiem Zustand erhalten werden. Mangelhafte Teile sind unverzüglich auszubessern. Nicht mehr benötigte Einrichtungen sind abzubauen.«

Es ist somit nicht nur ein Anliegen des Jägers, sichere Hochsitze zu bauen, sondern auch die Vorschriften zwingen dazu. Die Natur weist uns bei Hochsitzkonstruktionen auf Zusammenhänge hin (Abb. 81).

Der Baum mit seinem schlanken Stamm und dem windanfälligen Laubdach ist mit seinem weitauslaufenden Wurzelwerk im Erdboden veran-

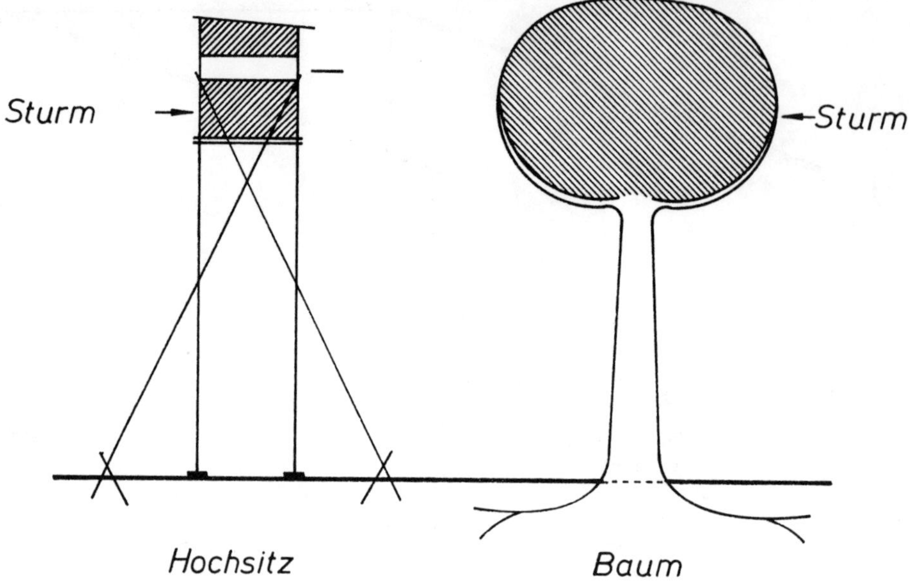

Abb. 81 »Natur-Statik«

kert. Diese Gesetzmäßigkeit der Natur sollte sich auch der Jäger beim Bau von Hochsitzen zu eigen machen. Werden die vier Hochsitzpfosten nur in Erdlöcher (80 cm tief) eingegraben, so ist das keine ausreichende Verankerung. In der Anlage der genannten Unfallverhütungsvorschrift wird diese Bauweise in der Zeichnung »Unfallgeschützter Hochstand«, herausgegeben vom Bundesverband der landw. Berufsgenossenschaften – Hauptstelle für Unfallverhütung –, 35 Kassel, gezeigt.

Die eingegrabenen und vielleich imprägnierten Hochsitzpfosten A-Stangen (Aufrechte Stangen) geben dem Hochsitz »Im Neubau« eine gewisse Standhaftigkeit. Nagt der Zahn der Zeit oder die Fäulnis an den Erdpfosten dieser Hochsitze, ist ein Unfall nicht auszuschließen. *Nur statisch richtig angebrachte Auslegerstreben verhindern ein Umfallen des Hochsitzes!*

Die im Jagdrevier gebräuchlichen Hochsitzkonstruktionen seien kurz beschrieben (Abb. 82).

Bauweisen:

a) nur im Boden verankert

b) Verstrebung nach Art der Hochspannungsmasten, keine Sicherheit

c) Diagonalverstrebung ergibt innere Stabilität, schützt aber nicht vor Umstürzen

d) Stützstreben erhöhen die Standfestigkeit, geben aber keine innere Stabilität

104

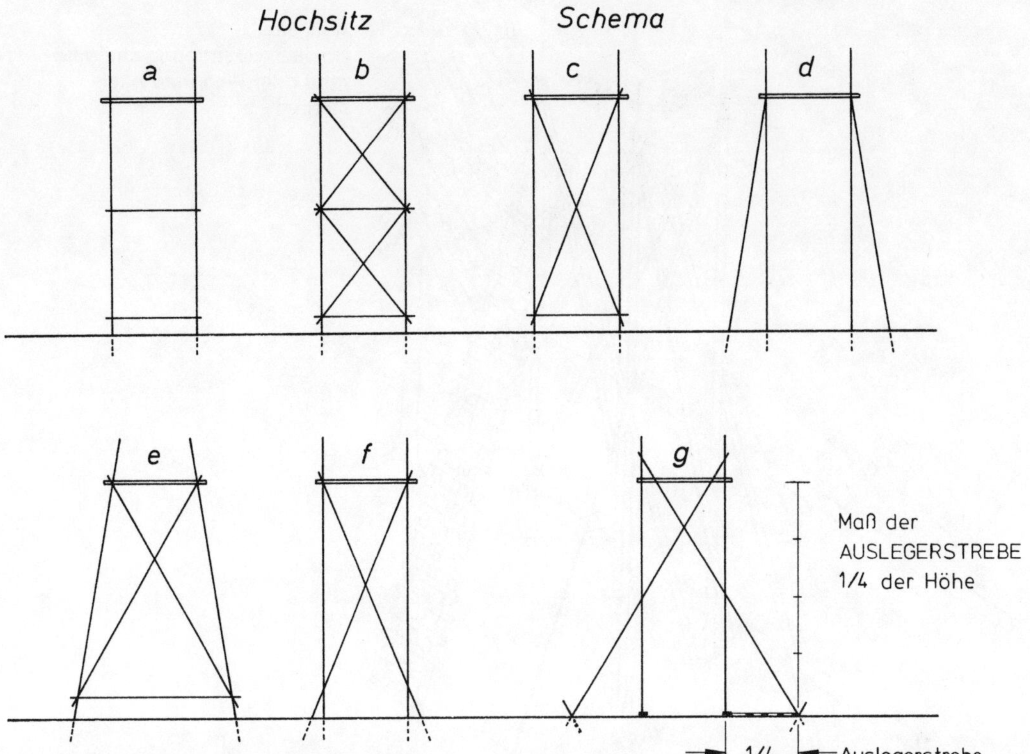

Abb. 82 Hochsitzverstrebungen

e) brauchbare Konstruktion bei niedriger Höhe (maximal 3–4 m)

f) diagonalen Stützstreben ergeben gute Stabilität, jedoch ist die Auslage am Boden zu gering

g) Auslegerstreben im »statischen Maß« (¼ der Höhe) angebracht, eine für den Jagdbetrieb zweckmäßige und gute Verstrebung.

Um den Unfallverhütungsempfehlungen zu entsprechen, können die Auslegerstreben 80 cm tief in das Erdreich eingegraben werden.

Wird der Hochsitz mit Auslegerstreben am Wald-Feldrand oder an Wegen erbaut, so können die zwei Frontstreben nicht auf den Weg oder Feldrand gestellt werden (Abb. 83).

In diesem Fall werden die zwei Frontstreben, z. B. vom Weg, direkt an die zwei aufrechten Stangen genagelt und der Hochsitz mit gegenlaufenden Ankerstreben (mit dem eingegrabenen Querholz) abgesichert. Eine sehr gebräuchliche Verstrebung ist die Innenkreuzverstrebung (Abb. 84). Diese Innenkreuzverstrebung sichert den Hochsitz vor dem Umfallen, sie gibt dem Hochsitz aber keine Stabilität. Das Strebenkreuz wirkt wie ein Drehpunkt und der Hochsitzaufbau dreht sich in horizontaler Richtung.

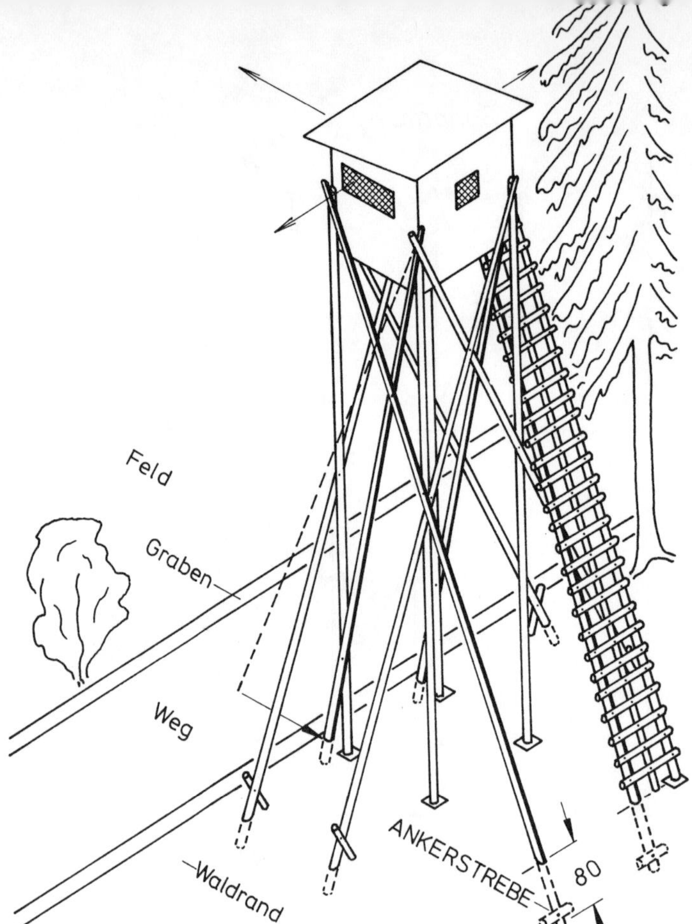

Abb. 83
Hochsitzverstrebung am Waldrand oder Weg mit Anker-
streben

Abb. 84
Bei dieser Kanzelverstrebung
dreht sich der Aufbau horizontal

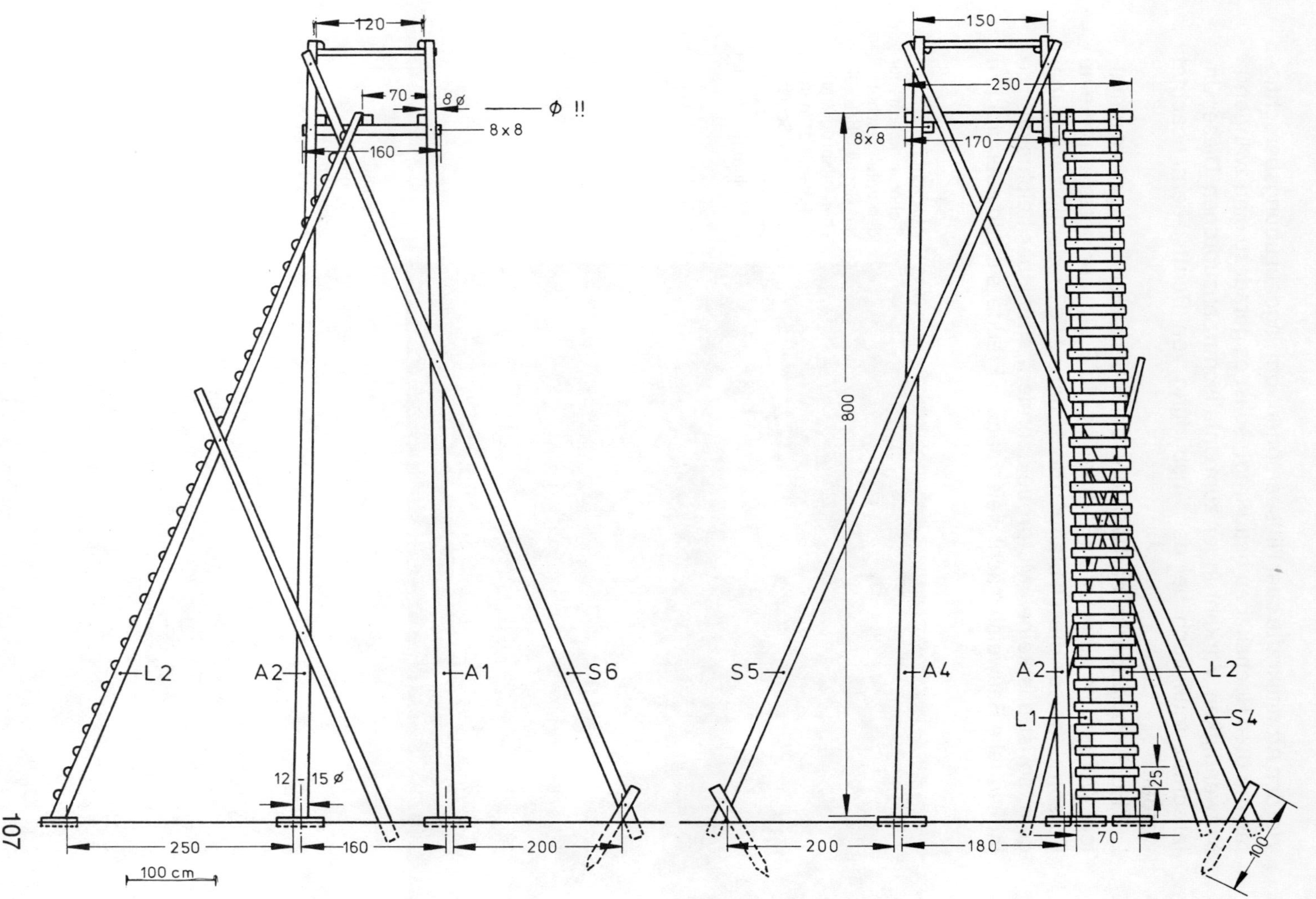

120
70
8 ∅
∅ !!
8×8
160
L2
A2
A1
S6
12 – 15 ∅
250
160
200
100 cm
107
150
250
8×8
170
800
S5
A4
A2
L2
L1
S4
25
200
180
70
100

Unfallgeschützter Hochsitzbau

Werden Arbeitskräfte oder Hilfspersonen vom Jagdausübungsberechtigten mit dem Hochsitzbau beauftragt, so ist es geradezu eine zwingende
Notwendigkeit, Vorkehrungen zum Unfallschutz anzuordnen. Dieser Unfallschutz muß auch bei der Ausbildung von Berufsjägern beachtet
werden.
Das Hochsitzbaugerüst darf während der Arbeitsausführung nicht umfallen. Werden die aufrechten Stangen in die Erdlöcher gestellt und eine
Person klettert an diesen Stangen hoch, um die Fußbodenhölzer anzunageln, so ist das keine »Mutprobe« sondern sträflicher Leichtsinn. Die
individuelle Bauweise macht vielen Jägern Freude, sie darf aber nicht zu

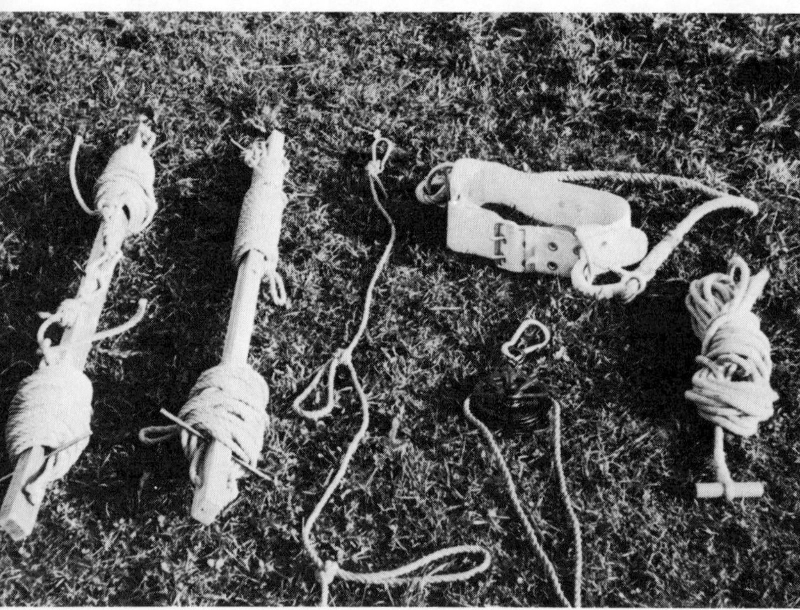

Abb. 85
Sicherheitsgeräte für
den unfallgeschütz-
ten Hochsitzbau (Si-
cherheitsprogramm:
Anschlagleisten mit
Fangseilen, Seillei-
ter, Sicherheitsgurt
mit Seil und Seilrolle)

Abb. 86
Fangseile mit An-
schlagknoten und
Anschlagleisten

Unfällen führen. Diese ernsthaften Gedanken zum Unfallschutz sind bei einer Fußbodenhöhe ab 4 m dringend anzuraten. Der Alkoholgenuß ist beim Hochsitzbau vom Verantwortlichen zu untersagen, das Richtfest kann nach getaner Arbeit auf dem Boden gefeiert werden.

Der vom Verfasser entwickelte unfallgeschützte Hochsitzbau wirkt zunächst sehr technisch und aufwendig (Zeichn. 39–48). Bei den Revierarbeiten hat es sich gezeigt, daß die Bauweise nicht nur einen Unfallschutz darstellt, sondern auch Arbeitskräfte einspart. Der Hochsitzbau kann von zwei Personen ohne Maschineneinsatz, wie z. B. Seilwinden, ausgeführt werden. Die jahrelange Entwicklung konnte im Jahr 1972 durch Versuche und Berechnungen die z. T. im jagdlichen Schulbetrieb durchgeführt wurden, abgeschlossen werden.

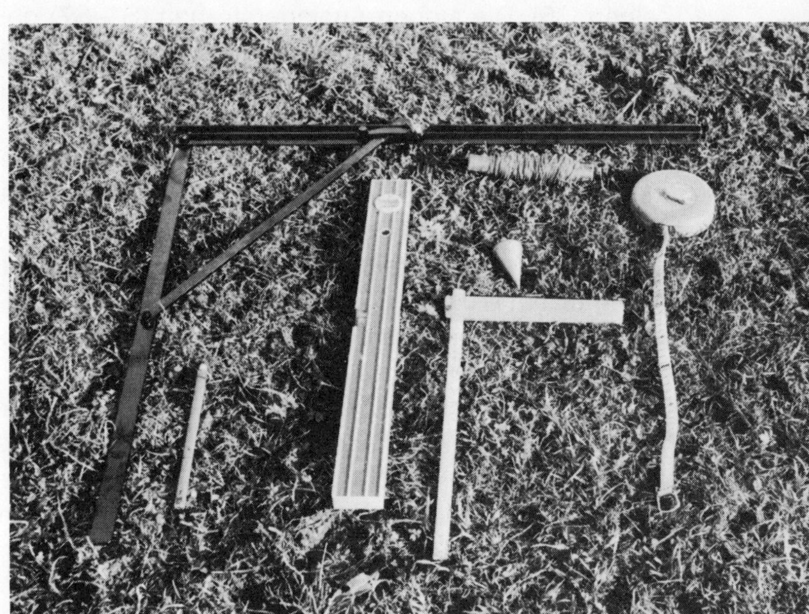

Abb. 87
Meßwerkzeug für
den Hochsitzbau

Abb. 88
Werkzeug für den
Hochsitzbau

Die notwendigen Hilfswerkzeuge bilden die Grundausrüstung (Abb. 85–88). Zu dieser Grundausrüstung gehören ein Sicherheitsgurt, vier Fangseile, zwei Anschlagleisten, vier Seilleitern und eine Seilrolle. Der Kostenaufwand für dieses Sicherheitsprogramm ist durch den damit verbundenen Unfallschutz gerechtfertigt. Der Schutz des Lebens kann mit Geld nicht berechnet werden!

Die Gerüstkonstruktion (Zeichn. 34) zeigt einen Hochsitz, z. B. 8 m hoch, der je nach Revierverhältnissen in der Höhe verändert gebaut werden kann. Alle nachfolgend beschriebenen Aufbauten können auf dieses Gerüst montiert werden. Die vier Aufrecht-Stangen (A1–A4) stehen auf flachen Feldsteinen oder Betonsockeln. Diese A-Stangen haben nur die Last des Hochsitzes zu tragen. Die unterlegten Steine oder Betonsockel schließen ein Faulen der A-Stangen im Bereich der Erdverbindung aus (Zeichn. 35). Die sieben Auslegerstreben (S1–S7) geben dem Hochsitz eine enorme Stabilität und verhindern das Umfallen. Werden die Auslegerstreben zusätzlich mit Heringen verpflockt, so arbeitet jede Strebe auf Zug und Druck.

Die Fußbodenhölzer und die Sicherungshölzer sollten aus Kantholz (8 × 8 oder 8 × 10 cm) angefertigt werden (Zeich. 36). Durch das Unterziehen der Sicherungshölzer, 160 cm lang, kann das dritte nötige Fußbodenholz aufgelegt werden. Die zwei Sicherungshölzer und die drei Fußbodenhölzer (170 cm – 170 cm – 250 cm oder 170 cm – 250 cm – 250 cm) werden an jeder A-Stange dreimal mit durchgehenden Nägeln vernagelt, d. h. die 180 mm langen Nägel werden durch das Rundholz in das Kantholz geschlagen und die herausschauenden Nagelspitzen zu einem Widerhaken umgeklopft. Holzverbindungen am Hochsitz werden grundsätzlich mit langen Nägeln, die durch beide Holzteile reichen, verbunden. Ein langer durchreichender umgebogener Nagel hält mehr Belastung aus wie mehrere kurze Nägel (Abb. 89).

Die Hochsitzleiterholme werden mit angeflachten Sprossen von unten nach oben benagelt (Zeichn. 37). Der Sprossenabstand gewährleistet ein bequemes und »pirschendes« Besteigen der Hochsitzleitern. Die Sprossen müssen seitlich an den Holmen überstehen, um nach dem Einschlagen der Nägel ein Reißen zu verhindern. Werden die Sprossen (A) nicht parallel mit der Axt angeflecht, so wird sich eine Seite beim Aufnageln lösen. Mit der Kreissäge angeflachte Sprossen (B und C) liegen starr am Leiterholm an und bieten somit eine große Sicherheit. Dem Drehpunkt der aufgenagelten Sprossen wirkt der nach oben umgeschlagene Nagel entgegen.

Die vorgeschriebene Einkerbung der Leiterholme, in welche die Sprosse eingelegt wird, reicht nicht aus, um die den Witterungseinflüssen ausgesetzten Hochsitzleitern die nötige Sicherheit zu geben. Der Leiterholm

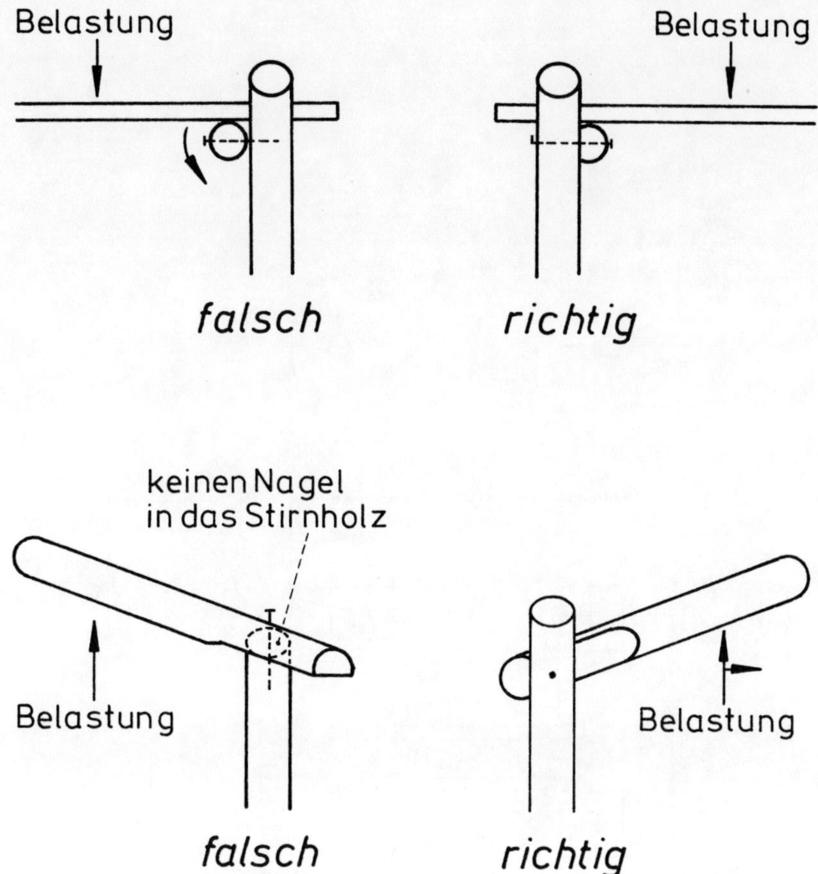

Abb. 89 Rundholzverarbeitung

wird durch das Einkerben geschwächt, und das Regenwasser setzt sich in der Kerbe fest. An dieser Einkerbung wird die Fäulnis der Holme begünstigt und die Nagelstelle der Sprosse kann nach Jahren ausreißen. Eine sehr gute, für die Praxis brauchbare Sprossensicherung ist die »dritte Holmsicherung« (Abb. 91). Durch die Holmsicherung ist jede Sprosse an drei Stellen vernagelt und in der Mitte gegen die Belastung abgefangen. Um die UVV (Seite 103) zu beachten, können zusätzlich zur dritten Holmsicherung die Sprossen in schwache Leiterholmeinkerbungen gesetzt werden.

Die Nagelsicherung hat den Nachteil, daß der Leiterholm durch die vielen eingeschlagenen Nägel oft reißt. Deshalb wird oftmals eine zusätzliche Drahtsicherung empfohlen (Abb. 90). Die Mehrzahl der Unfälle wird durch unsachgemäßen Bau der Hochsitzleitern verursacht.

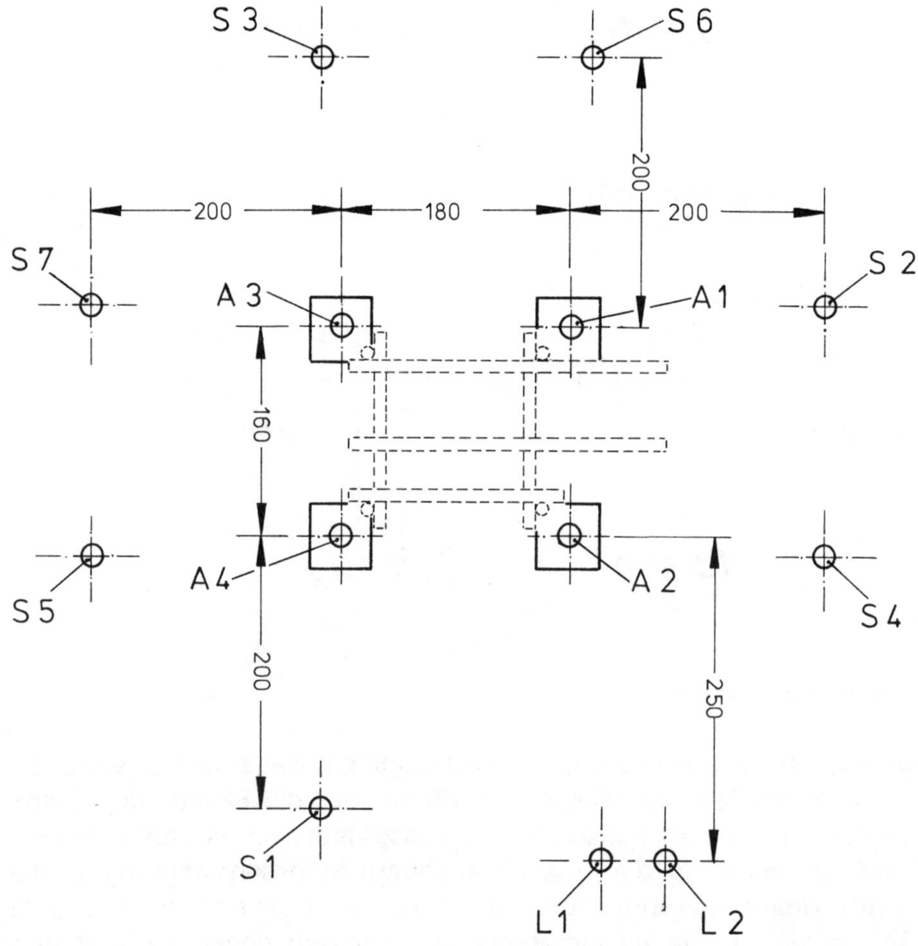

S 3
S 6
200
S 7
A 3
A 1
S 2
200
180
200
160
A 4
A 2
S 5
S 4
200
250
S 1
L1
L 2

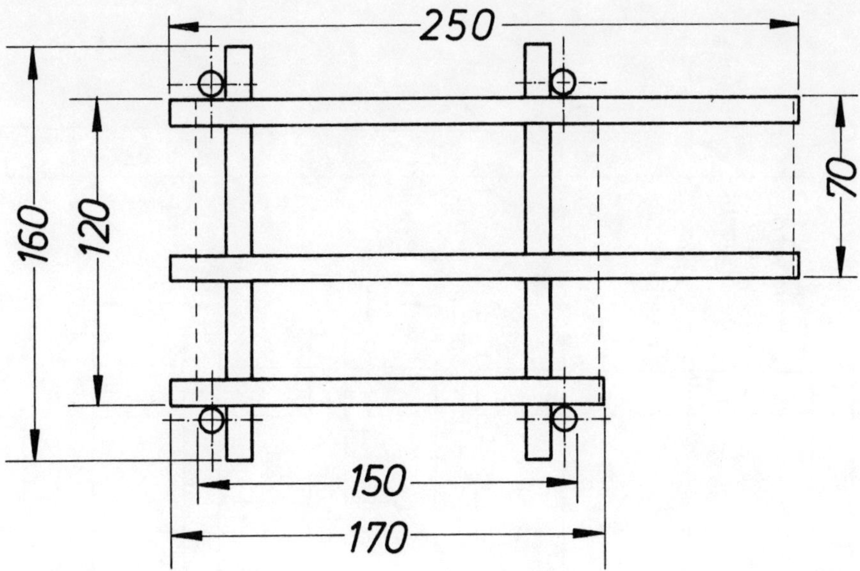

Steinsockelgrundriß für den Hochsitz

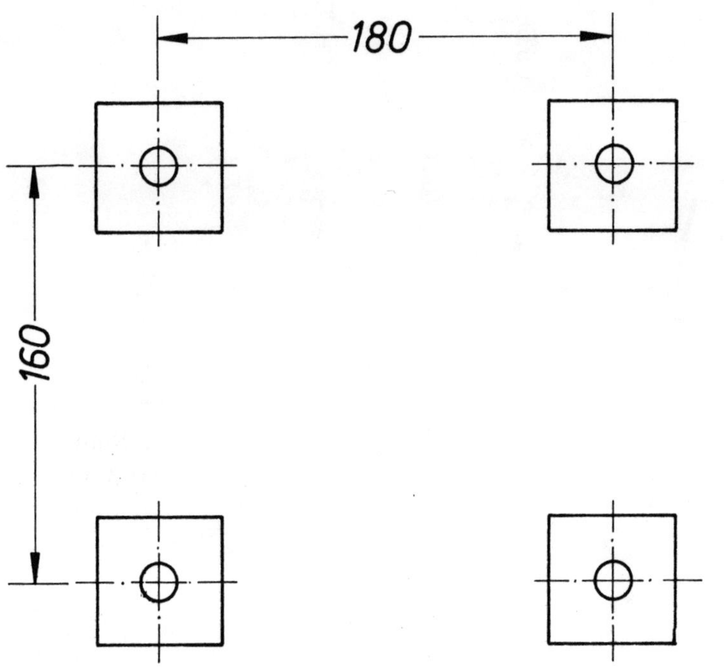

nicht parallel
von Hand angeflachte
Sprosse
A
B
mit der Kreissäge
angeflachte Sprossen
C
angeschnittene Trittkante
KERBSICHERUNG
NAGELSICHERUNG
HOLMSICHERUNG
Nägel versetzt
Holm wird
durch Kerbe
geschwächt
Regenwasser
=Kerbe fault
D
7-8 ⌀
10
25
70

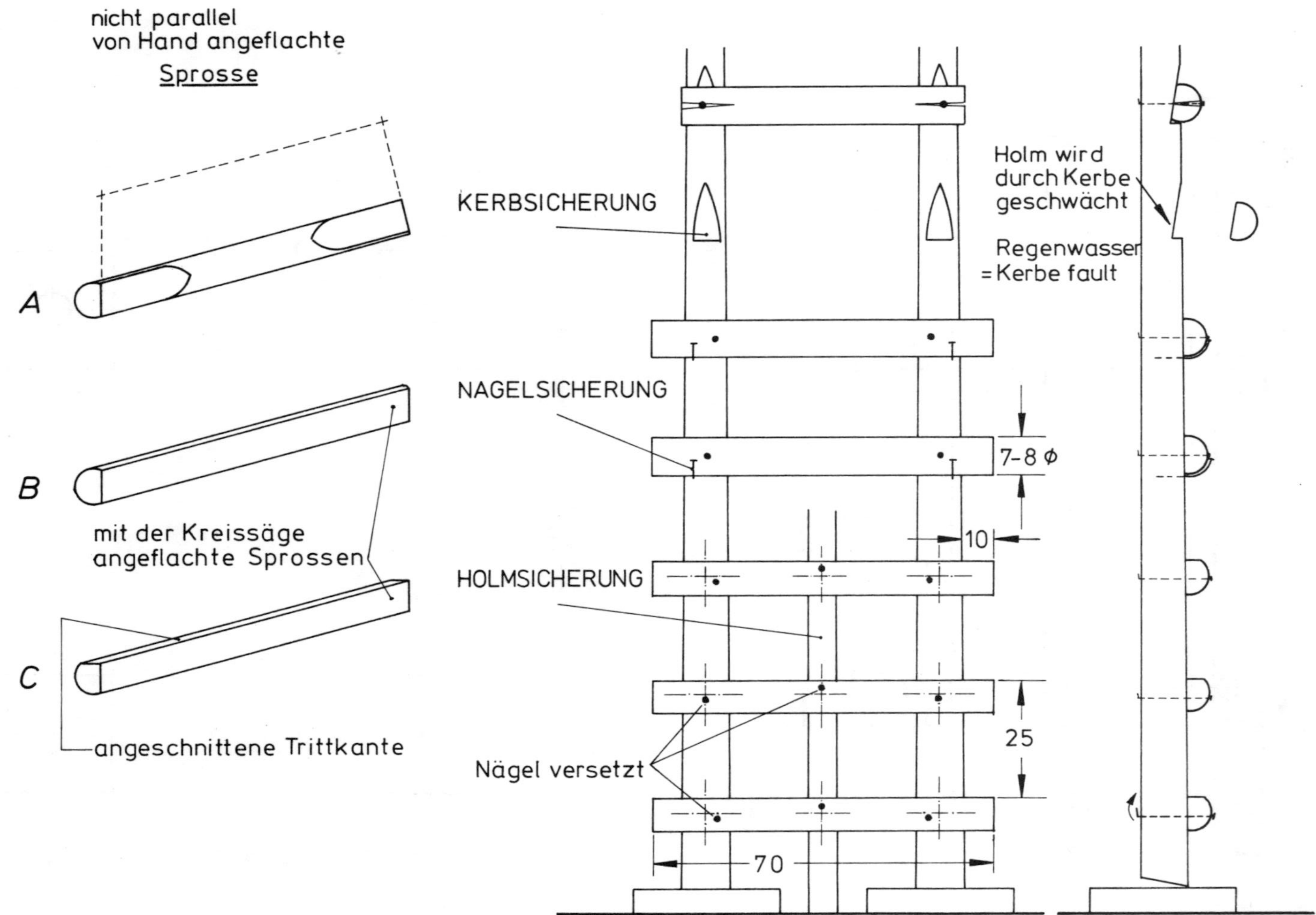

114

Abb. 90   Drahtseilsicherung der Hochsitz-
          sprossen

Abb. 91   Drei-Holmsicherung der Hochsitz-
          sprossen im Revier sehr zu emp-
          fehlen

Anleitung zum unfallfreien Hochsitzbau (Zeichn. Nr. 38–48)

Eine Arbeitskraft

Arbeitsgänge:

  1–2 Zuschneiden und Imprägnieren der Sicherungskanthölzer (Zeichn. 39)

  3–5 Zuschneiden und Imprägnieren der Fußbodenkanthölzer (Abb. 92)

    6 Grundsteine setzen, mit Arbeitswinkel und Wasserwaage ausmessen. Bei Hanglage die Grundsteine (Sockel) in verschiedener Höhe eingraben (Zeichn. 38)

    7 Rundholzstangen herrichten, ausmessen (Zopfdurchmesser beachten), zeichnen und 4 A-Stangen zuschneiden

Sicherheitsprogramm (Römische Zahlen)

  VIII Seilleiter in Schlaufen verknoten (kurz)

    IX Seilleiter in Schlaufen verknoten (lang)

     X Anschlagleiste zuschneiden, 160 cm lang, und auf Maß 120 cm bohren

    XI Vier Fangseile in die Anschlagleistenlöcher einziehen und auf Maß 150 cm Abstand verknoten. Die Anschlagknoten (x) an den

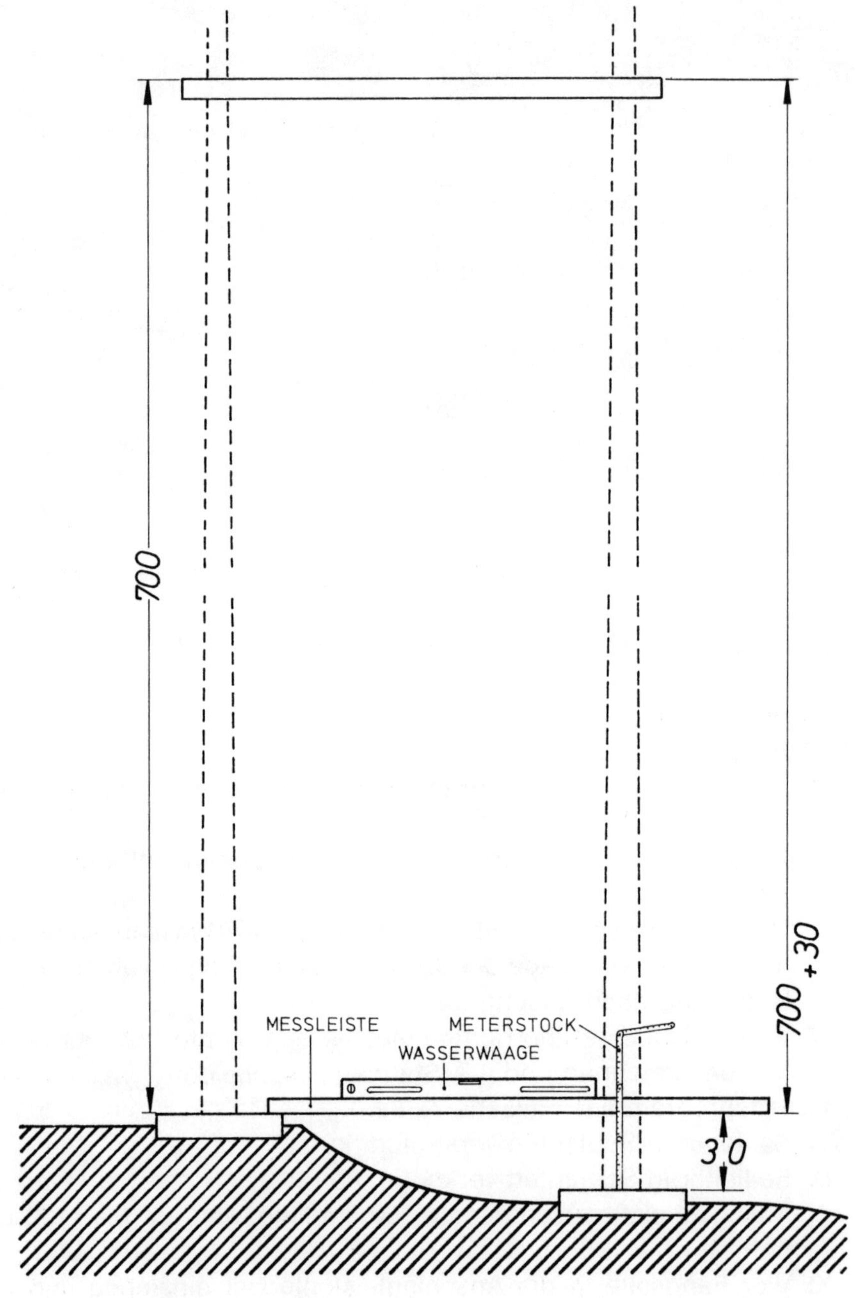

700
700 + 30
MESSLEISTE
METERSTOCK
WASSERWAAGE
3,0

Abb. 92
Die zugeschnittenen
u. imprägnierten
Fußbodenkanthölzer

Abb. 93
Die Funktion der
Fangseile (11) und
der Anschlagleisten
auf den Sicherungs-
hölzern (1–2) am Bo-
denmodell

Abb. 94
Mit der Seilschlinge
(14) gebundene
Klemmscheren

Abb. 95
Bohrloch (15) der
A- Stange (im
Schnitt), im Setzloch
stehende verpflockte
(19) und angekettete
(21) A-Stangen

Abb. 96
Vier Grundsteinsok-
kel (6), zwei A-Stan-
gen auf den Grund-
steinen stehend und
zwei A-Stangen im
Setzloch (20)

Fangseilen ergeben das Hochsitzfußbodenmaß und verhindern in Verbindung mit den Anschlagleisten das Umfallen des Hochsitzes während des Baus. (Abb. 93)

XII Zwei Klemmscheren zuschneiden (kurz)

XIII Sechs Klemmscheren zuschneiden (lang)

XIV Klemmscheren mit den Seilschlingen zusammenbinden (Abb. 94)

15 Vier A-Stangen für die Betonsockeleisen bohren (Abb. 95)

XVI Hochsitzhöhe an den A-Stangen ausmessen

17 Sicherungsholz mit zwei A-Stangen, lichtes Maß 120 cm, vernageln (durchgehende und umgeschlagene lange Nägel)

18 Dachpappe auf die Grundsteine legen (Isolierung)

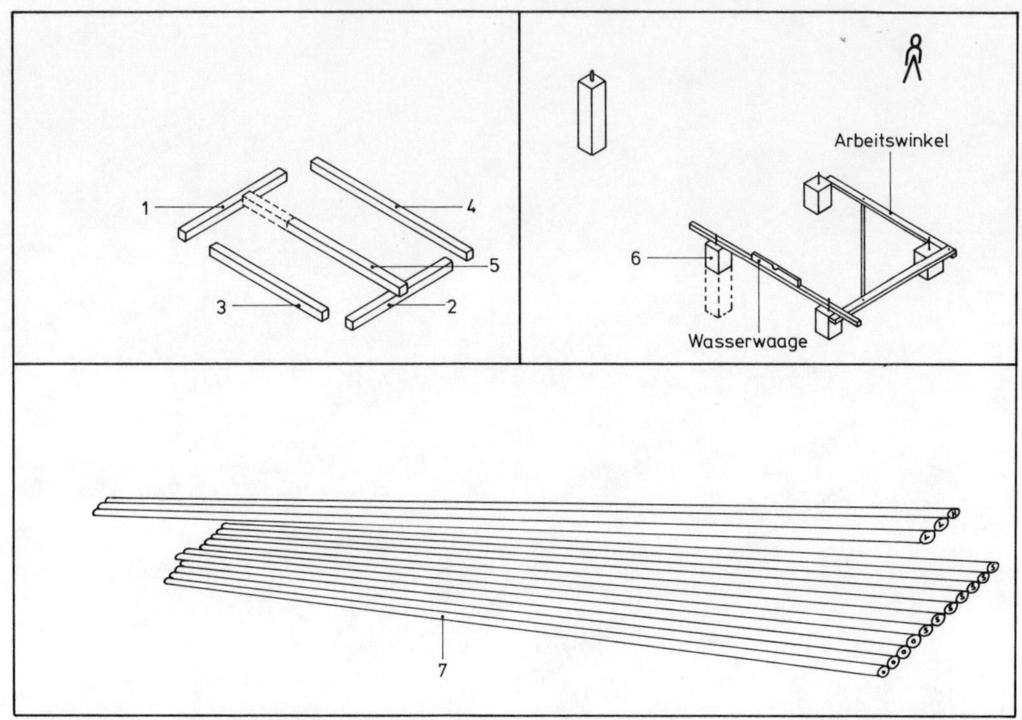

(Arbeitsanleitung) **40**

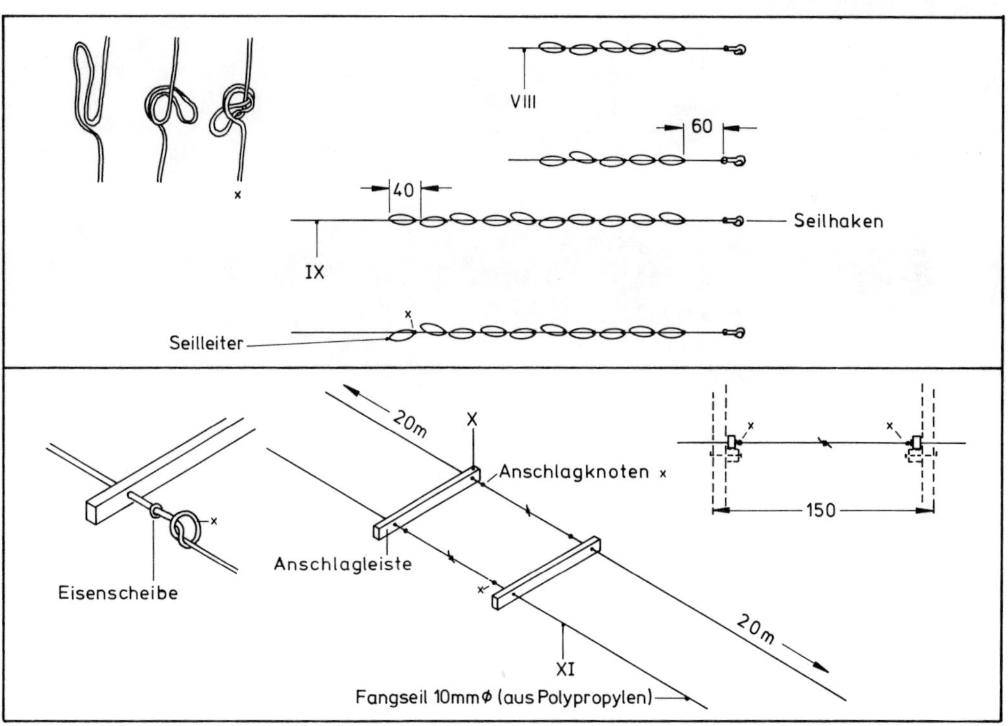

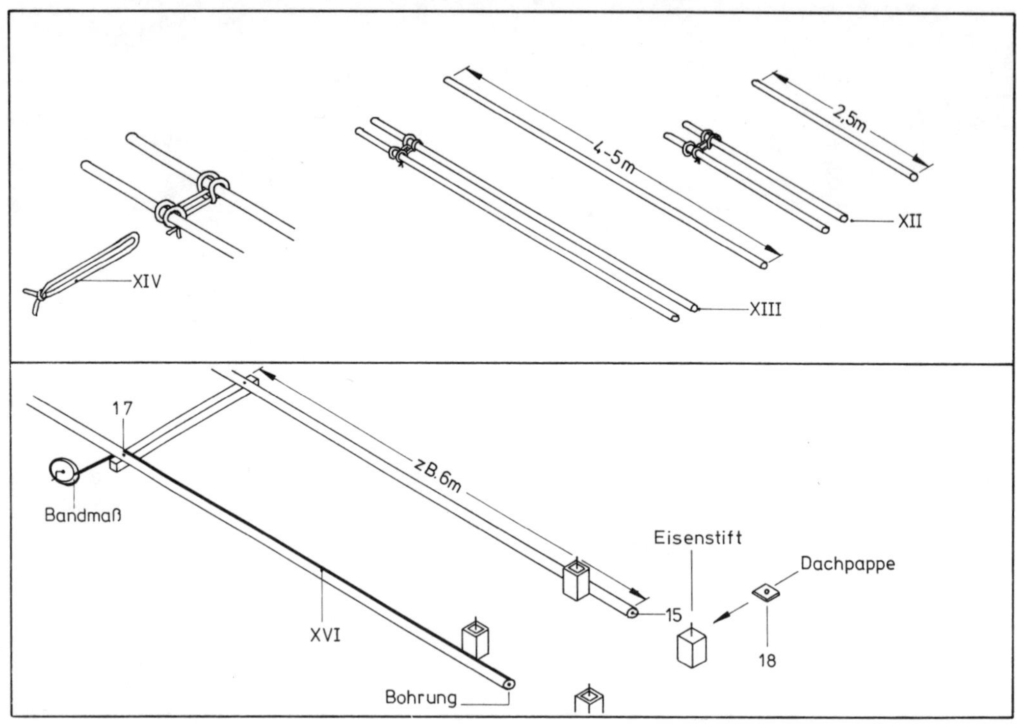

42 (Arbeitsanleitung für zwei Arbeitskräfte)

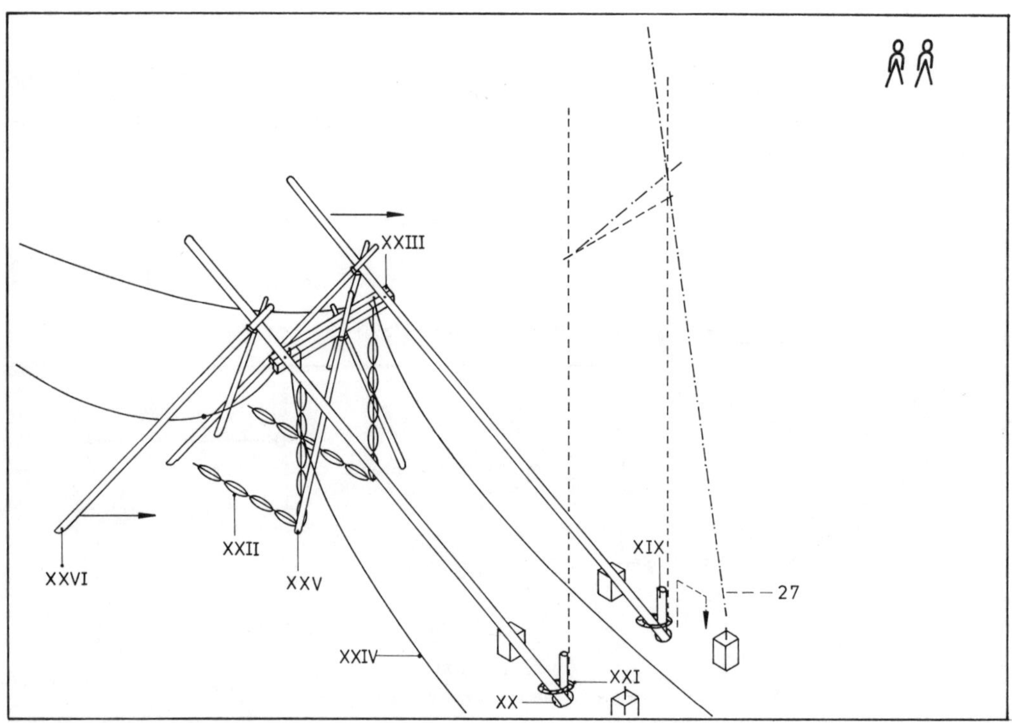

Zwei Arbeitskräfte

XIX Zwei Haltepflöcke einschlagen

XX Zwei Setzlöcher für die zwei A-Stangen graben

XXI Haltepflock und A-Stangen mit der Kette verbinden (Abb. 96)

XXII Seilleiter am Sicherheitskantholz anbringen (am Boden)

XXIII Anschlagleiste anheften

XXIV Fangseile überwerfen, d. h. über die Sicherungshölzer legen

XXV Die zwei A-Stangen hochheben und zwei kurze Klemmscheren unterstellen

XXVI Zwei lange Klemmscheren unterstellen, andrücken und A-Stangen hochdrücken. Stehen die zwei langen Klemmscheren senkrecht, so werden zwei weitere lange Klemmscheren angesetzt und die ersten Klemmscheren gelockert. In dieser Arbeitsfolge

Abb. 97
Die mit dem Sicherungskantholz vernagelten A-Stangen werden von zwei Personen mit Klemmscheren hochgedrückt (30)

Abb. 98
Die Arbeit der Fangseile

Abb. 99 Die vier A-Stangen sind mit den Fangseilen diagonal abgesichert und können nicht umfallen (XXXIII)

Abb. 100 Die Arbeitsleiterhölzer sind in die Schlaufen der Seilleiter eingeschoben (34–50)

mit den Klemmscheren wird das A-Stangenpaar langsam hochgedrückt (Abb. 97)

27 A-Stangen aus dem Setzloch auf die Grundsteine stellen. Die A-Stangen werden bei dieser Arbeit mit den Fangseilen und Klemmscheren abgesichert (Abb. 98). Die Muniereisen, die in die Bohrlöcher der A-Stangen greifen, verhindern ein Herunterreißen der Stangen vom Sockel durch unbefugte Personen.

XXVIII Klemmscheren gegen die zwei A-Stangen stellen

XXIX Zwei Fangseile anspannen und A-Stangen ausrichten

30 Wiederholung der Arbeitsgänge 15–17, 21–29 mit dem zweiten Paar A-Stangen

XXXI Klemmscheren gegen die zweiten A-Stangen stellen

XXXII Heringe für die Fangseile einschlagen

XXXIII Die vier Fangseile diagonal stark anspannen, an den Heringen oder an Baumstämmen festbinden und die vier A-Stangen richten. Durch das Anschlagen der Anschlagleisten an die Fangseilanschlagknoten und A-Stangen ist das Bußbodenmaß bereits gegeben. Eine der gefährlichsten Arbeiten ist ausgeführt, ohne

Abb. 101 Die Auslegerstreben sind am Hochsitzgerüst angebracht und werden von den Arbeitsleiterhölzern aus vernagelt (60/61)

Abb. 102 Das fertige Hochsitzgerüst für einen geschlossenen Hochsitzaufbau

daß eine Person das Hochsitzgerüst bestiegen hat. Die vier A-Stangen können durch das diagonale Abspannen der Fangseile nicht umschlagen (Abb. 99).

34–43 Arbeitsleiterhölzer, 210 cm lang, werden in die Schlaufen der Seilleiter eingeschoben. Die Arbeitshölzer können nach dem Gebrauch zu Leitersprossen zerschnitten werden.

44–45 Arbeitsleiterhölzer einschieben – Sicherheitsgurt anlegen!

46–50 Arbeitsleiterhölzer einschieben (Abb. 100). Ein sicheres Besteigen des Hochsitzgerüstes ist gewährleistet. Von den Arbeitshölzern aus kann jede Nagelstelle gut und sicher erreicht werden.

  LI Seilrolle anhängen

52–53 S-Streben hochziehen, am Boden eingragen und oben an den A-Stangen vernageln – Seilrolle umhängen

54–55 S-Streben hochziehen und verfahren wie 52–53

56–57 S-Streben hochziehen und verfahren wie 52–53

  58 S-Streben hochziehen und verfahren wie 52–53

  59 Fangseile und Anschlagleiste abbauen

  60 S-Streben an den A-Stangen vernageln (Abb. 101).

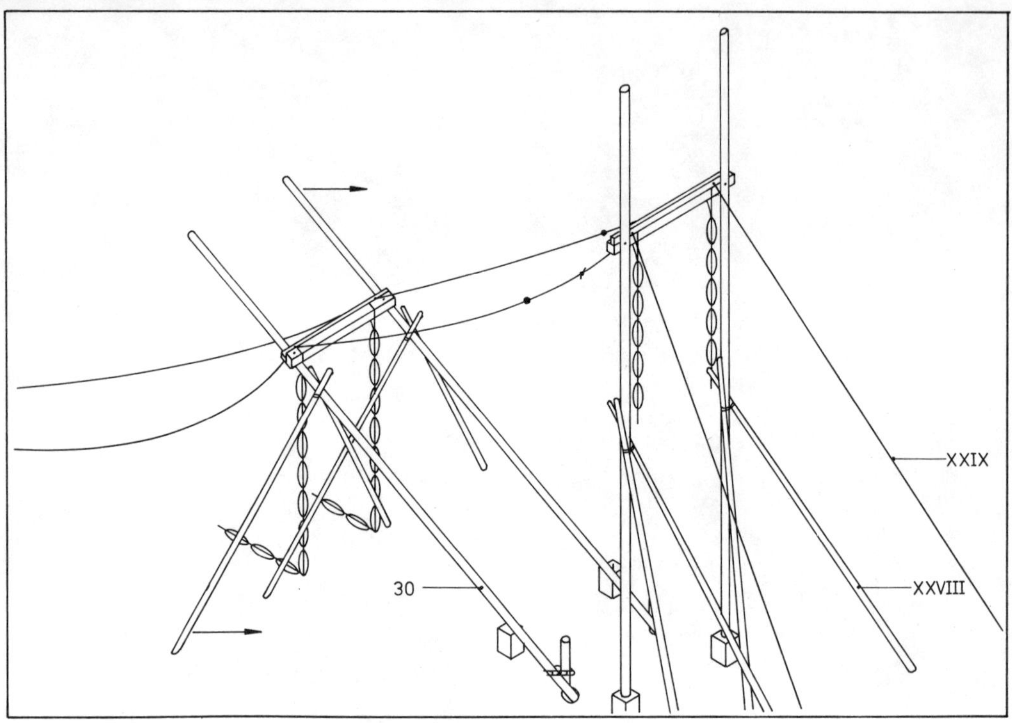

44 (Arbeitsanleitung)

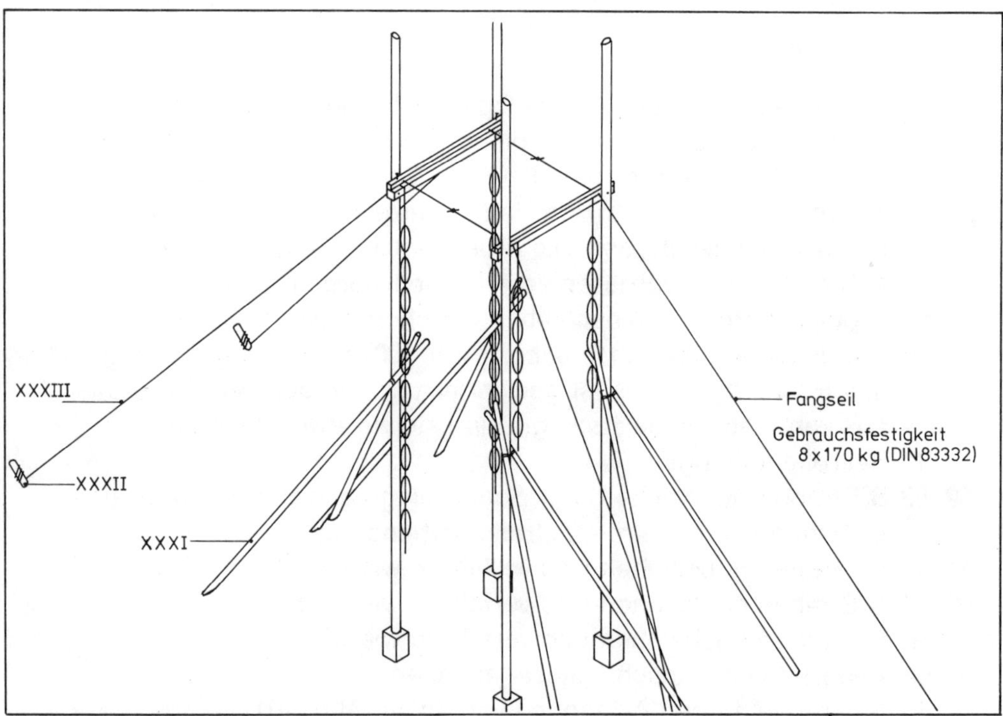

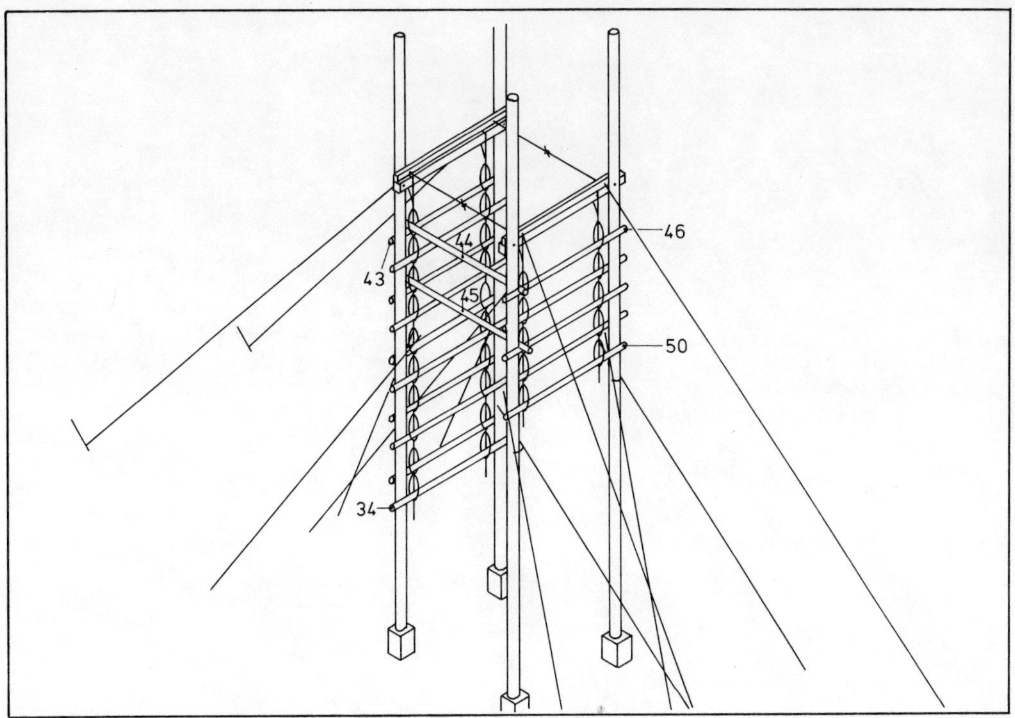

(Arbeitsanleitung) **46**

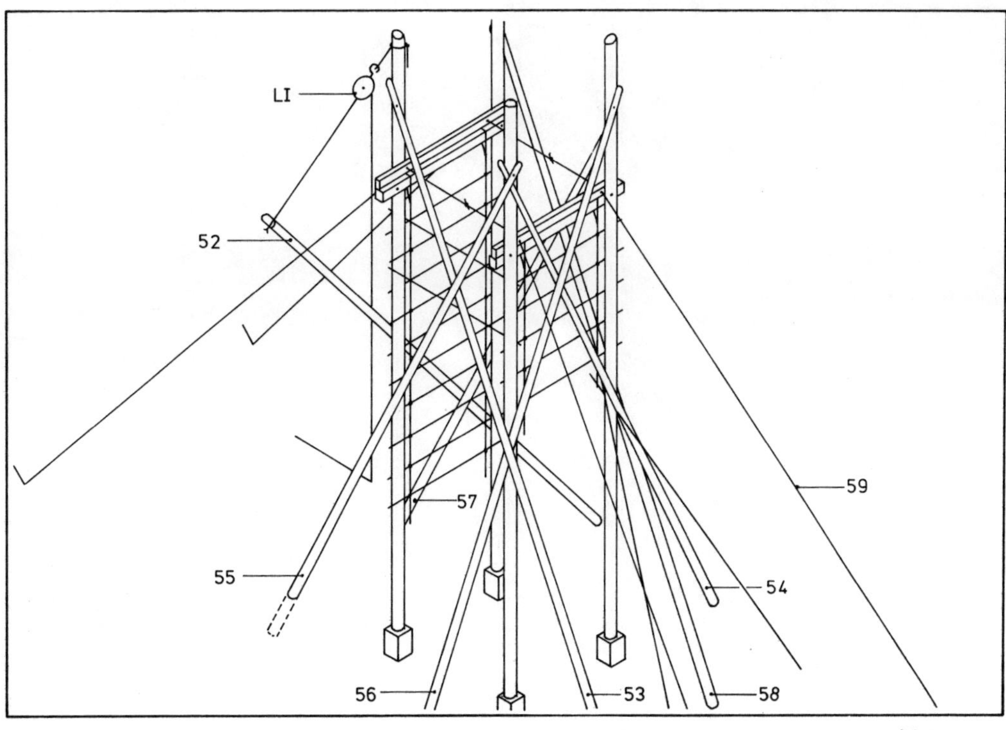

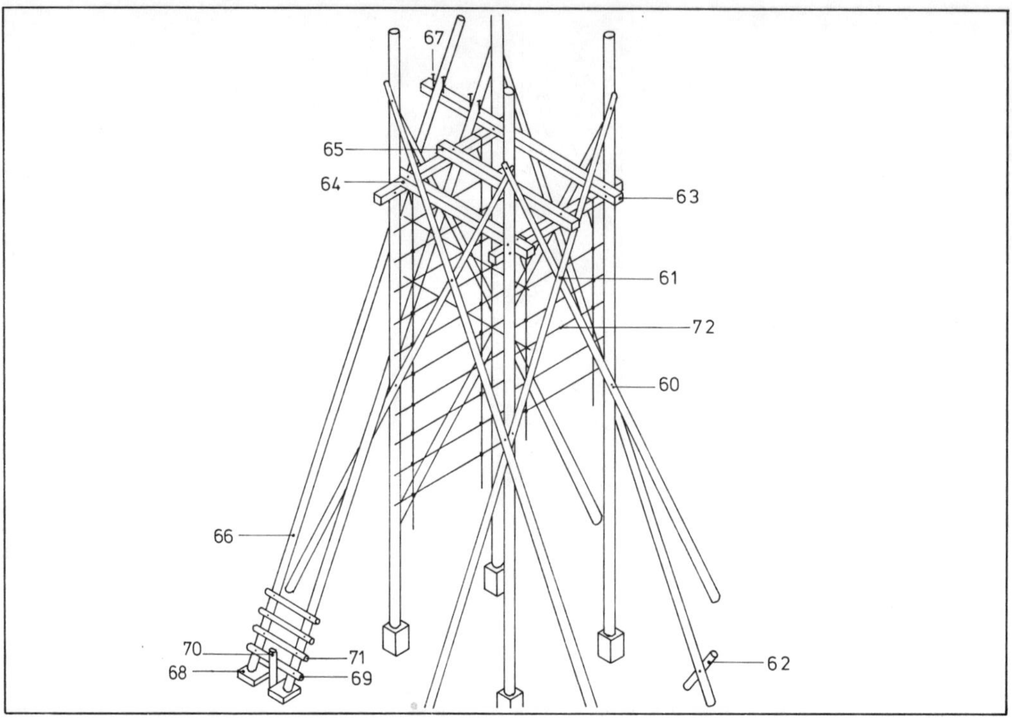

48 (Arbeitsanleitung)

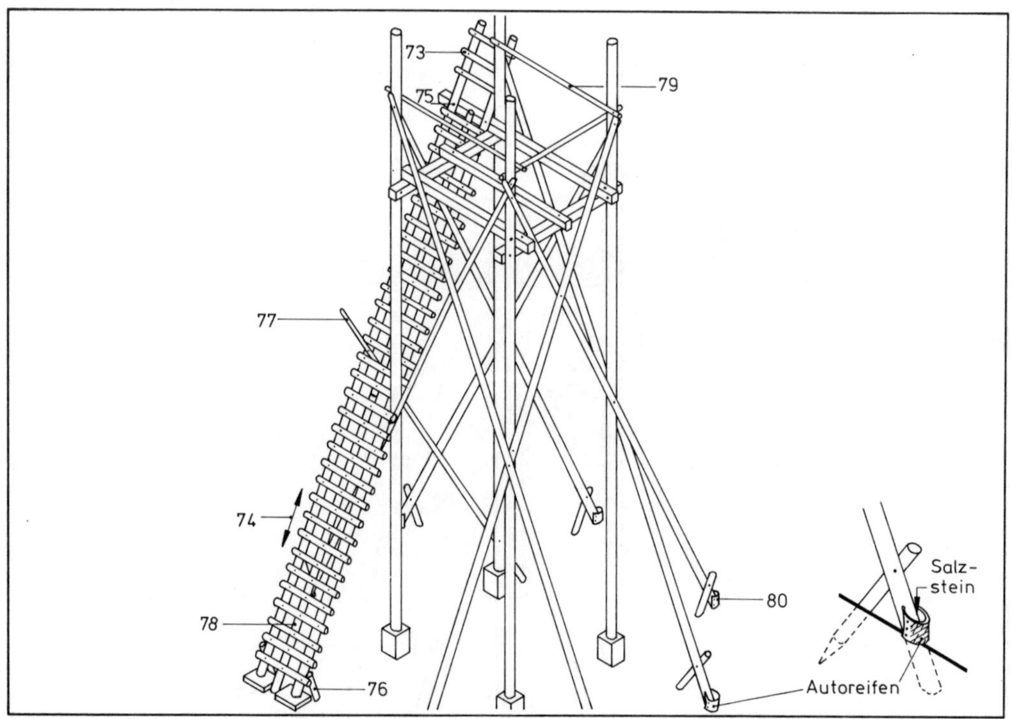

Abb. 103
Die Salzimprägnierung der
Hochsitzstreben mit dem Auto-
reifenstutzen.

61 S-Streben im Kreuz vernageln
62 Heringe an den S-Streben einschlagen und vernageln
63 Leiterfußbodenholz hochziehen, mit durchgehenden Nägeln
    annageln
64 Fußbodenholz hochziehen, mit A-Stange und Sicherungsholz
    vernageln
65 Fußbodensicherungsholz annageln
66 Zwei Leiterholme hochziehen und anlehnen
67 Leiterholme auf Maß (Sprossenweite) heften
68 Steine unter die Leiterholme legen (verhindert das Faulen)
69 Erste Sprosse auf Maß annageln
70 Haltepfahl an der Sprosse einschlagen
71 Leitersprossen von unten nach oben auf die Holme nageln
72 Arbeitsleiterhölzer von oben nach unten abbauen (Sicherheits-
    gurt!)
73 Handsprossen nageln (für Kanzel oder offenen Hochsitz)
74 Die letzte Leitersprosse mit dem Leiterfußbodenholz auf eine
    Höhe ausrichten
75 Leiterholme mit Leiterfußbodenholz und A-Stange vernageln
76 Leiterholme mit Heringen verpflocken und vernageln

77 Stützstreben gegen die Leiter drücken und nageln
78 Holmsicherung mit den Leitersprossen vernageln
79 Sturmsicherung (Brüstungshölzer) annageln (Abb. 102)
80 Autoreifen-Stutzen an die Streben nageln und mit Salz füllen.
Die Salzfüllung verzögert ein Faulen der Streben an der Erdkante.
Der seit elf Jahren angewandte »Salzschutz« hat sich in der Praxis
sehr gut bewährt. In die Gummimanschette gefülltes Salz löst sich
durch Feuchtigkeit auf, zieht in das Holz und verzögert das Faulen
der Streben solange, bis die gesamte Holzkonstruktion brüchig
wird. Der Autoreifen (kein Gürtelreifen) wird in kurze Stücke
geschnitten und die somit entstandenen Gummimanschetten mit
Dachpappnägeln an die Streben genagelt. Bei der vorgeschriebe-
nen Frühjahrskontrolle werden diese Manschetten im Zusammenhang mit den Salzlecken gefüllt (Abb. 103).

Für den »Hochsitzbauprofi« z. B. Berufsjäger und Jagdaufseher, der viele
Jahre Hochsitze baut, sind die Kettenspanner noch zu erwähnen (Abb.
104–106). Diese Kettenspanner werden zur Verbindung der Sicherungs-
bodenhölzer mit den A-Stangen verwendet. An diese Stellen der Verbindung werden vier Kettenspanner geschraubt. Nach dem Aufrichten der
A-Stangen können die Kettenspanner ein wenig gelockert werden und
das Sicherungskantholz sowie die Fußbodenkanthölzer mit der Wasserwaage korrigiert werden. Nach der Korrektur der Kanthölzer werden
diese vernagelt und die Kettenspanner abgeschraubt. Die Kettenspanner
sind nicht durch den Fachhandel zu beziehen, sie sind eine Eigenkon-
struktion, jeder Schmied kann sie nachbauen.

Zusammenfassung: Der beschriebene unfallgeschützte Hochsitzbau ist
nicht nur ein Sicherheitsprogramm, er erleichtert auch die Bauarbeit
wesentlich. Das Besteigen des Hochsitzes mit dem Sicherheitsgurt ermöglicht ein gefahrloses Arbeiten in großer Höhe. Die Arbeitskraft hat
beide Hände frei zum Arbeiten, wenn der Sicherheitsgurt umgeschnallt
wird. Das Aufrichten von zwei A-Stangen in Verbindung mit dem Sicherheitskantholz gewährleistet eine leichte und einfache Arbeit. Die Fangseile (Allzweckseile aus Polypropylen) mit den Anschlagknoten und die
Anschlagleisten brauchen nicht am aufgestellten Hochsitzgerüst an-
gebunden werden, sie werden beim Aufrichten mit hochgezogen. Der
Hochsitz wird erst dann bestiegen, wenn die Fangseile gespannt sind.
Das ist die entscheidende Sicherheitsvorkehrung. Die Klemmscheren
ermöglichen ein müheloses Aufrichten der Stangen. Die unter die Fußbodenhölzer gezogenen Sicherheitshölzer mit ihren anliegenden Holzflä-
chen lassen sich gut verarbeiten und halten einer großen Belastung
stand.

Abb. 104
Kettenspanner
zerlegt

Abb. 105
Kettenspanner am
Hochsitzpfosten und
Sicherheitskantholz
montiert

Abb. 106
Kettenspannerver-
bindung beim Hoch-
sitzbau

Abb. 107
Höchste Sicherheit bei der
Arbeit mit dem Sicherheits-
gurt.

Abb. 108
Auf die seitlich überstehenden Dachauflagehölzer werden zwei Betumenwellplatten
geschoben und die Sturmlei-
sten auf der Dachoberfläche
mit den Dachlauflagehölzern
seitlich mit Draht verbunden.
Die Dachplatten sind somit
eingeklemmt und sturmsicher
montiert.
Das gefährliche Aufsteigen
auf das Dach und das Be-
schädigen der Platten durch
Nägel entfällt.

Abb. 110 Frühjahrsüberprüfung nach der Unfallverhütungsvorschrift (Seite 103). Nicht mehr benötigte Einrichtungen sind abzubauen

Geschlossener Hochsitz

Hochsitze mit geschlossenem Aufbau sollten nicht generell einer negativen Kritik ausgesetzt werden. Die Revierverhältnisse zwingen oftmals den Jäger zum Bau von geschlossenen Hochsitzen. Es sollen aber keine »Jagdhäuser auf Stelzen« erbaut werden. Im geschlossenen Hochsitz ist der Jäger bei stundenlangem Ansitz nicht der Witterung ausgesetzt, z. B. in der Hirschbrunft oder an kaltem Winterabend. Beim Nachtansitz im geschlossenen Hochsitz stört der Wind das Wild oft mehr als der überlegte Anmarsch zum Hochsitz bei Tageslicht.
In der Regel ist der Jäger schuld, wenn Wild zum reinen Nachtwild wird. Der Gesichtssinn des Jägers, auch mit optischer Hilfe, reicht nicht aus, um eine biologische Jagdausübung bei Nacht zu gewährleisten. Die Nachtjagd gehört dem Uhu! Die Bezeichnung »Totmacherkiste« ist sicherlich nicht angebracht. Der vom geschlossenen Hochsitz aus jagende Jäger entscheidet darüber, ob diese Bezeichnung gerechtfertigt ist. – Ulrich Scherping hat einmal gesagt: »An der Ausübung der Jagd erkennt man den Charakter eines Menschen, vielleicht den Charakter einer ganzen Nation.«
Die Anzahl der geschlossenen Hochsitze im Revier soll auf nur wenige notwendige beschränkt werden. Der geschlossene Hochsitzaufbau soll dem Jäger eine gute Sicht, guten Sichtschutz, bequemen Ansitz und eine gute Schußabgabe ermöglichen. (Abb. 111, Zeichn. 49/50). Die Bauteile

Abb. 111
Geschlossener Hochsitz

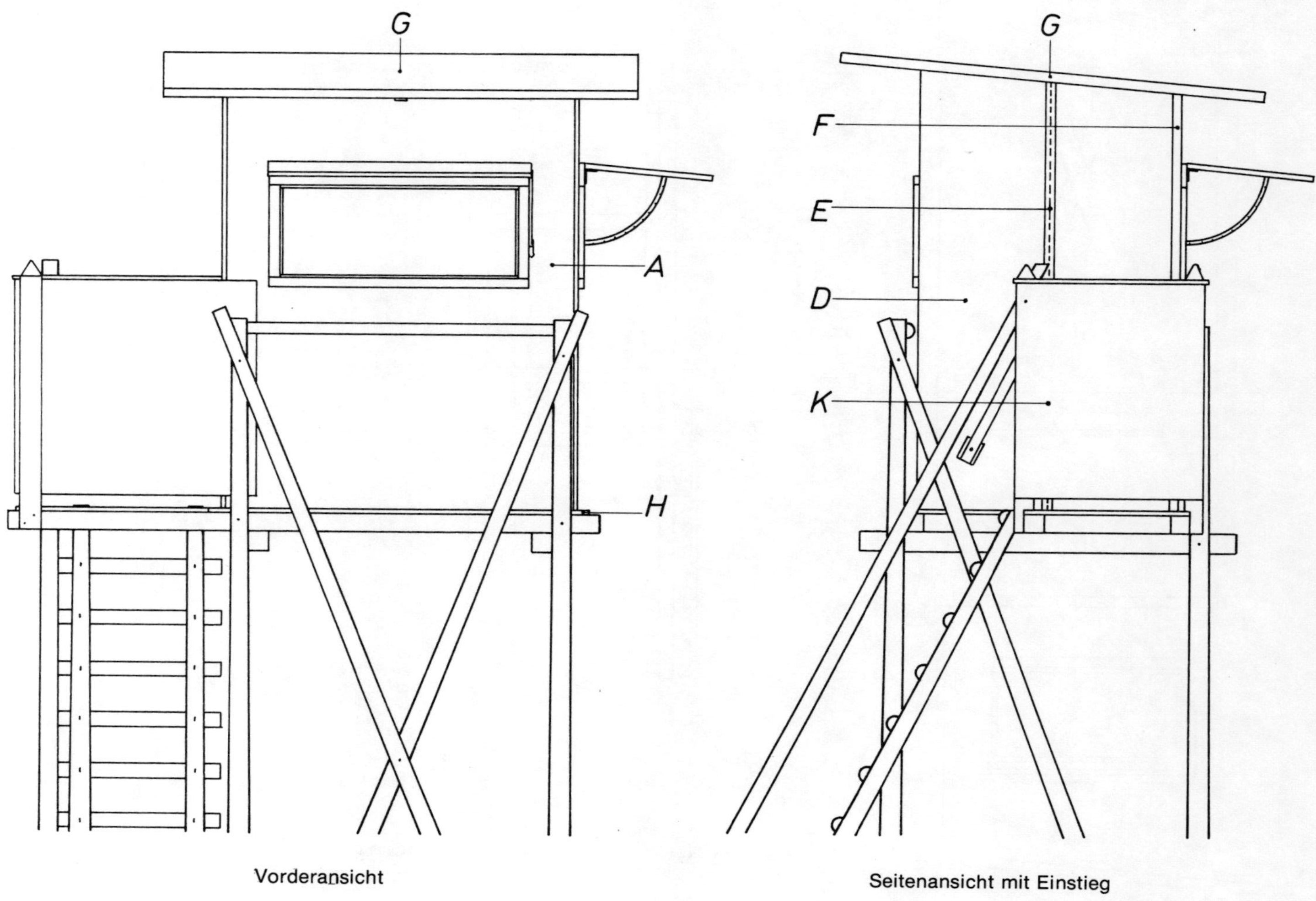

G
A
H
Vorderansicht
G
F
E
D
K
Seitenansicht mit Einstieg

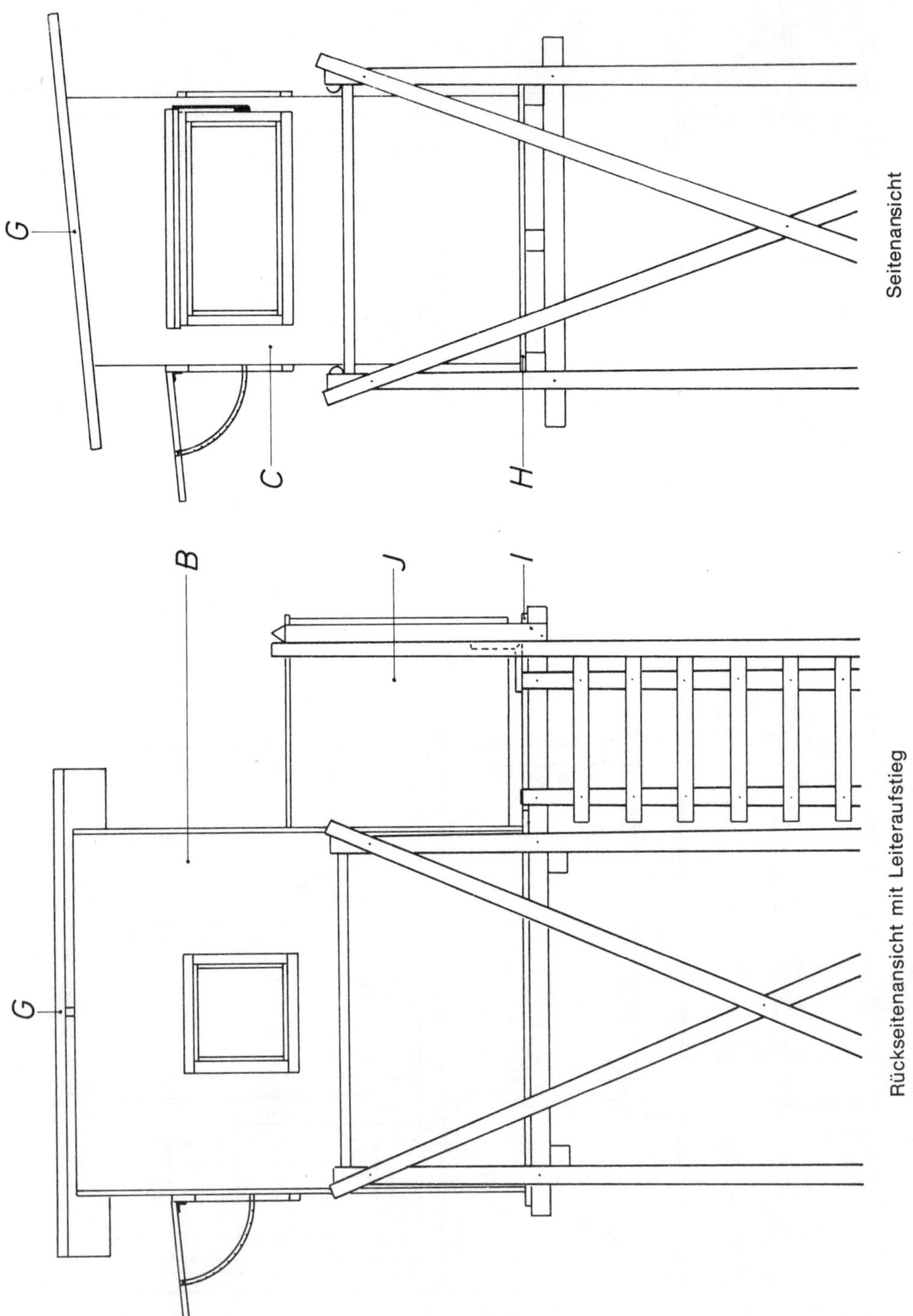
G
C
H
B
J
I
G
Seitenansicht
Rückseitenansicht mit Leiteraufstieg

sollen aus leichtem Material (wasserfeste Spanplatten 10 mm stark) und Verstärkerleisten angefertigt werden (Zeichn. 51).

Die Vorderwand (A) und die Seitenwand (C) haben lange Fenster. Das Fenster an der Rückseite (B) ist klein gehalten, um den Jäger vor Sicht (kein Durchblick von außen) zu schützen. Die Seitenwand (D) ist mit der Tür versehen. Die Tür wird von außen nach innen geöffnet. Die Anschlagleisten (E–F) dichten die Tür ab. Die Dachfläche (G) wird vorschriftsmäßig mit Bitumendachpappe überspannt (Zeichn. 52).

Aus wasserfesten Spanplatten 19 mm stark wird der Boden zugeschnitten (H). Am Balkonfußboden (I) ist ein Bohrloch angebracht. In dieses wird die Jagdstuhlspitze eingesteckt, somit ist auch ein Ansitz im Freien mit dem Rücken zur Tür möglich. Die Balkonverkleidung (J–K) wird an Kanthölzer geschraubt und mit einem L-Stahlwinkel abgesichert. Durch den Luftspalt zwischen der Balkonverkleidung und Boden wird z. B. Laub und Schnee vom Wind abgetrieben

Die Fensteröffnungen werden an der Innenwand zwischen die Verstärkerleisten eingeschnitten, so daß von den Spanplatten ein 15 mm hoher Rand stehenbleibt. Dieser Fensterrand ist der Anschlag und wird mit 15 mm starken Deckleisten (Hand-Gewehrauflage) verkleidet (Zeichn. 53). An den Außenwänden werden die Fensteröffnungen mit 4 cm und 10 cm breiten Brettern verstärkt. Das einfache Rahmenfenster (A – B – C) mit Scharnieren ist somit gut verschlossen. Der Einstieg von der Leiter zum Balkon und das Öffnen der Tür nach innen vermeiden die Unfälle beim Besteigen des Hochsitzes.

Die Jagdschutzläden werden an der Außenwand mit einem Scharnier vor die Fenster geschraubt (Abb. 112). Die Läden lassen sich von innen öffnen und schließen. Ein Flacheisen mit Einkerbungen und einem Feilenheft als Handgriff dient als Hebel zum Öffnen der Läden. Das Flachei-

Abb. 112 Geschlossener Hochsitzaufbau mit Jagdschutzläden.

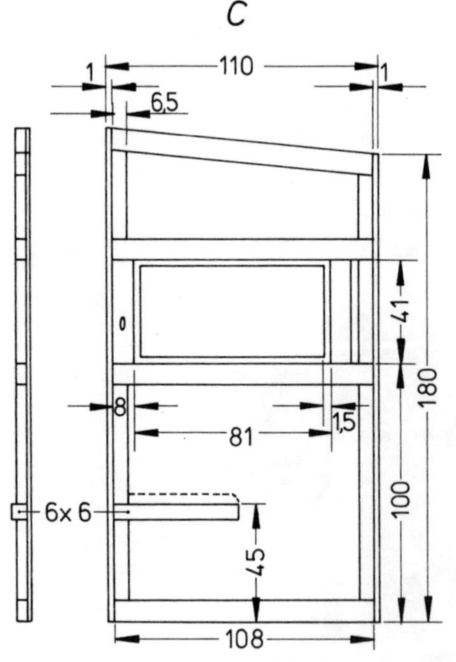
A
148 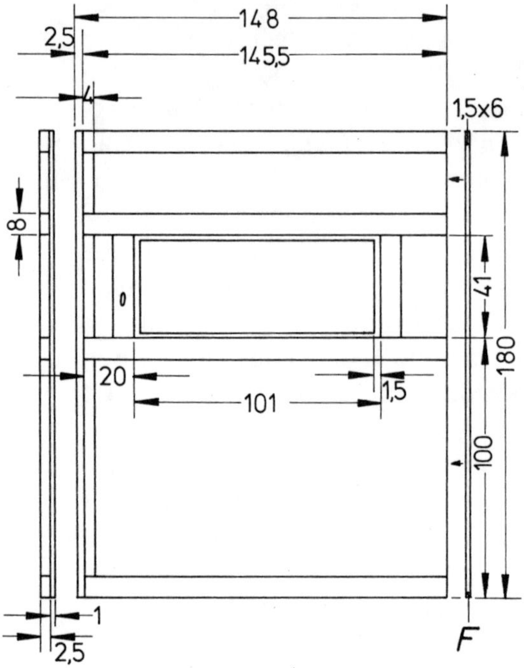
145,5
2,5
4
8
1,5x6
0
20
101
1,5
41
180
190
100
1
2,5
F
B
148 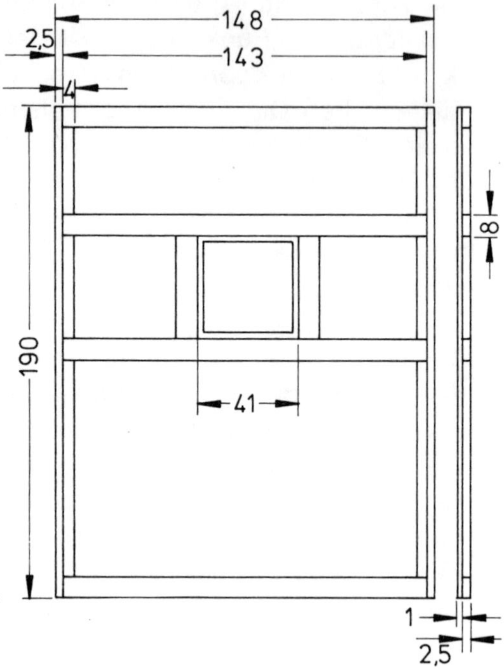
143
2,5
4
8
41
1
2,5
C
110
1
1
6,5
41
8
81
1,5
180
100
6x6
45
108

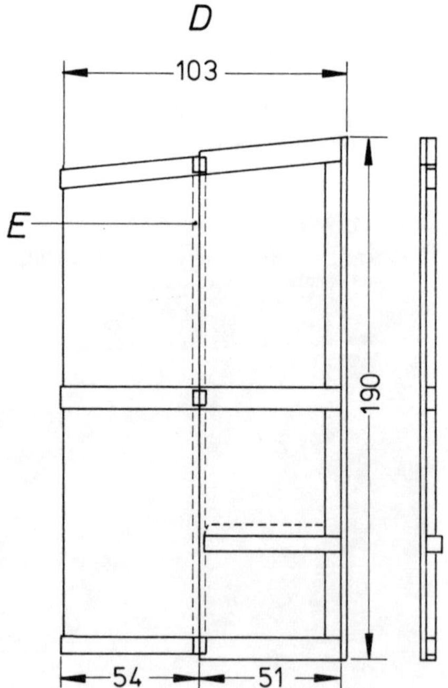
D
103
E
190
54
51

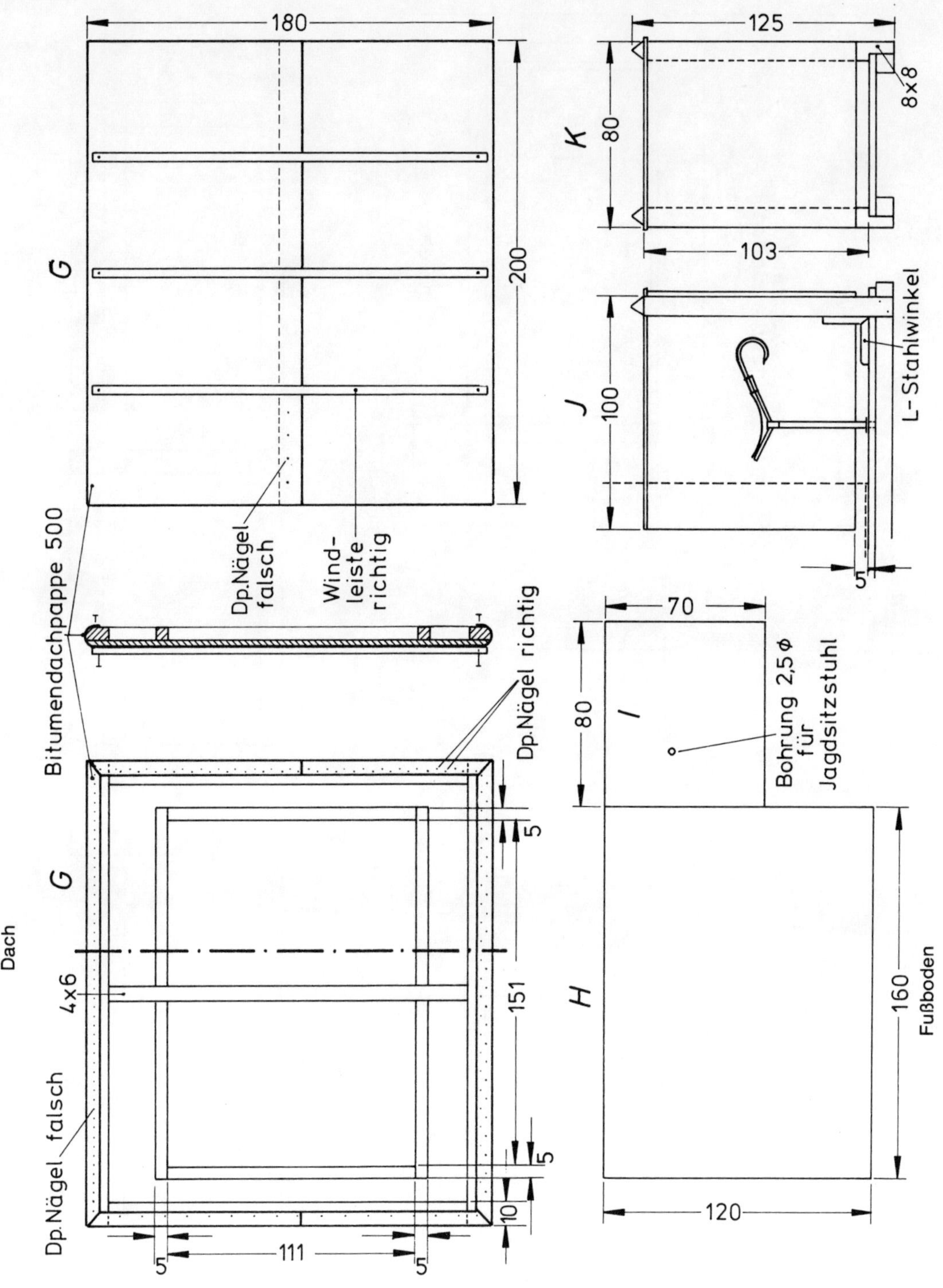
180
200
G
Bitumendachpappe 500
Dp.Nägel
falsch
Wind-
leiste
richtig
Dp.Nägel richtig
G
Dach
4×6
Dp.Nägel falsch
151
5
10
5
111
5
125
80
8×8
103
K
J
100
L-Stahlwinkel
5
70
80
I
Bohrung 2,5 ⌀
für
Jagdsitzstuhl
H
160
Fußboden
120

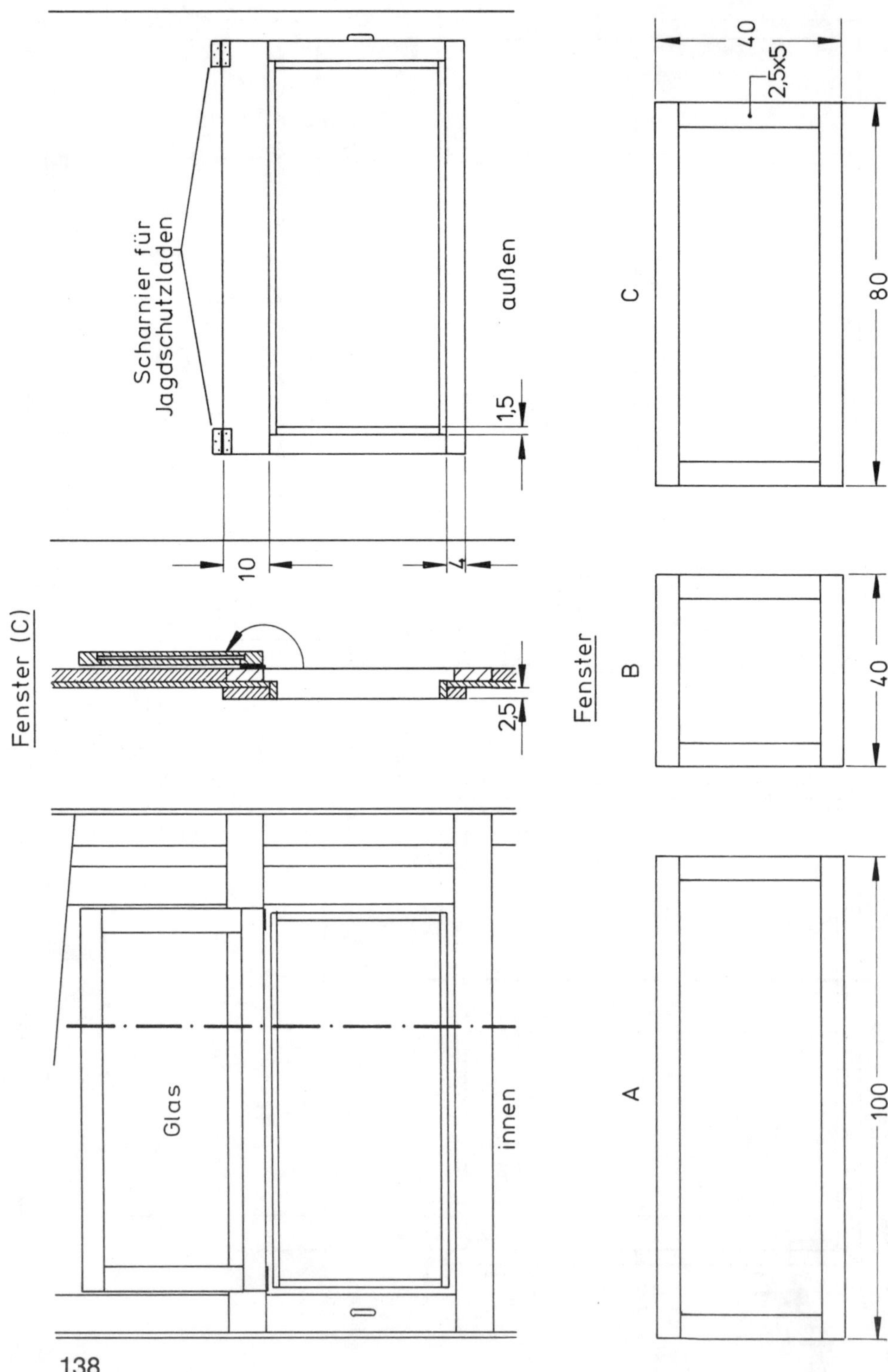
Scharnier für
Jagdschutzladen
außen
1,5
10
4
Fenster (C)
2,5
Glas
innen
Fenster
C
40
2,5x5
80
B
40
A
100

sen wird durch das Langloch der Wand geführt und mit einer Gelenkschraube mit dem Laden verbunden. Der Neigungswinkel der Jagdschutzläden läßt sich mit den Einkerbungen am Hebeleisen verstellen. Werden die Läden geschlossen, ist ein mutwilliges Zerschlagen der Fensterscheiben unmöglich. Sind die Läden geöffnet, so verdunkeln sie den Innenraum des Hochsitzes. Die Fensteröffnung ist vor Regen und Schnee geschützt. Der ungünstige Lichteinfall für die Jagdoptik wird vermieden. Bei nicht ganz geschlossenem Jagdschutzladen kann der Jäger beim Ansitz manche »Überraschung« im Revier erleben. In einer gewissen Entfernung können für den Jagdschutz interessante Personen nicht mehr unterscheiden, ob der Hochsitz besetzt ist oder nicht. Die Verwirrung der revierkundigen Menschen wird damit völlig ausgenützt, wenn der Jagdschutzladen je nach Gutdünken des Jägers geschlossen oder geöffnet bleibt.
Der geschlossene Hochsitz ist der stille Wächter im Revier!

Kanzel

Der Kanzelaufbau ist ein Übergang vom geschlossenen Hochsitz zum offenen Hochsitz. Von der Kanzel sieht und hört der Jäger mehr als vom geschlossenen Hochsitz. Der Kanzelaufbau ist sehr zweckmäßig z. B. für die Rotwildbrunftreviere. Das Melden und Knören der Rothirsche in der Brunft kann vom Jäger besser vernommen werden. Der ansitzende Jäger ist mehr mit der Natur verbunden (Abb. 113 und 114). Die Brüstungswände wirken als Sichtverblendung (Zeichn. 54). Die Vorderwand (A) und die Seitenwände werden aus 15 mm starken Brettern mit 25 mm starken Verstärkerleisten hergestellt. Am Seitenteil B befindet sich die Tür, die nach innen geöffnet wird. Der Türschenkel (4 × 6 cm Kantholz) wird unter dem aufgelegten Dach verschraubt. Die Rückwand (C) ist ca. 40 cm höher, um dem ansitzenden Jäger Deckung zu bieten. An die Seitenteile B und D wird je ein 6 × 6 cm Kantholz genagelt, und auf diese Kanthölzer das Sitzbrett (E) (Zeichn. 55).
An allen Sitzbrettern für Hochsitze, Leitern, Schirme usw. sollen die Kniekehlenkanten abgerundet und die Nägelköpfe versenkt eingeschlagen werden.
Der Fußboden (F) kann aus 19 mm starken wasserfesten Spanplatten zugeschnitten oder aus 25 mm starken Schalbrettern gebaut werden (Zeichn. 56). Die eingesägten Wasserschlitze an der Platte oder die Bretterfugen des Fußbodens lassen eingedrungenes Regenwasser vom Aufbau abfließen. Die Dachfläche (G) wird mit Brettern 2,5 × 10 cm umsäumt und mit 500er Betumendachpappe benagelt. Auf die überstehen-

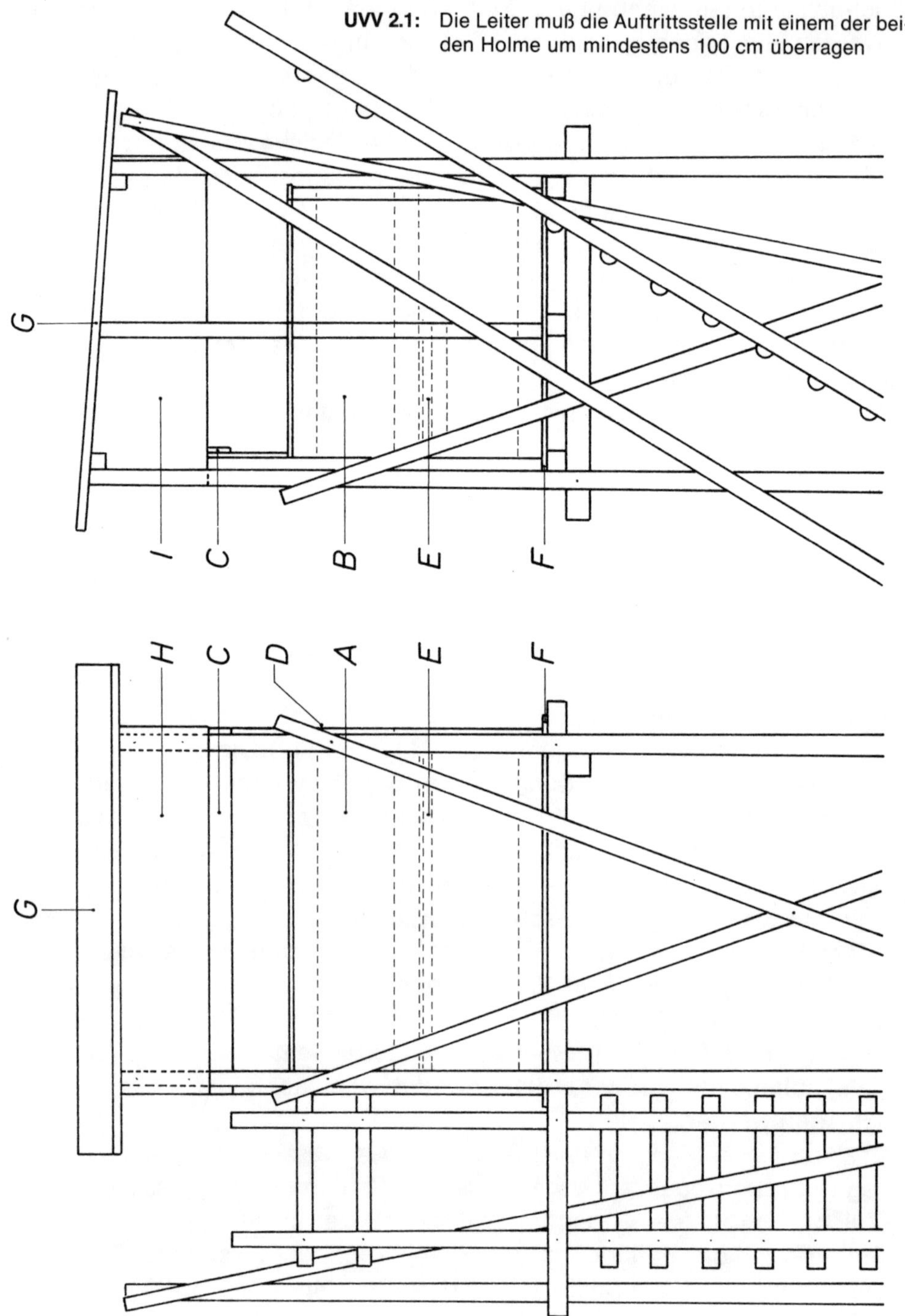

UVV 2.1: Die Leiter muß die Auftrittsstelle mit einem der beiden Holme um mindestens 100 cm überragen
G
I
C
B
E
F
H
C
D
A
E
F
G

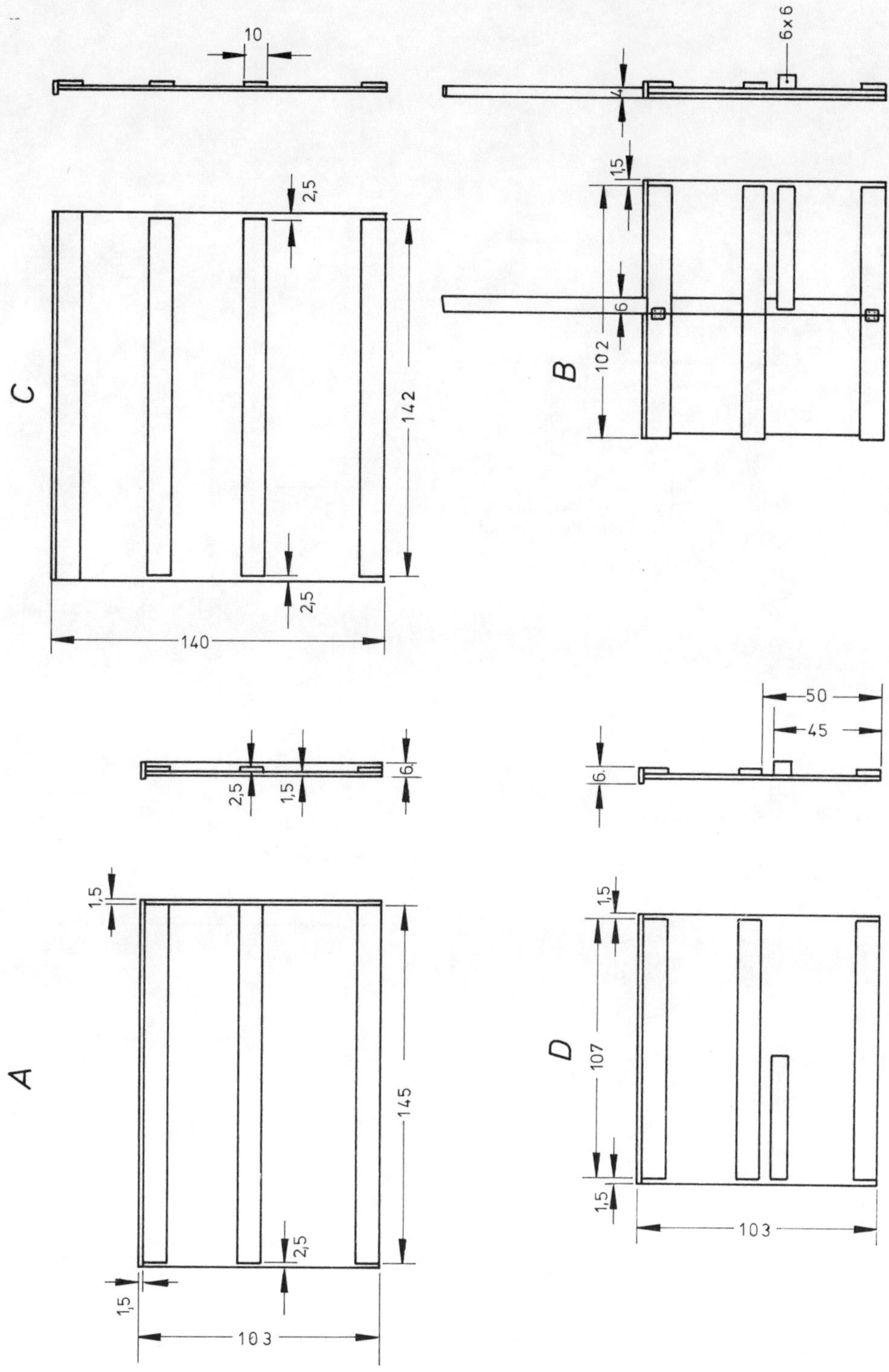
10
2,5
142
C
2,5
140
1,5
2,5
1,5
145
A
2,5
1,5
103
6x6
4
1,5
6
102
B
50
45
6
6
1,5
107
D
1,5
103

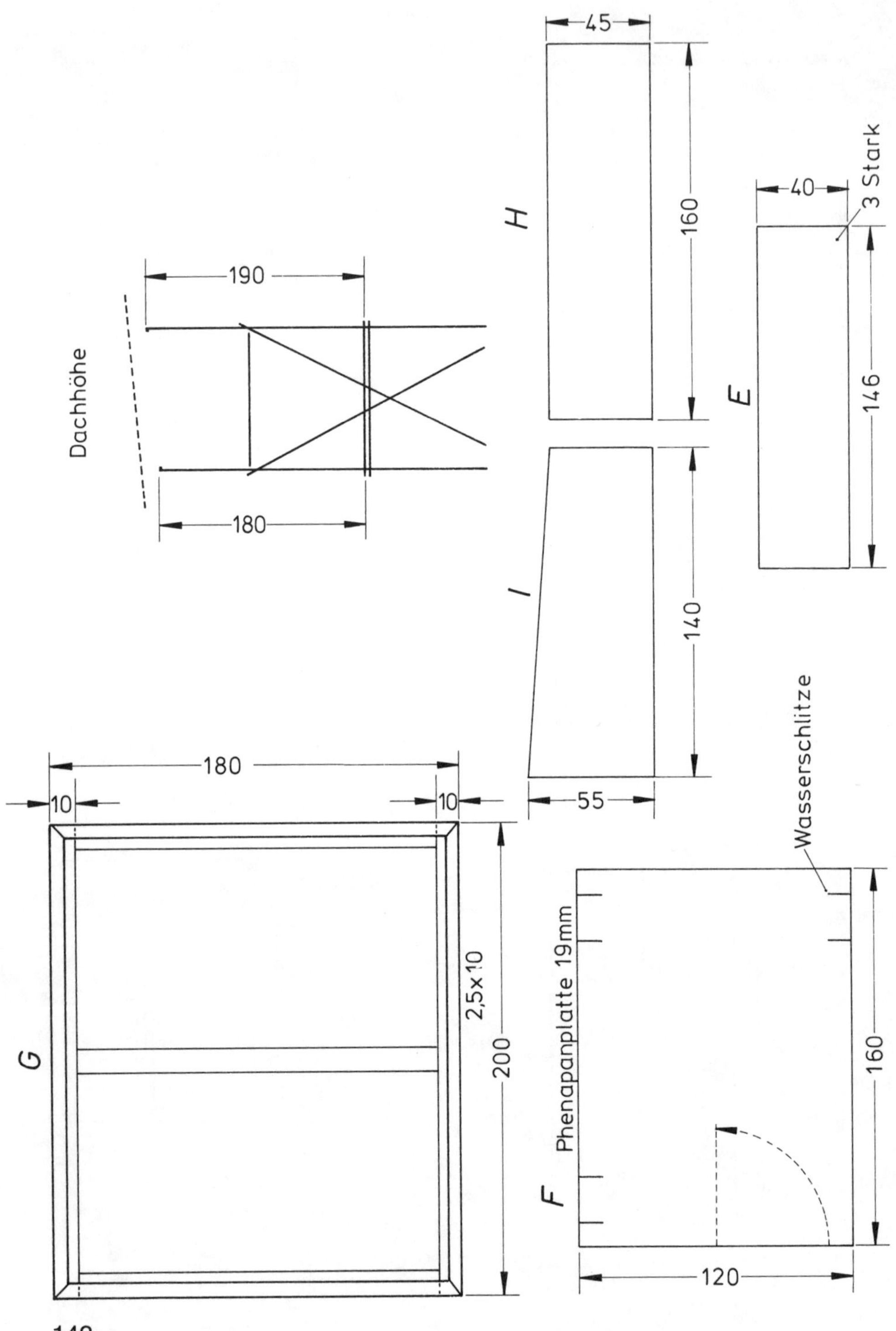

45
160
H
40
3 Stark
E
146
190
Dachhöhe
180
I
140
55
180
10
10
2,5×10
200
G
Wasserschlitze
Phenapanplatte 19mm
F
160
120

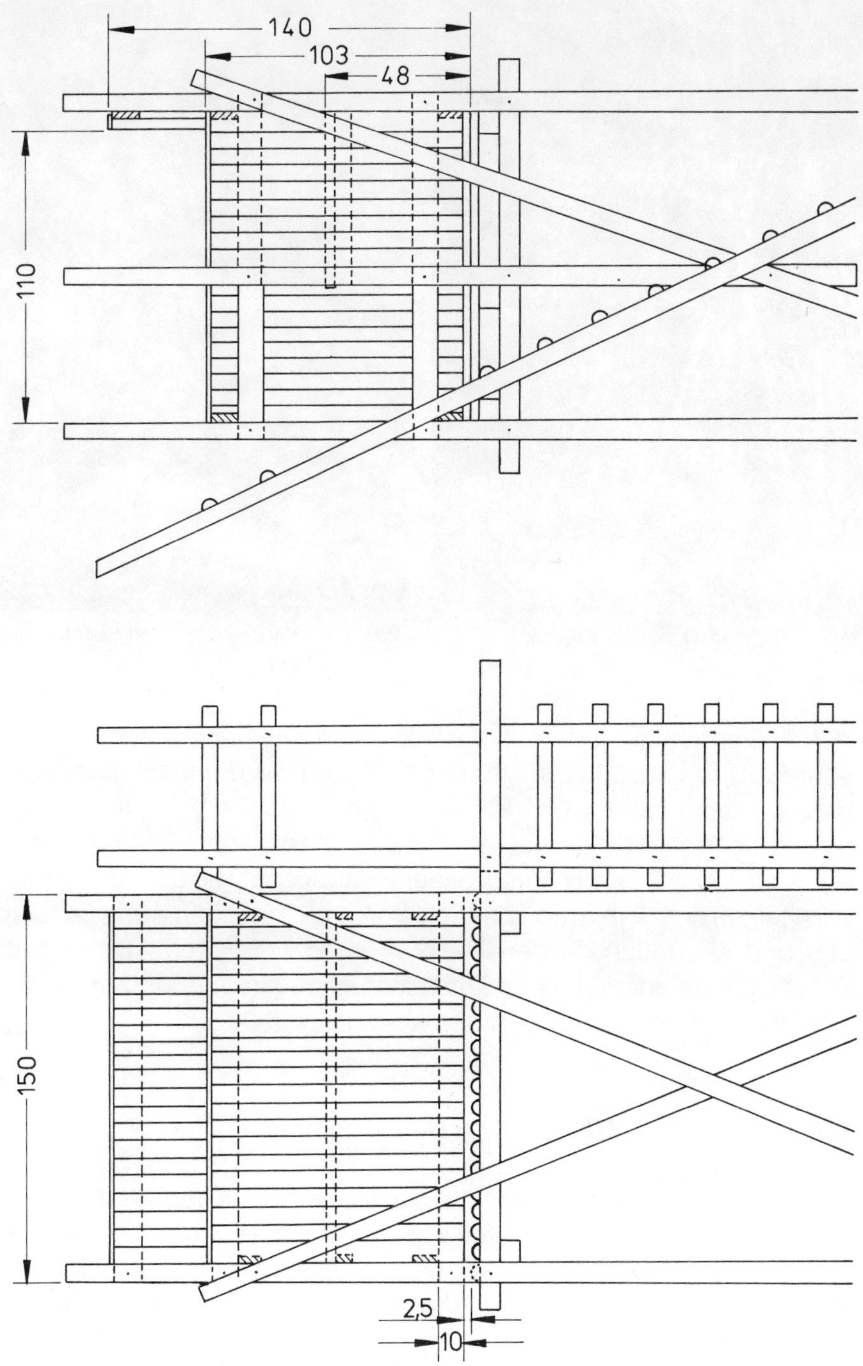

140
103
48
110
150
2,5
10

Abb. 113 Kanzel

Abb. 114 Kanzelaufbau mit Seiteneinstieg
links

den A-Stangen des Hochsitzgerüstes wird das Dach aufgelegt und verschraubt (Zeichn. 56). Die Lichtblenden (H–I) verdunkeln den Innenraum des Kanzelaufbaues. Der Einstieg in den Hochsitz ist in diesem Fall rechts. Erfordern die Revierverhältnisse einen linken Einstieg, so müssen die Seitenteile B und D entsprechend vertauscht werden. Beim Ein- und Aussteigen aus dem Aufbau auf die Leiter sieht der Jäger die Leitersprossen und kann sich an den Handsprossen festhalten. Dieser seitliche Einstieg vermindert Unfälle. Zusätzlich kann ein Schulterlauf seitlich an der Hochsitzleiter angeschraubt werden.

Offener Hochsitz

Der Ansitz vom offenen Hochsitz aus macht vielen Jägern mehr Freude. Die freie Sicht nach allen Seiten und gegen den Himmel führt zu mancher Beobachtung, die für die Jagdausübung wichtig ist (Abb. 115/116). Bei guter Jagdkleidung kann ein Ansitz auf dem offenen Hochsitz auch bei ungünstigem Wetter zu einem Genuß werden. Der Hochsitzaufbau,

144

Abb. 115   Offener Hochsitz

Abb. 116   Offener Hochsitzaufbau mit Seiteneinstieg links

aus dem Material des Waldes gebaut, fügt sich gut in die Landschaft ein
Zeichn. 57).

Die Rundhölzer für die Brüstungsverkleidung können an die überstehenden A-Stangen horizontal genagelt werden. Die Sicherheit wird größer,
wenn die Rundhölzer der Brüstung senkrecht von außen gegen die
Nagelbretter (2,5 cm stark und 10 cm breit) genagelt werden. Die Nagelbretter liegen an den Innenseiten der vier A-Stangen und dem Einstieg-
holz an, das mit dem Sicherungskantholz und der Strebe verbunden ist.
Die senkrecht angenagelten Rundhölzer wirken für das Auge schöner,
und das Regenwasser kann leichter ablaufen.

Die Fußbodenrundhölzer sollen angeflacht sein und mit einem Fugenab-
stand auf die Fußbodenkanthölzer vernagelt werden, so daß keine Patro-
nenhülse durchfallen kann. Wird zwischen dem Fußboden und den
Brüstungswänden ein Luftspalt freigelassen, reinigt der Wind den Fußboden. Die Fußbodenhölzer werden besonders beim offenen Hochsitz
durch Witterungseinfluß beansprucht. Die Bodenhölzer können durch
den Luftspalt an der Brüstungsunterkante ausgewechselt werden.

145

Sperrtür für Hochsitzleitern

Die Sperrtür schützt die Hochsitzleitern vor dem Besteigen unbefugter Personen und ist gleichzeitig der sicherste Unfallschutz für die Bevölkerung (Abb. 117/118). In von Wanderern stark belaufenen Revieren können diese Sperrtüren sehr nützlich sein. Die Sperrtür wird aus 2,5 cm starken Brettern hergestellt und mit 4 × 6 cm starken Kanthölzern auf die Leiter montiert (Zeichn. 58). Mit dem Schloßriegel und den Scharnieren ist diese Sperrtür verschlossen.

Unbefugten Personen ist die Benutzung von jagdlichen Einrichtungen zu untersagen (Schild). Verbotene Eigenmacht nach § 858 BGB begehen die Personen gegenüber dem Jagdausübungsberechtigten, wenn sie unbefugt jagdliche Einrichtungen betreten. Der Jagdausübungsberechtigte hat in den Fällen verbotener Eigenmacht die Befungis zur Selbsthilfe, er kann der verbotenen Eigenmacht gemäß § 859 BGB notfalls mit Gewalt entgegentreten und die ungefugten Personen auffordern, die Jagdeinrichtungen zu verlassen (§ 859 Abs. 3 BGB). Auch dem Jagdschutzpersonal des Jagdausübungsberechtigten stehen diese Rechte zu (§ 860 BGB). Werden jagdliche Einrichtungen vorsätzlich und rechtswidrig beschädigt, so ist nach § 303 StGB Strafanzeige zu erstatten. Dieser gesetzliche Schutz hat nur dann seine Gültigkeit, wenn der Jagdausübungsberechtigte auch Eigentümer der jagdlichen Einrichtung ist.

Abb. 117 Sperrtür für Hochsitzleitern

Abb. 118 Geöffnete Sperrtür

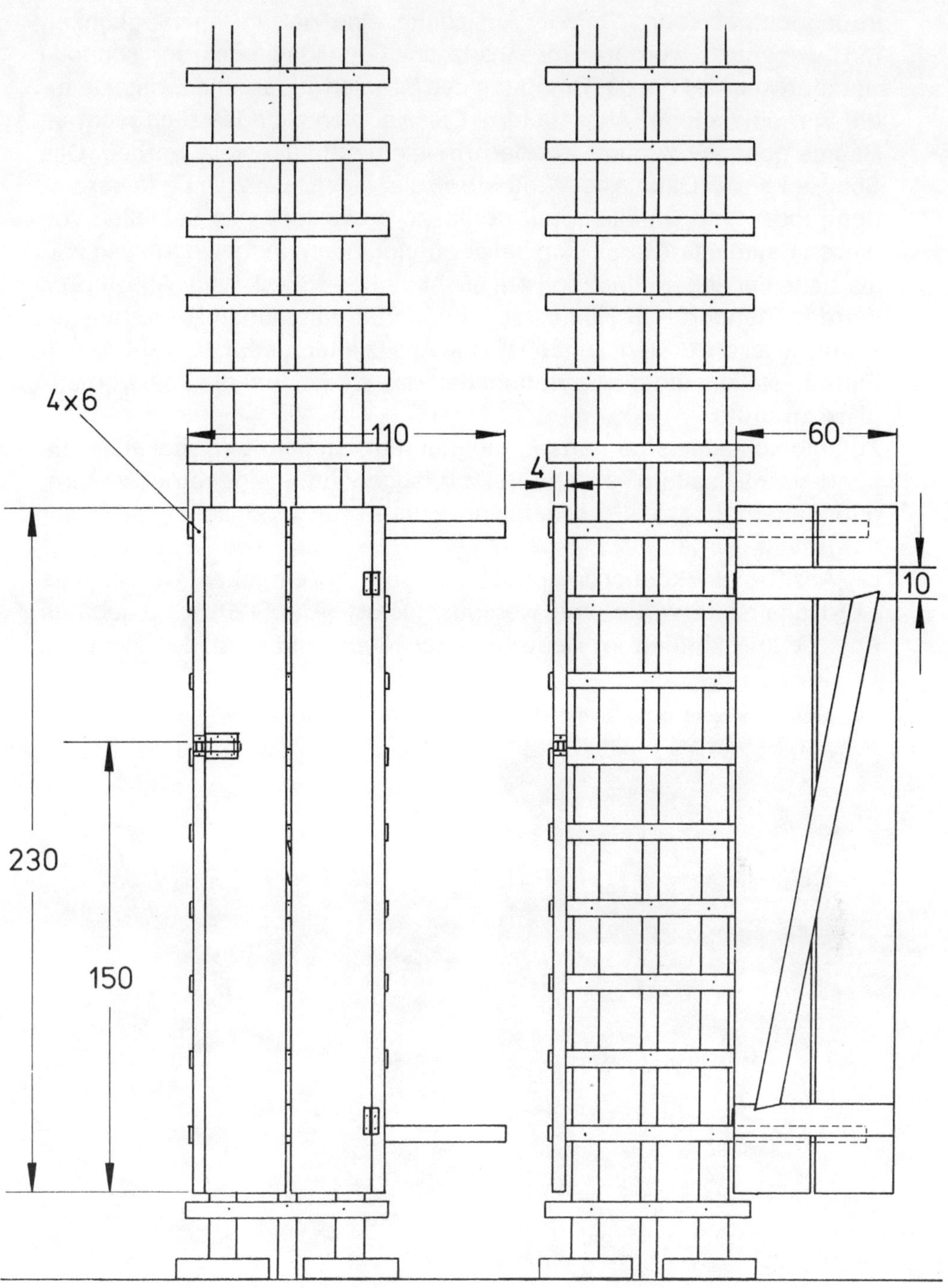

4×6
110
60
4
10
230
150

Ansitzleitern

Im Jagdbetrieb können mit der Ansitzleiter eine Vielzahl von Möglichkeiten ausgenutzt werden. Der Ansitz am Fuchsbau oder der schnelle Standortwechsel bei der Bejagung des Schalenwildes sind Beispiele für die Vielseitigkeit der Ansitzleitern. Diese sollten grundsätzlich nicht an Bäume genagelt werden, sondern freistehend aufgestellt werden. Das Schwanken der Bäume bei Wind würde die Nagelstellen der Leiterverbindung lösen und Unfälle somit geradezu provoziert. Das Schießen von diesen Baumleitern stellt sich bei der geringsten Windbewegung so dar, als zielte der Jäger »flüchtig« auf ein stehendes Stück Wild (Abb. 119). Werden Standorte für Hochsitze im neu übernommenen Revier ausgesucht, so ist anzuraten, zunächst eine Ansitzleiter für ein Jahr auf diesen Platz zu stellen, um die Gewohnheiten des Wildes und die Windverhältnisse zu prüfen.

Zu unterscheiden sind transportable und feststehende Ansitzleitern. Es können Ansitzleitern für eine Person, sogenannte Jagdbetriebsleitern, oder Leitern für zwei Personen, zum Führen von Jagdgästen, im Revier aufgestellt werden.

Die Ansitzleitern können sehr gut in die Deckung eingebaut werden, das Landschaftsbild wird somit weniger gestört (Abb. 120). Gut gebaute Ansitzleitern können im Rehwild- oder Niederwildrevier den Hochsitz

Abb. 119 Ansitzleiter nicht sicher aufgestellt

Abb. 120 Kanzelleitersitz

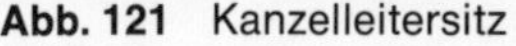

Abb. 121 Kanzelleitersitz

Abb. 122 Kanzelleiter, Einstieg von hinten

ersetzen. Um die Windverhältnisse im Hochwildrevier voll auszunützen, sollten auf großen Sichtflächen die Hochsitze mit gegenübergestellten Ansitzleitern ergänzt werden. Werden Ansitzleitern von vorne bestiegen, so muß sich der Jäger in »voller Montur« oben umdrehen. Diese Bauweise sollte nur bei Ansitzleitern für eine Person gewählt werden. Der rückseitige Aufstieg der Ansitzleiter für zwei Personen ist weniger mit Gefahren verbunden.

Der Kanzelleitersitz hat eine Sitzbrettbreite von 1,20 m und ist somit für zwei Personen gebaut (Abb. 121). Der gefahrenlose rückseitige Einstieg in die Ansitzleiter ermöglicht auch ein Beobachten des Wildes während des Besteigens (Abb. 122).
Auf die Leiterholme (A) werden die angeflachten Leitersprossen (B) genagelt (Zeichn. 59). Die Rückenstützen (C) werden mit den Armauflagehölzern (D) und der Sitzbrettauflage (E) verbunden. Das Sitzbrett (F) wird mit Leder- oder Gummischarnieren an den Brettern der Rückenlehne (H) zum Hochklappen umgenagelt. Die Gewehrauflage (G) wird von der Innenseite gegen die A-Stangen und D-Hölzer genagelt. Die doppelte Fußauflagesprosse (I) ist sehr angenehm beim Ansitz. Der dritte Leiterholm stützt die langen Leitersprossen ab und ist gleichzeitig eine Siche-

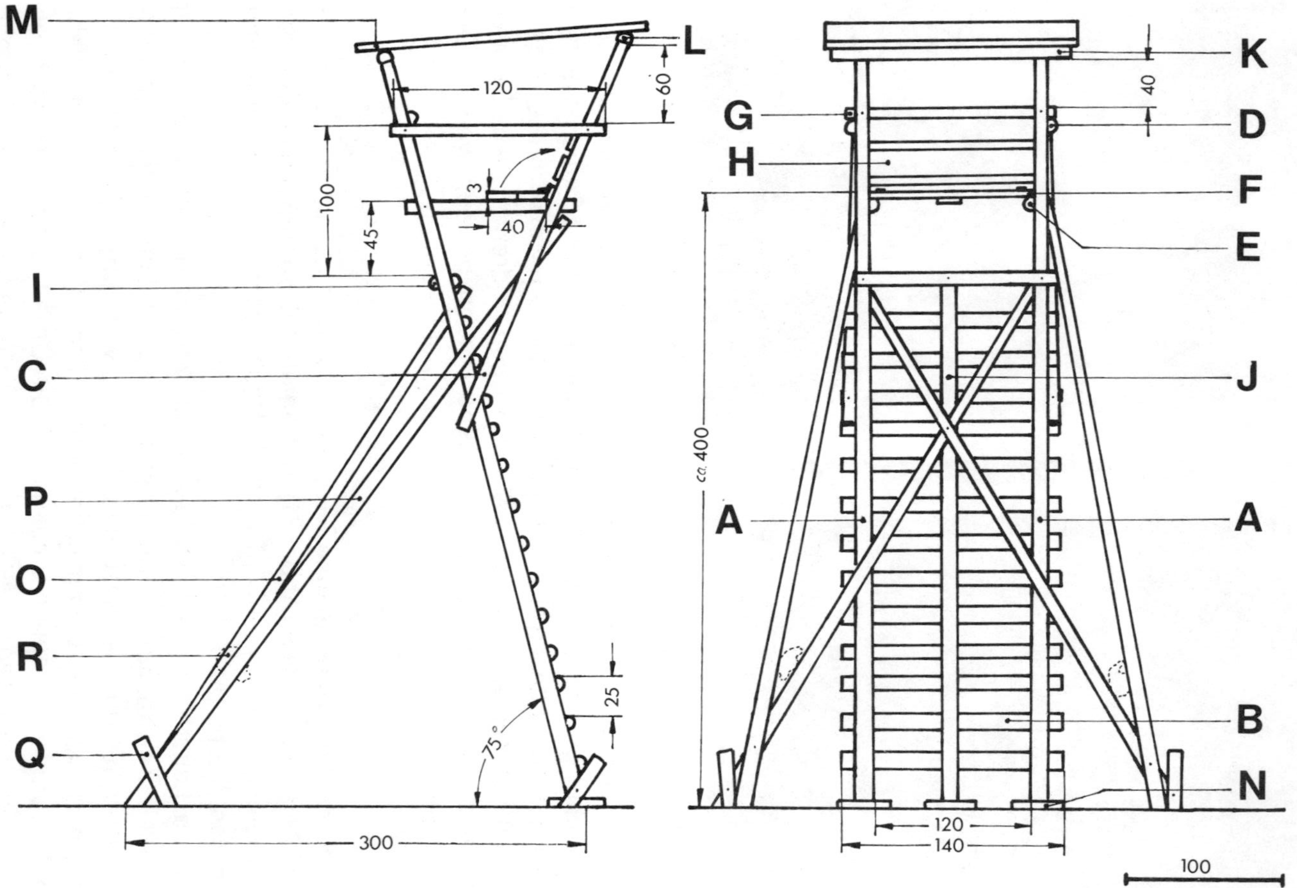
M
L
120
60
100
45
3
40
I
C
G
H
K
D
F
E
P
ca. 400
J
O
A
A
R
25
B
Q
75°
N
300
120
140
100

Abb. 123 Offener Leitersitz mit Fußboden, Aufstieg von hinten

Abb. 124 Offener Leitersitz mit eingebautem Fußboden

rung. Die Dachauflagehölzer (K–L) tragen das aufgelegte Dach (M). Die Ansitzleiter wird im 75° Winkel auf Steine (N) gestellt und mit den Streben (O–P) vernagelt. Die Heringe (Q) schützen die Leiter vor einem mutwilligen Umwerfen. Ein in die Streben eingelegter Salzstein (R) schützt die Streben vor dem frühzeitigen Faulen. Der Ansitzkorb wird mit am Standort vorhandenem Material z. B. Fichtenreisig verblendet.

Der offene Leitersitz mit Fußboden eignet sich zum Führen von Jagdgästen vorzüglich (Abb. 123). Der eingebaute Fußboden bietet dem Jagdgast mehr Bewegungsfreiheit und ein sicheres Gefühl (Abb. 124). Diese Ansitzleiter, je nach Sprossenanzahl in der Höhe variabel (bis 6 m), ersetzt jeden Hochsitz im Revier. Sie ist schnell gebaut und kann nach dem Lösen der Streben mühelos versetzt werden. In der Grudkonstruktion gleicht sie dem Kanzelleitersitz.

Unter die Fußauflagehölzer (I) werden drei Fußbodenauflagehölzer (G) untergezogen und mit den drei Rundholzstangen (C) und den Leiterholmen (A) vernagelt (Zeichn. 60). Die eingesparte Sprossenlänge (B) findet als Fußboden ihre Verwendung. Im Materialverbrauch ist diese Leiter dem Kanzelleitersitz etwa gleichzustellen. Die Armauflage (D) und die Auflage (E) für das Sitzbrett mit Scharnier (F) und die Rückenlehne (H)

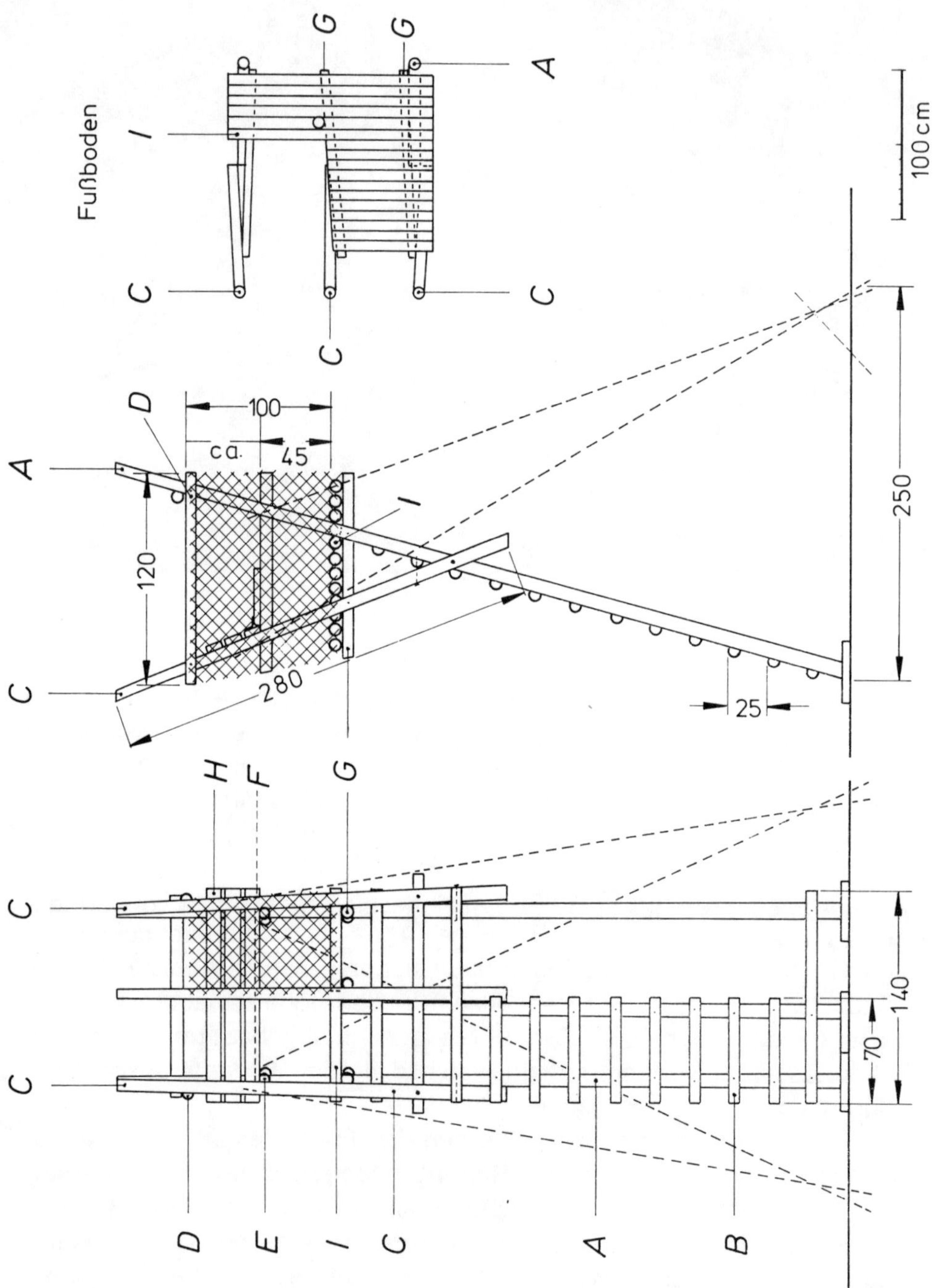

Fußboden
G
G
A
I
C
C
C
100 cm
D
100
ca. 45
A
I
120
C
280
250
25
H
F
G
C
140
70
D
E
I
C
A
B

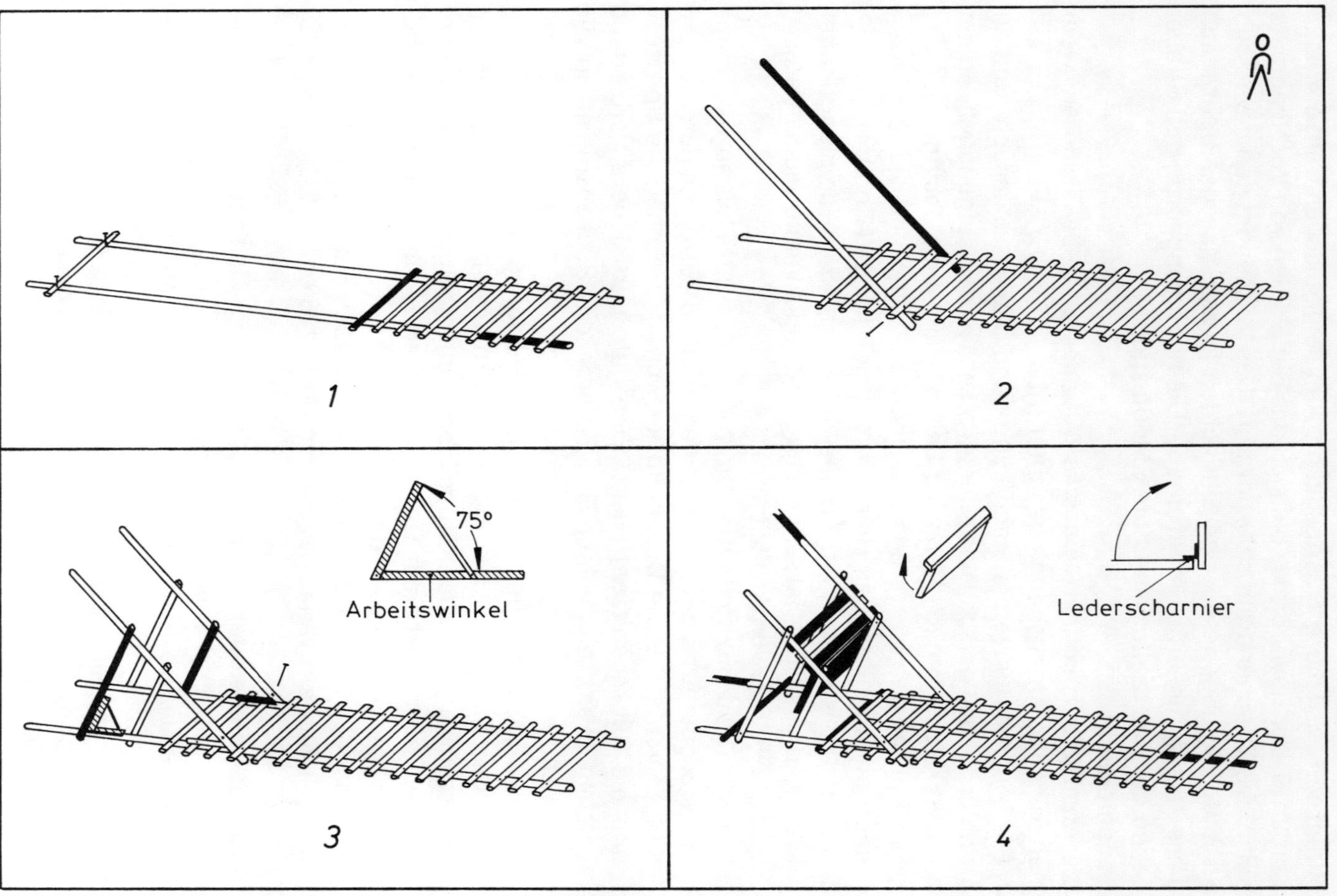

Abb. 125 Bauanleitung für den Kanzelleitersitz und offenen Leitersitz

153

bilden den Ansitzkorb. Der Ansitzkorb kann mit Maschendraht eingefaßt werden. In der Revierpraxis hat sich das Einflechten von Verblendmaterial in den Maschendraht sehr bewährt. Das Verblendmaterial wird sehr oft mutwillig abgerissen, das Einflechten in den Maschendraht macht diese Zerstörungsarbeit mühsamer. – Die richtig angeordneten Streben geben der Ansitzleiter eine gute Standfestigkeit.

Bauanleitung:

Die Ansitzleitern können von *einer* Arbeitskraft gebaut werden, wenn man folgende Arbeitsgänge beachtet (Abb. 125):

1. Die Leiterholme werden nach Länge und Stärke ausgesucht und auf den Erdboden gelegt. Die Leitersprossen werden aufgenagelt, Anzahl der Sprossen je nach Höhe der Leiter; Maße nach Zeichnung.
2. Die Rückenstützen werden zwischen die dritte und vierte Sprosse geschoben und mit den Holmen vernagelt (lange Nägel).
3. Aus drei Leisten wird ein Arbeitswinkel von 75° zusammengeheftet. Dieser Arbeitswinkel ist sehr wichtig und findet immer wieder Verwendung beim Bau von Ansitzleitern.

   Die Arm- und Sitzbrettauflagehölzer werden auf Maß an die Holme genagelt, der Arbeitswinkel eingelegt und die Hölzer mit den Rückenstützen vernagelt. Die Distanzhölzer werden zwischen die Sprossen und die Rückenstützen gelegt. Eine gute und sichere Verbindung entsteht, wenn ein langer Nagel durch die Rückenstützen in die Distanzhölzer und in die dritte Sprosse geschlagen wird.
4. Die Gewehrauflage und die doppelte Fußauflagesprosse wird montiert. Der Sprossensicherungsholm wird eingezogen und mit den Sprossen vernagelt. Das Klappsitzbrett und die Bretter für die Rückenlehne werden angenagelt. Das Abschneiden der überstehenden Rundhölzer beschließt die Arbeit.

   Im besonderen Fall kann die offene Ansitzleiter aus Jagdschutzgründen mit Brettern verkleidet werden (Abb. 126 und 127).

Die Jagdbetriebsleiter wird kurzfristig an geeigneten Standorten aufgestellt, z. B. am Fuchsbau oder zum Bejagen eines Knopfbockes, bei Wildschäden usw. und dient ausschließlich dem angestellten Personenkreis im Jagdbetrieb (Abb. 128). Diese Leiter eignet sich weniger zum Führen von Jagdgästen. Um die Zweckmäßigkeit der Leiter auszunutzen, ist sie transportabel und aus leichtem Rundholzmaterial für eine Person zu bauen (Zeichn. 61).

An die Leiterholme (A) werden die Leitersprossen (B) und die Stützen (C–D) genagelt. Die Armauflage (E) und die Sitzbrettauflage (F) verbinden die genannten Teile. Weil der Aufstieg vorne ist, wird das Sitzbrett (G) festgenagelt. Die schrägverlaufende Rückenlehne (H) bietet ein beque-

Abb. 126 Offener Leitersitzaufbau, mit Brettern verkleidet

Abb. 127 Offener Leitersitz am Wald-Feldrand

Abb. 128 Jagdbetriebsleiter mit Aufstieg von vorn

Abb. 129 Jagdbetriebsleiter mit Stützbock

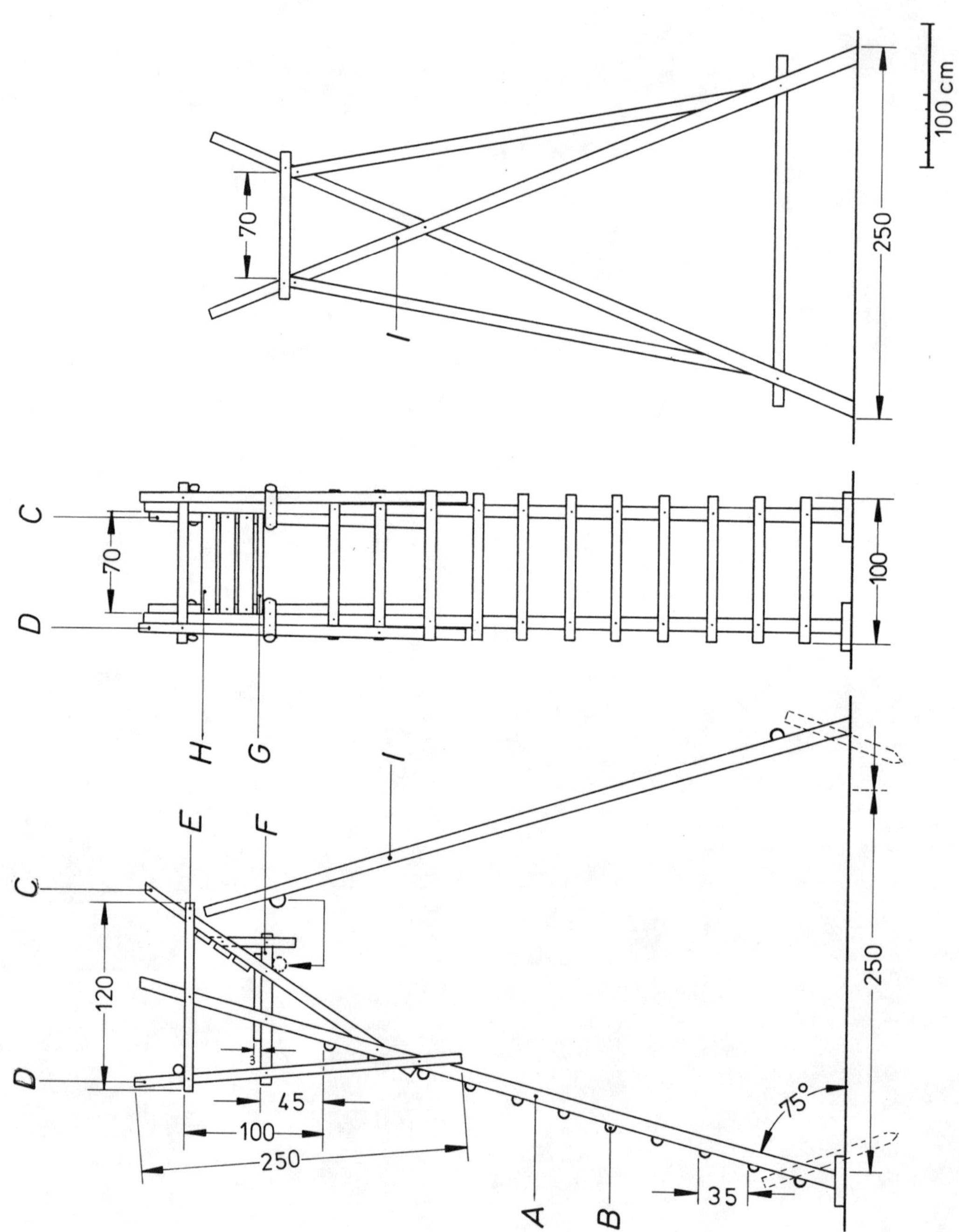

100 cm
70
250
C
D
70
100
H
G
I
E
F
C
120
3
D
45
100
250
250
75°
35
A
B

Abb. 130 So eine frei stehende Ansitzleiter ist wirklich keine Zierde der Landschaft und erschwert die Jagdausübung

Abb. 131 Die Ansitzleiter wird mit zwei kurzen Klemmscheren hochgedrückt

Abb. 132 Aufrichten mit vier langen Klemmscheren die nachgestellt werden

Abb. 133 Richten, Klemmscheren stehen, Strebenkreuz annageln

Abb. 134 Stützstreben annageln und die Ansitzleiter mit Heringen verpflocken

mes Sitzen. Der Stützbock (I) wird im Revier gegen die Rückenlehne gestellt und unter die Sitzhölzer eingehangen (Abb. 129). Die Ansitzleiter steht sehr stabil, ist nicht an das Vorhandensein von Bäumen gebunden und schnell zu transportieren.

Wird die Leiter gegen ein Auflageholz zwischen zwei Bäume gestellt, so werden Unfälle geradezu heraufbeschworen. Die Aufstellweise erscheint zunächst im Neubau brauchbar, sie ist dann gefährlich, wenn das Auflageholz viele Jahre der Witterung ausgesetzt ist. Zusätzlich wird die Baumrinde durch Scheuern des Auflageholzes beschädigt (Abb. 119). Bei dieser auf der Abbildung gezeigten Leiter sind mehrere Nagelverbindungen in das Stirnholz geschlagen, was zu Unfällen führen kann.

Schirme

Die Bodenjagd vom Schirm aus ist eine nur noch wenig genutzte Ansitzmöglichkeit für den naturverbundenen Jäger. Gerade die Naturverbundenheit macht einen Ansitz im Schirm beim Beobachten vom Rothirsch bis zum Käfer für den Jäger zu einem Erlebnis. Die Jagd aus dem Schirm in Verbindung mit einem wohldurchdachten Pirschwegenetz zählt zu den interessantesten Jagdausübungen. Die Windverhältnisse und der oftmals geringe Abstand zum Wild bieten dem anspruchsvollen Jäger die nötigen Schwierigkeiten, die er sich wünscht. Auch das Fuchsreizen in kalter Winternacht vom Schirm aus macht sehr viel Freude. Jäger, die mit jungen Hunden arbeiten, sollten auch vom Schirm aus jagen! Schirme ohne Rückenlehne können bei stundenlangem Ansitz zur Qual werden. Auch ein »Reiterrücken« verträgt den Ansitz ohne Rückenlehne kaum. Der Standort des Schirmes ist je nach Revierverhältnissen zu wählen, jedoch immer im Lichtschatten (Abb. 135).

Beim **stationären Schirm** werden die fünf Pfosten in den Erdboden im Trapezgrundriß eingeschlagen (Zeichn. 62). Gute Sicht und viel Raum bei gleichen Rückwand- und Vorderwandmaßen sind die Vorzüge des Trapezgrundrisses. Der Eingang entsteht durch das Verschieben der Eckpfosten. Im Vergleich zu einem rechteckigen Schirm sind die genannten Vorzüge entscheidend. Die Sitzbrettlänge wird beim Trapezgrundriß nicht durch den Eingang verkürzt (Zeichn. 62). Die zwei Rückenpfosten und der Seitenteileingangspfosten werden schräg in den Boden geschlagen. Diese schrägen Rückenpfosten bilden eine bequeme Rückenlehne. Die oberen Gewehrauflagehölzer und die doppelten Gewehrauflagehölzer zum Schießen im Sitzen und die Verblendleisten geben dem Schirm die nötige Stabilität. Das Sitzbrett ist in Stuhlhöhe angebracht. In die Verblendleisten wird örtlich vorhandenes Verblendmaterial eingezogen.

◁ Aufstellen einer Ansitzleiter, **Abb. 131–134:**

Abb. 135
Stationärer Schirm
im Schatten stehend
– Sicht mit Licht

Abb. 136
Transportabler Schirm

Abb. 137
Transportabler
Schirm, Eingang und
Sitzbank

Der transportable Schirm ist in seiner Grundkonstruktion mit dem stationären Schirm zu vergleichen. Der Vorzug dieses Schirmes ist, daß er schnell und mit geringem Arbeitsaufwand versetzt werden kann (Abb. 136). Im Jagdbetrieb kann es von Vorteil sein, wenn zur Ergänzung der Revierschirme kurzfristig ein oder zwei transportable Schirme eingesetzt werden können. Die Schirmteile werden mit Einhängescharnieren verbunden, ein geräuschloses Montieren (kein Hammerschlag) und Zerlegen ist somit möglich (Abb. 136). Der Grundriß (A) sorgt für die nötige Bewegungsfreiheit beim Ansitz von zwei Personen. Die Vorderseite (B) und die Seitenteile (D–E) mit ihren Stützstreben werden aus Dachlatten 2,5 × 5 cm gebaut (Zeichn. 63). Die Beinhölzer an der Rückseite (C)

161

TRAPEZGRUNDRISS
gute Sicht
viel Raum 150×120
55
120
150
mit Zweigen verblendet
90
8.4
150
150
105
50
100 cm

RECHTECKGRUNDRISS
schlechte Sicht
wenig Raum 150×120

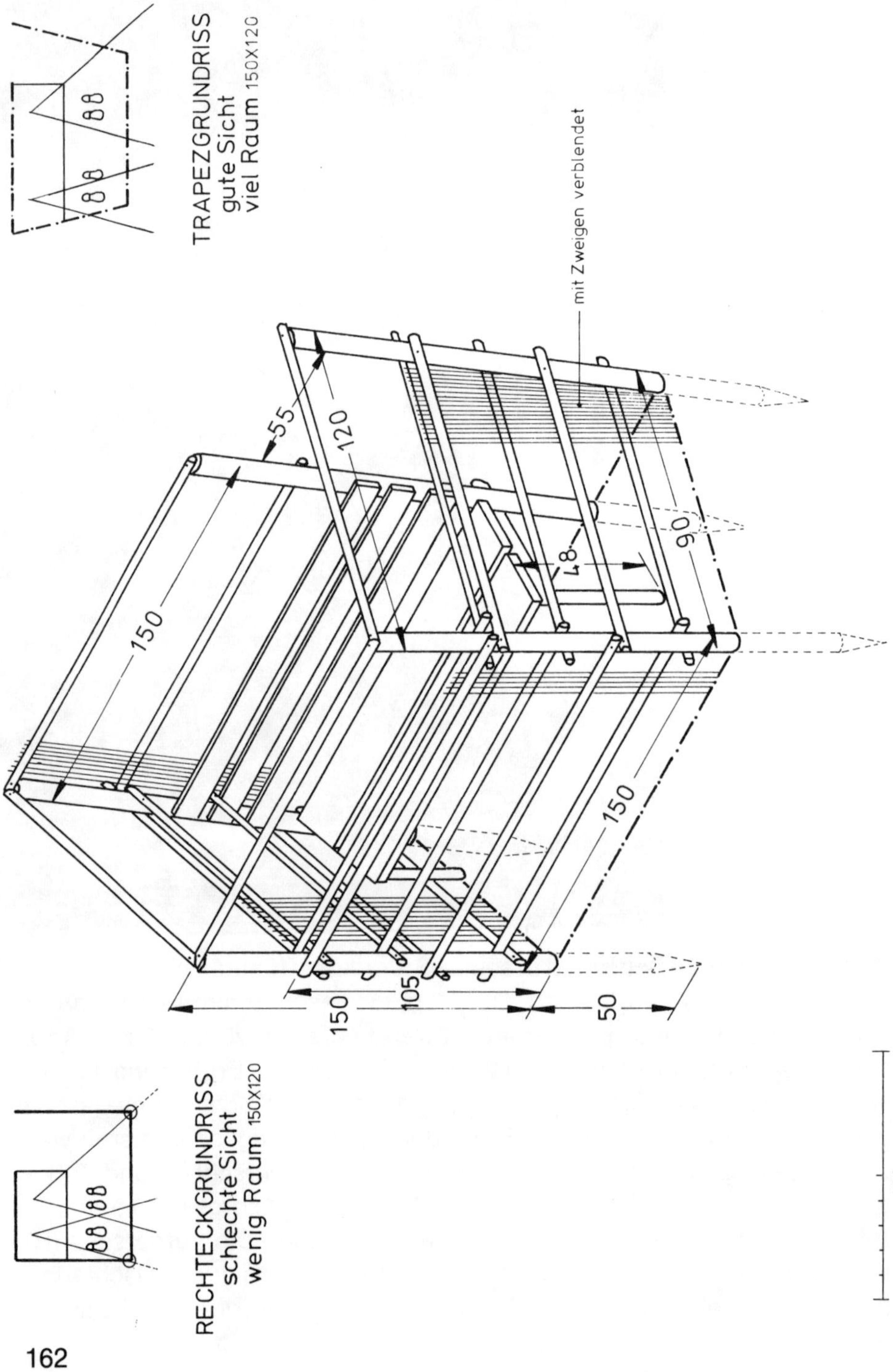

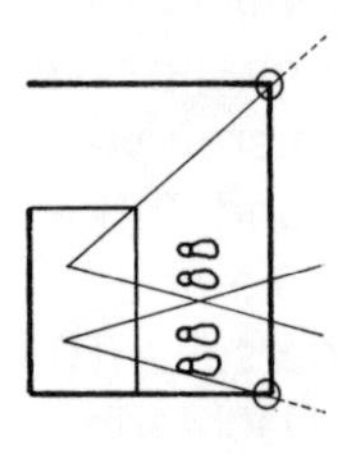

162

werden aus 5 × 5 cm Kantholz angefertigt und mit den Brettern der Rückenlehne sowie der Sitzbank verbunden. Die Sitzbank ist mit Scharnieren und zwei Einhängeketten an die Rückseite montiert. Am Eingang des Schirmes werden an der Rückseite (C) zwei kurze Stützbeine angeschraubt (Abb. 137). Die Schirmteile werden mit kunststoffüberzogenem Maschendraht bespannt und verblendet.

Der Behelfsschirm ist eine sehr einfache aber dennoch brauchbare Ansitzeinrichtung (Abb. 138). Als Baumaterial braucht der Jäger nur drei Nadelholzbaumwipfel und ein starkes Stück Schnur. Die drei Fichtenwipfel werden zu einem Dreibein aufgestellt und mit der Schnur in passender Höhe (Gewehrauflage) zusammengebunden. Der nach vorne reichende Fichtenwipfel wird im Kreuzpunkt abgeschnitten. Mit einer Astschere wird die gebundene Gewehrauflagegabel und der Innenraum des Schirmes freigeschnitten. Mit dem Rücken an einen Baum gelehnt, auf dem Jagdstuhl sitzend, ist dieser Behelfsschirm eine gute Ansitzmöglichkeit für den Jäger (Abb. 139).

Pirschwege

Der Pirschweg ist ein von Fallaub, freigeschnittenen Ästen und Unebenheiten gesäuberter Weg, der Ansitzeinrichtungen verbindet oder vom Waldweg aus zu ihnen führt. Wird ein Pirschwegenetz im ganzen Revier angelegt und zur Jagdausübung benutzt, so sollte die Revierfläche mindestens 2000 ha betragen. Das ständige Begehen des Pirschwegenetzes würde in einem kleinen Revier das Wild sehr beunruhigen. Es ist anzuraten, sich in kleineren Revieren auf kurze Pirschstrecken, z. B. vom Weg zum Hochsitz, zu beschränken. Die Pirschwege sind so breit anzulegen, daß sich Jäger und Hund geräuschlos bewegen können. Der Pirschwegeingang darf vom Weg aus nicht einzusehen sein.
Die Anlage von Pirschwegen richtet sich nach den örtlichen Revierverhältnissen. Zu beachten ist grundsätzlich die Hauptwindrichtung und der Verlauf der Wildwechsel. Der Pirschweg sollte in der Deckung angelegt werden. Besonders geeignet sind Fichtenstangenhölzer mit Saummantel (Schirmäste). Der Verlauf eines solchen Pirschweges ist am günstigsten in die zweite oder dritte Pflanzenreihe des Stangenholzes zu verlegen. Um die Deckung auch auf dem Pirschweg auszunützen, ist es richtig, die Strecke mit seitlichen Abweichungen zu versehen und nicht als gradlinige »Marathonstrecke« auszubauen. Der Pirschweg sollte mit der Astschere freigeschnitten werden. Schlägt man z. B. die Fichtenäste mit der Axt oder der Motorsäge ab, so reißen die Äste am Stamm aus, und das

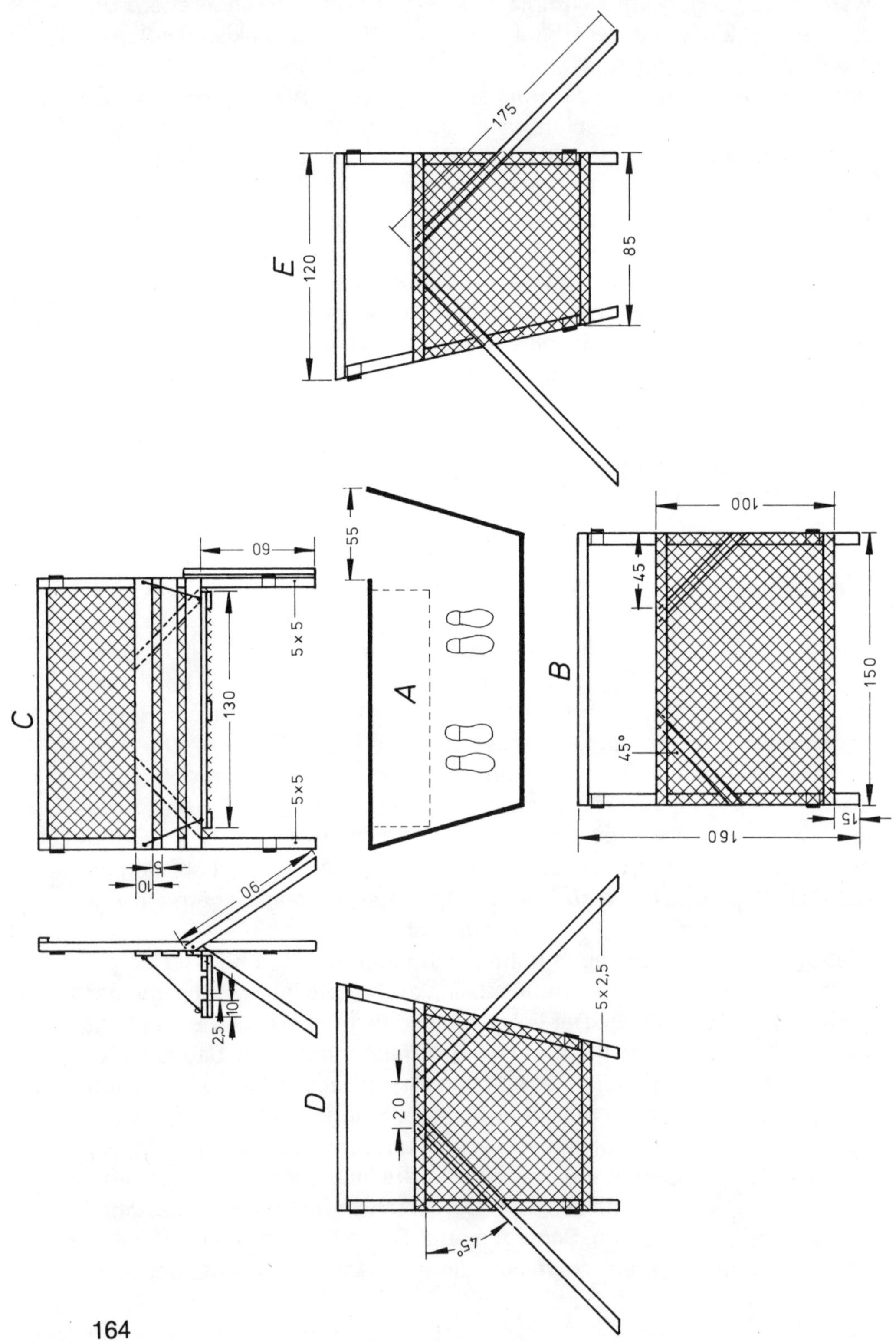
E
120
85
175
A
55
C
60
5 × 5
5 × 5
130
5
10
90
2,5
10
B
100
45
45°
150
160
15
D
20
5 × 2,5
45°

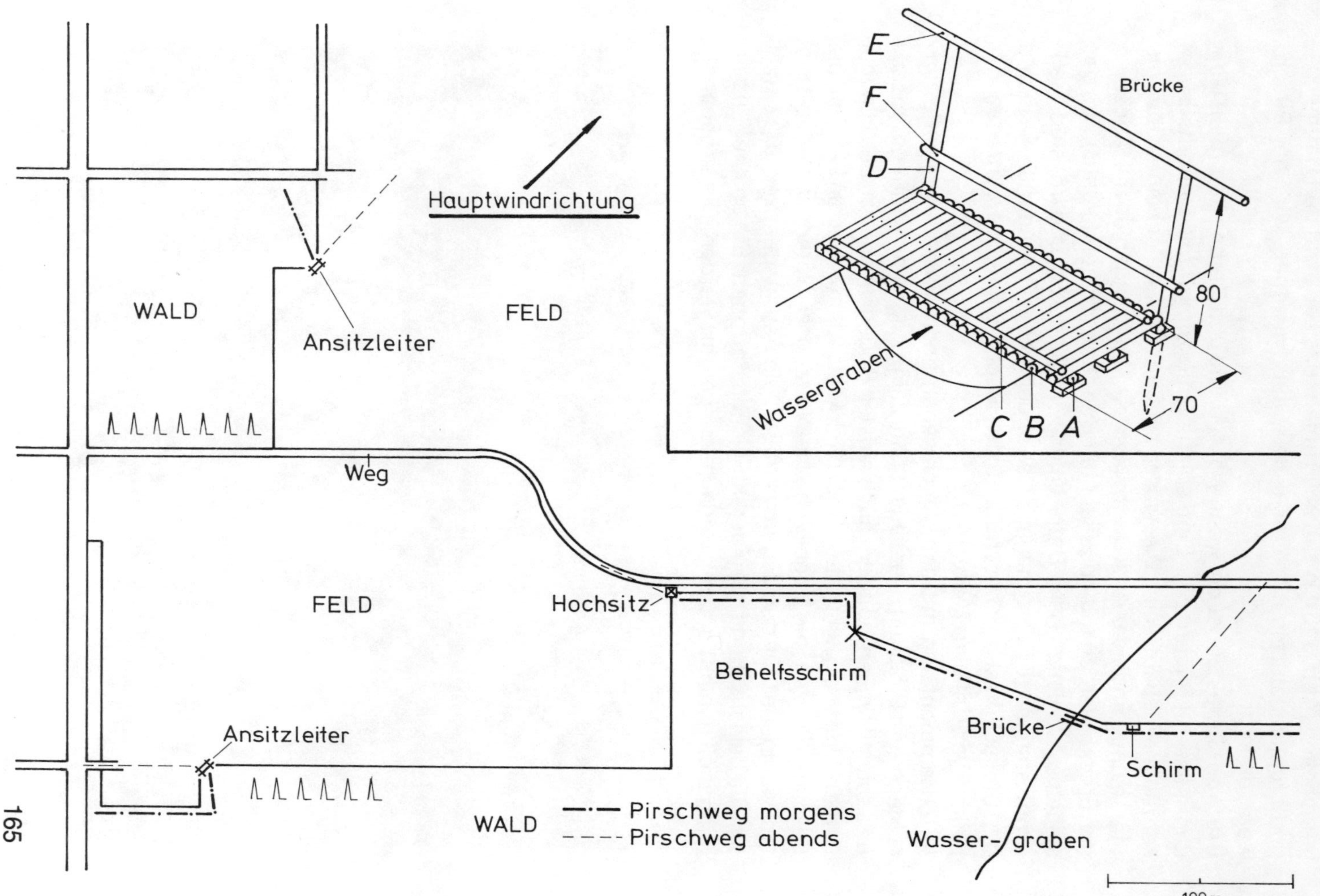
Hauptwindrichtung
WALD
FELD
Ansitzleiter
Weg
FELD
Hochsitz
Behelfsschirm
Ansitzleiter
WALD
Pirschweg morgens
Pirschweg abends
Brücke
Schirm
Wasser-graben
E
F
D
Brücke
Wassergraben
C B A
80
70
100 m

Kambium wird verletzt. Mit dem richtigen Werkzeug, Astschere, Säge, Axt, Spaten und Stahlfächerbesen lassen sich die Pirschwege gut instandhalten (Abb. 140). Wenn im Frühjahr das Laub auf den Bäumen ist und Frühjahrsstürme nicht mehr das Laub verwehen, wird der Pirschweg gereinigt.

Brücken sind einzubauen, wenn Wasserläufe und Gräben überquert werden müssen (Zeichn. 64). Eine solche Brücke muß mit Sicherheitsvorkehrungen gebaut sein. Die Wassergrabenbreite entscheidet über die Stärke und Länge der drei Tragbalken (A). Die Stangen oder Tragbalken der Brücke werden mit angeflachten Rundhölzern benagelt (B). Um das seitliche Ausgleiten beim Betreten der Brücke zu verhindern, sind Gleitschutzstangen (C) aufzunageln. Das angebrachte Geländer (D–E–F) und die Gleitschutzstangen schützen den Jäger beim Überschreiten der Brücke vor Unfällen (Abb. 141).

Im Zusammenhang mit den Pirschwegen noch einige allgemeine Ratschläge zum Pirschen: Der Jäger sollte seine Augen nicht nur geradeaus und seitlich lenken, sondern auch auf den Boden und gegen den Himmel richten. Dieser sogenannte »Kreuzblick« zeigt dem Jäger die Fährten, die beästen Pflanzen, die Vogelwelt, das Wetter usw. Gerade in der zerstörten Natur ist es für den Jäger wichtiger, die Äsungspflanzen zu kennen als alle ballistischen Daten der jagdlichen Patronen. Ein solcher Pirschgang muß geplant und mit Bedacht ausgeführt werden. Die sogenannte

Abb. 140   Werkzeug für die Instandhaltung der Pirschwege

Abb. 141   Pirschweg-Brücke über einen Wassergraben

Stehpirsch ist der Laufpirsch vorzuziehen. Ein natürlicher Vergleich dazu: Die Stehpirsch ist dem Jagen des Luchses gleichzustellen: anschleichen, verharren, abschätzen der Jagdchance und Beute machen. Die Jagdausübung wie sie der Wolf betreibt, laufen, hetzen und in der Gemeinschaft Beute reißen, hat nichts mit dem Pirschgang des Jägers gemein. Diese Laufjagd des Wolfes wäre mit der Drück- und Treibjagd des Jägers vergleichbar.

Jagdschutzholzstapel

Der Jagdschutzholzstapel ist eine Ansitzeinrichtung, die aus dem Osten stammt und ausschließlich zur Bekämpfung der Jagdwilderei im Revier aufgebaut wird (Abb. 142 und 143). Dieser Holzstapel hat einen Innenraum. In diesem Raum kann der Jäger ansitzen und beobachten (Abb. 144). Die Tarnung mit dem Jagdschutzholzstapel ist so verblüffend, daß niemand den Jäger im Innenraum vermutet. Der Holzstapel wird an Waldwegekreuzungen und Jagenschneisen gestellt. Ratsam wäre es, neben dem aufgestellten Holzstapel ein paar Rundholzstangenabfälle zu legen und Motorsägespäne auf einem Haufen auszuschütten. In der Nacht wird der transportable Holzstapel im Revier aufgestellt.

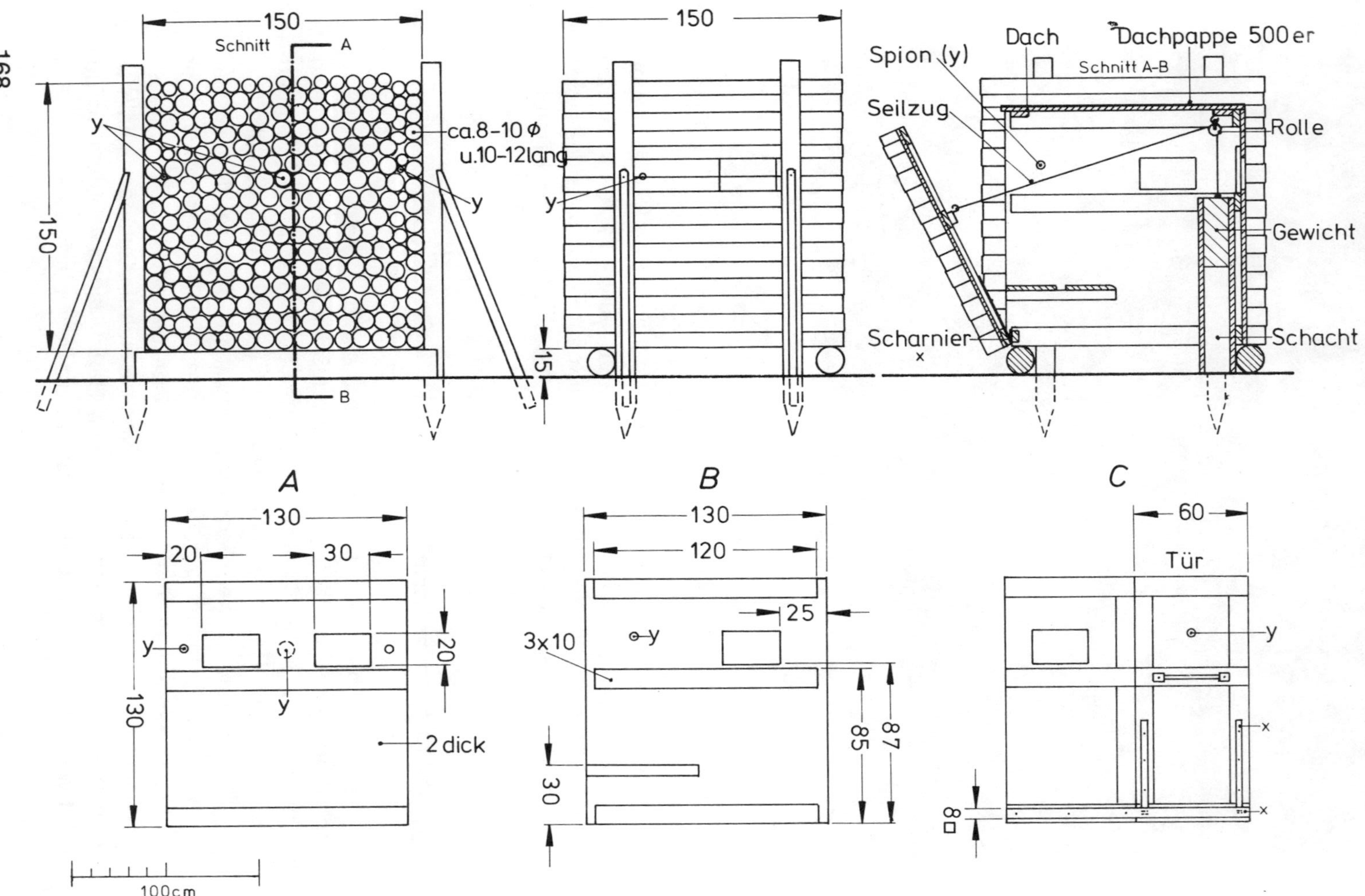
168
Schnitt
A
B
150
150
y
ca.8-10 Ø u.10-12 lang
y
15
150
y
Dach
Dachpappe 500er
Spion (y)
Schnitt A-B
Seilzug
Rolle
Gewicht
Scharnier x
Schacht
A
130
20
30
y
y
130
20
2 dick
100cm
B
130
120
25
3x10
y
87
85
30
C
60
Tür
y
x
x
8□

Abb. 142
Jagdschutzholzsta-
pel mit geöffnetem
Spion

Abb. 143
Jagdschutzholzsta-
pel mit geöffneten
Fenstern

Abb. 144
Eingang in den Jagd-
schutzholzstapel

Abb. 145 Innenraum des Jagdschutzholzstapels, auf dem Sitzbrett
Spion- und Fensterverschluß-
klotz

Abb. 146 Eingang des Jagdschutzholzstapels, mit Seilzug

Die Geheimhaltung dieses Holzstapels ist die Voraussetzung für ein
Gelingen dieser Jagdschutzmaßnahme. Wichtige Beobachtungen für den
Jagdschutz, aber auch Freude und Spaß bietet der Ansitz im Holzstapel
dem Jäger. Der Jagdschutzholzstapel kann auch als Beobachtungsstand
an der Rotwild-Schwarzwild-Fütterung verwendet werden (Zeichn. 8).
Dieser muß zerlegbar und schnell zu montieren sein. Die Innenwände
sind mit starken Torscharnieren verbunden und können somit schnell
eingehangen werden.
Das Vorderwandteil (A), die zwei Seitenwandteile (B), die Rückseite mit
der Tür (C) und das Dach werden aus 19 mm starken wasserfesten
Spanplatten zugeschnitten und mit den Verstärkerleisten vernagelt
(Zeichn. 65). Dieser Kasten wird mit schwarzer Farbe außen gestrichen.
Die Beobachtungsfenster werden eingeschnitten. Die Seitenteile (B) wer-
den mit Rundholzstangen benagelt (Nägel von innen nach außen). Die
Vorderseite (A) und die Rückseite (C) werden mit verschieden langen
Rundholzklötzen verkleidet. Dieses nicht einfache Aufnageln der Klötze
kann folgendermaßen durchgeführt werden:

170

Eine Person hält einen der zugeschnittenen Klötze von außen an, setzt den Klotz wieder ab, bohrt nun an der vorgemerkten Stelle ein nagelstarkes Loch in die Wand, der Klotz wird erneut gegen die Wand gehalten und die zweite Person schlägt den Nagel vom Innenraum aus in den Holzklotz. Die Fensteröffnungen werden ebenso mit diesen Rundholzklötzen benagelt (Abb. 145). An der Vorderseite wird ein Klotz zum Herausnehmen als Spion (y) eingesetzt. Die Tür wird mit Scharnieren (x) und einem Seilzug (Abb. 142, Zeichn. 65 Schnitt A–B) verschlossen. Die Fensteröffnungen werden nur bei der Verwendung als Beobachtungsstand herausgenommen. Unter die zwei lose auf dem Dach aufgelegten Rundholzschichten wird Dachpappe gelegt. Die seitlich angebrachten Stützhölzer und die Holznummer sind nur eine Dekoration des Jagdschutzholzstapels.

Fallen

Grundsätzliches zur Fallenjagd

Der Aufgabenbereich des Jägers in der belebten Landschaft mit ihren freilebenden Tieren, kann und darf nur ein regulatorischer sein. Die Aufgabe freilebende Tiere zu bejagen, ihren Bestand zu regulieren, wird begrenzt durch die geschriebenen Gesetze und durch die Gesetze der Natur. Fehlen die natürlichen Regulatoren bei verschiedenen Tierarten, so muß der Jäger die biologische Waage wieder ins Gleichgewicht bringen.

Abb. 147 Biologische Waage (links Vergangenheit – rechts Gegenwart)

Den Grundsatz »Biologisches Denken soll unser jagdliches Handeln lenken« sollte der Jäger auch bei der Fallenjagd beachten. Darum sollten uns die imponierenden Leistungen des menschlichen Geistes stets und immer wieder zu einer kritischen Überprüfung des Erreichten aufrufen. Die Patenteinteilung der Lebewesen in »Schädlinge« und »Nützlinge« muß einer eingehenden Prüfung unterzogen werden. Die Begriffe »Raubwildbejagung« und »Raubzeugbekämpfung« müssen deshalb nicht aus dem Sprachgebrauch des Jägers verdrängt werden, nur die innere Einstellung sollte revidiert werden. Die Bezeichnung »Greifvogel« statt »Raubvogel« hat sich durchgesetzt. Soll auch die Bezeichnung »Raubwild« in »Beutegreifer« geändert werden? Die Rabenkrähe und die Elster zählen zu den Trabanten des Menschen wie die Hauskatze; müssen deswegen die Rabenvögel »bekämpft« und nicht »bejagt« werden? Würde der Jäger die Rabenvögel zu stark bekämpfen, d. h. die Population eindämmen, so wären die Eulen mitbedroht. Die Eulen, z. B. die Waldohreule, sind auf die verlassenen Krähennester als Horstunterlage angewiesen. Waidgerecht jagen heißt anständig jagen, und dies trifft insbesondere auch für die Fallenjagd zu. Ist bei der Fallenjagd die fachliche Voraussetzung des Jägers gegeben, so ist diese Jagdausübung human.
Die für die Jagd notwendigen Fallen werden in Lebend-Fallen und Totschlag-Fallen eingeteilt.

Die Kastenfalle ist eine Lebendfang-Falle, somit kann sie das ganze Jahr über fängisch gestellt werden (Abb. 148). In der Kastenfalle fängt sich das Wild vom Wiesel bis zur Katze. Diese Falle wird nicht beködert. Sie muß täglich kontrolliert werden (am besten morgens und abends). Um dieser

Abb. 148 Kastenfalle

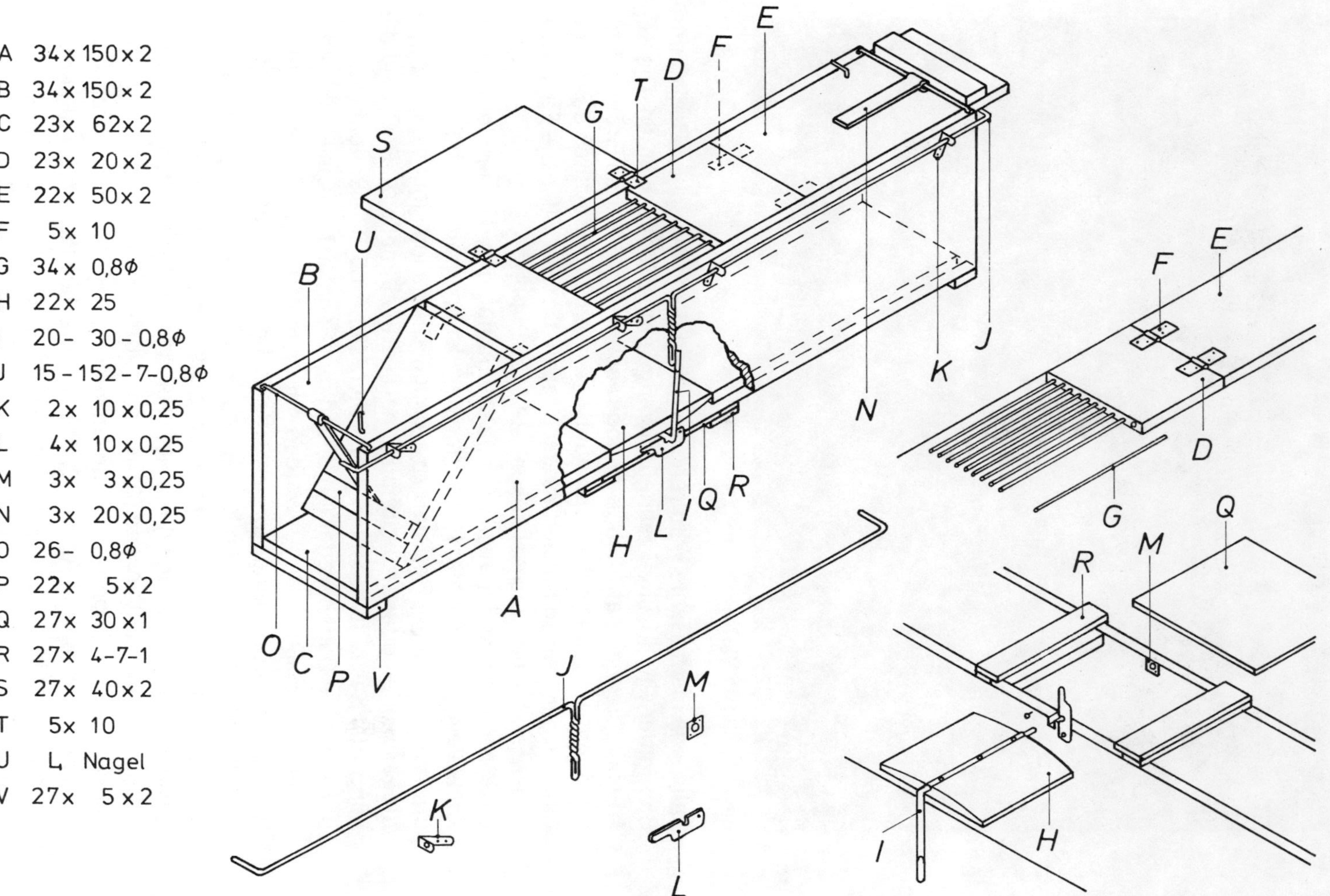

A 34 x 150 x 2
B 34 x 150 x 2
C 23 x 62 x 2
D 23 x 20 x 2
E 22 x 50 x 2
F 5 x 10
G 34 x 0,8 Ø
H 22 x 25
I 20 - 30 - 0,8 Ø
J 15 - 152 - 7 - 0,8 Ø
K 2 x 10 x 0,25
L 4 x 10 x 0,25
M 3 x 3 x 0,25
N 3 x 20 x 0,25
O 26 - 0,8 Ø
P 22 x 5 x 2
Q 27 x 30 x 1
R 27 x 4-7-1
S 27 x 40 x 2
T 5 x 10
U L Nagel
V 27 x 5 x 2

Abb. 149 Kastenfalle im Revier mit Zwangswechsel

Falle eine interessante Witterung zu geben, kann zwischen Deckel und Sichtgitter eine frische Fasanenschwinge eingeklemmt werden. Die Kastenfalle steht an natürlichen Zwangswechseln, trockenen Gräben, Kulturzäunen usw. Das gefangene Wild wird nach Prüfung durch das Sichtgitter in der Falle mit dem K.K. erschossen. Der Einlauf in die Falle wird zu einem Zwangswechsel ausgebaut (Abb. 149).

Die Kastenfalle ist durch ihre Größe sehr auffällig und in der Herstellung kostspielig. Um Diebstahl zu vermeiden, ist anzuraten, mit dieser Falle nur noch in ruhigen Revieren zu arbeiten. Die Falle eignet sich sehr gut für Fasanerien oder an Jagdhäusern. Die Einlaufmaße (A–B–C) und die Länge der Kastenfalle sollten groß sein (Zeichn. 66). Die Seitenbretter (A u. B) und die Bodenbretter (C) bilden den Fangkasten. Die Deckbretter (D) und die Fallklappen (E) werden mit innenliegenden Scharnieren (F) verbunden. Die in D eingesetzten Gitterstäbe (G) ermöglichen ein gefahrloses Nachfahren mit dem K.K.-Lauf zum Töten des Wildes. Die Bodenwippe (H) mit dem Stelldorn (I) wird passend in das Bodenbrett (C) gesetzt. Das Halteeisen (J) mit dem Haltedorn wird mit den Gelenkblechen (K) an der Außenwand (A) verschraubt. Der Lagerhebel (L) und die Lagerscheibe (M) sorgen für eine einwandfreie Funktion der Wippe. Das Halteeisen (N) mit der Achse (O) arretiert die Fallklappen (E) hinter den Anschlagleisten (P). Der Deckschieber (Q) mit den Sicherheitsleisten (R) schützt die Bodenwippe vor Schmutz. Die Deckklappe (S) mit Scharnier

174

(T) schließt die Falle zu einem unbedingt notwendigen Dunkelraum ab.
Ein müheloses Stellen der Falle wird durch die Sicherungsnägel (U)
erreicht. Um ein frühzeitiges Verrotten des Bodenbrettes zu vermeiden,
werden Auflagehölzer (V) auf den Boden der Falle geschraubt.
Die Kastenfalle wird folgendermaßen fängisch gestellt: Anheben der
Halteeisen (N) und Fallklappen (E), Nagelsicherung (U) feststellen, Halteeisen (J) hinter den Stelldorn (I) stellen, die Nagelsicherung umlegen und
die Halteeisen (N) kontrollieren. Als Material werden 2 cm starke gehobelte Bretter verwendet. Drahtgeflechtfallen sind eine Qual für das Tier!

Die Wieselwippbrettfalle ist für das Feldrevier die ideale Falle zur Bejagung der großen Wiesel. Obwohl das Wiesel ein ausgesprochenes Tag-
tier ist, bekommt man es nur selten zu Gesicht. In keinem Niederwildrevier sollten die Wieselfallen fehlen. Das Wiesel ist ein sehr leicht zu
fangendes Wild. Der Fallenjäger kann sich mit dem Wieselfang die ersten
Sporen verdienen. Das Wippbrett der Falle muß ausgewogen sein, es darf
nicht mit einem Gewicht gegen den Mäusefang blockiert werden.
Mit der ausgewogenen Wippbrettfalle, die auch Mäuse fängt, kann der
Jäger wenig biologische Fehler machen. In einem Mäusejahr (Mäuseka-
lamität) fängt die Wieselwippbrettfalle vorwiegend Mäuse und ist dadurch für den Wieselfang blockiert. Ist in einem Jahr ein Überhang an
Wieseln vorhanden, so fängt diese Falle den Zuwachs an Wieseln im
Revier ab. Mauswiesel werden, wenn sie noch am Leben sind, bei der
täglichen Kontrolle am Tage wieder freigelassen. Gefangene und noch
lebende Großwiesel werden aus der Falle in einen Fangsack geschüttelt
und mit einem kräftigen Schlag getötet.
Die Funktion der Wieselwippbrettfalle ist denkbar einfach. In den Fangkasten wird ein Wippbrett eingebaut (Abb. 150). Läuft das Wiesel in die
Falle über das Wippbrett, so kippt die Wippe um, der Haltebügel stellt
sich hoch und das Wiesel ist gefangen (Abb. 151). Der Verschluß der
Rückseite kann mit einem Lochblechschieber (Abb. 152) oder Glasschie-
ber (Abb. 152 = geschlossen, Abb. 153 = geöffnet) erfolgen. Der Glas-
schieber hat den Vorteil, daß das gefangene Wild besser in der Falle
betrachtet werden kann. Wird ein Lochblechschieber verwendet, so ist
darauf zu achten, daß die Luftzuglöcher nur bis zur Hälfte eingebohrt
werden (Abb. 152). Die nur zur Hälfte des Schiebers eingebohrten Löcher
vermeiden ein Einschwemmen von Erde in die Falle (Zeichn. 67). Bei
jedem der genannten Verschlußarten ist darauf zu achten, daß die Luft
durch die Falle zirkuliert.
Aus Abfallspanplatten 19 mm stark (wasserfest), wie sie z. B. bei Herstellung der Rehwildfütterung anfallen, wird die Wieselfalle gebaut. Das
Bodenbrett (A), das Deckbrett (B) und die schrägen Seitenbretter (C1–C2)

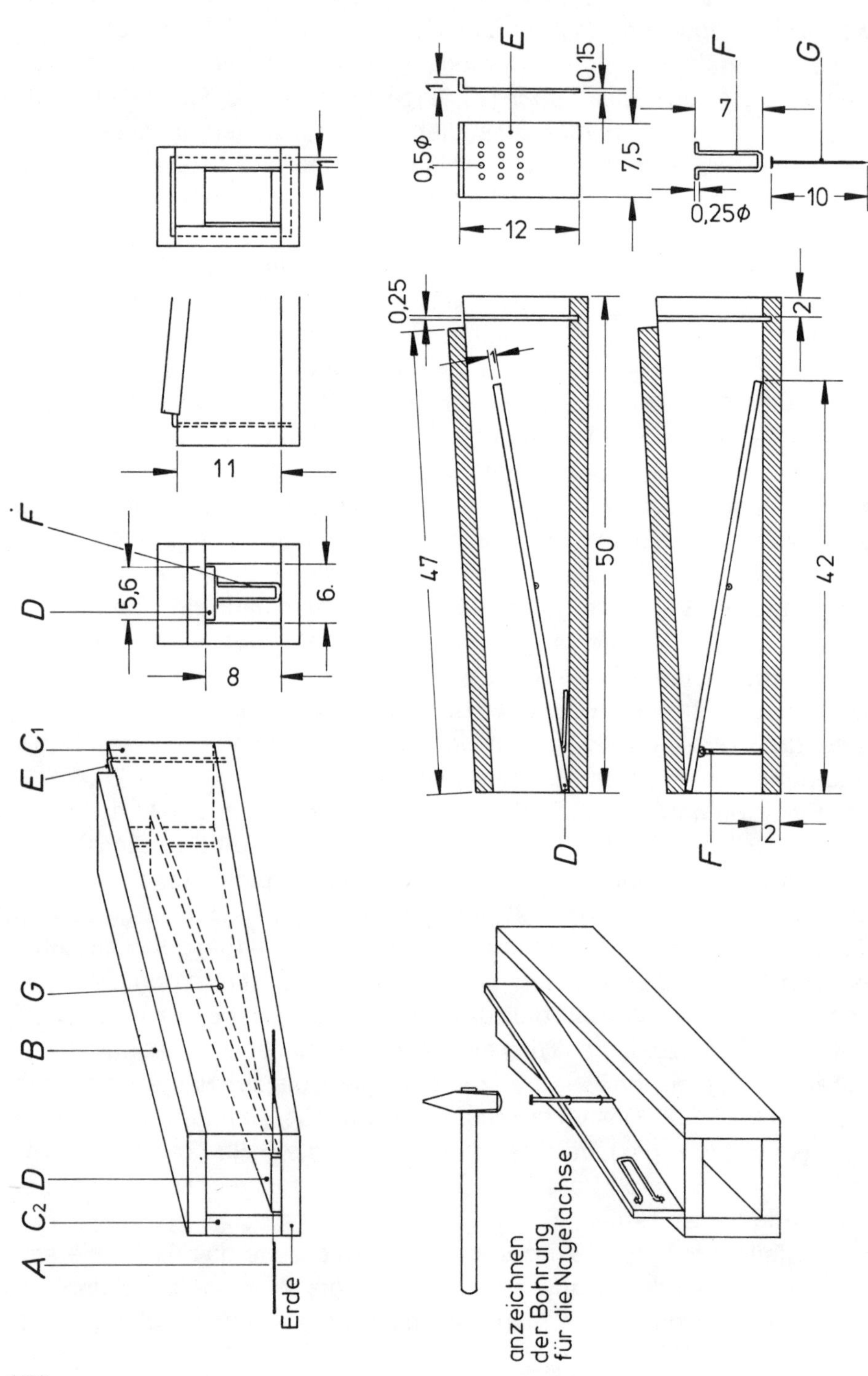

E
0,15
F
G
1
0,5∅
7,5
7
0,25∅
10
12
11
0,25
2
D F
5,6
6.
50
47
42
8
D
F
2
E C₁
B G
B
C₂ D
A
Erde
anzeichnen
der Bohrung
für die Nagelachse

Abb. 150
Wieselwippbrettfalle
fängisch (Modell)

Abb. 151
Wieselwippbrettfalle
zugeklappt, gefan-
gen (Modell)

werden zugeschnitten. In die Bretter (A–C1–C2) werden die Schieberschlitze eingesägt und der Fallenkasten zusammengenagelt. Das 1 cm
starke Wippbrett (D) muß mit Spiel eingepaßt werden. Der Schieber (E)
(Loch oder Glas) wird in die Schieberschlitze eingeführt. An dem Wippbrett (D) wird der Haltebügel (F) mit zwei kleinen Drahtkrampen befestigt.
An der Außenseite werden die Bohrlöcher für die Nagelachse (G) ange-
zeichnet, gebohrt und das Wippbrett in die Falle eingebaut.
Besonders gut geeignete Fangplätze (Zeichn. 68) sind:
1. Durchlaßrohre unter Feldwegen (Abb. 155)
2. Im·Revier vorhandene Steinhaufen (die Fangröhre ermöglicht eine
   problemlose Kontrolle).

Abb. 152 Wieselwippbrettfalle mit Lochblechschieber

Abb. 153 Wieselwippbrettfalle mit Glasverschluß und Lüftungsblech

Abb. 154 Glasverschluß und Lüftungsblech zum Öffnen entfernt

Abb. 155 Wieselwippbrettfalle im Durchlaß

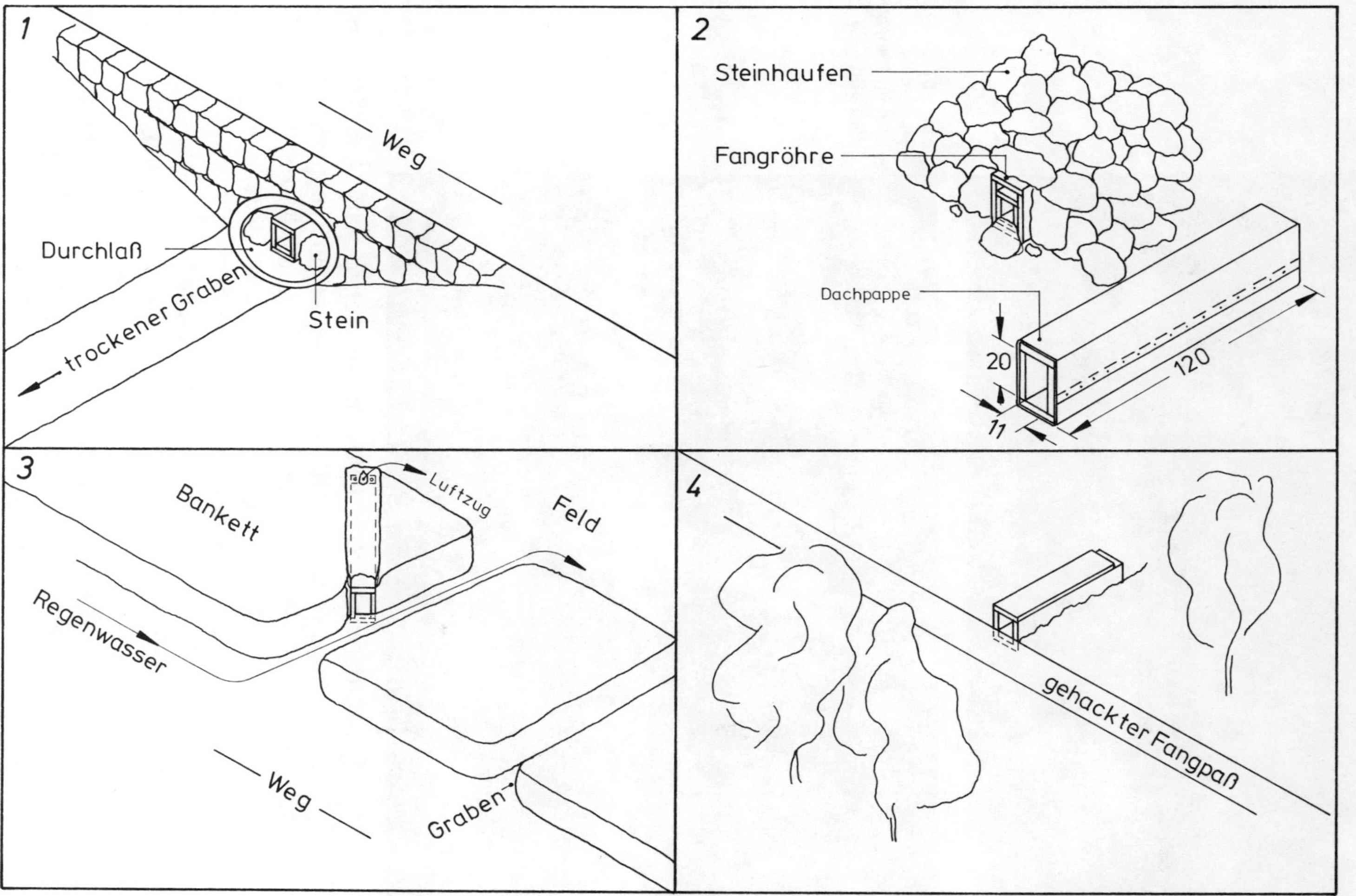
1
Weg
Durchlaß
trockener Graben
Stein
2
Steinhaufen
Fangröhre
Dachpappe
20
120
11
3
Bankett
Luftzug
Feld
Regenwasser
Weg
Graben
4
gehackter Fangpaß

Abb. 156
Bankettfang mit der
Wieselfalle am
Feldweg

Abb. 157
Wieselfalle, einge-
baut im Bankett von
Weg und Feld

3. Der Bankettfang zwischen Feldweg und Ackerfläche (Abb. 156) und
   157). Vom Weg in das Bankett wird zum Acker ein Stichgraben ausgehoben, der das Ableiten einer Wasserpfütze vortäuscht. Seitlich in
   einen der angelegten Abflußgräben wird die Wieselfalle eingelassen
   und mit Grassoden verblendet.
4. In die vorhandenen Feldraine wird ein spatenbreiter Fangpaß gehackt
   (glatter Gang – glatter Fang) und die Falle quer zum Fangpaß aufgestellt.

Für ein Feldrevier von 250 ha sind ca. 12 Wieselfallen erforderlich. Die
Fangzeit erstreckt sich auf die Monate August–Februar. Die Feldrevierflä-
che soll in mehrere Planquadrate auf der Jagdbetriebskarte eingeteilt

180

werden. In der Fangzeit werden die Wieselfallen z. B. im Planquadrat
A aufgestellt, nach ca. vier Wochen werden die Fallen, die schlecht
gefangen haben, nach B versetzt. Diese Methode erleichtert die Fallenkontrolle mit dem Auto (Autotrapper) und gibt sehr gute Auskunft über die
besten Fangplätze. Die erfolgreichsten Fangplätze können im Winter für
den Hermelinfang vorgemerkt werden.

Die Hundefalle kommt in den Schalenwildrevieren zur Anwendung.
Diese Falle steht abrufbereit am Jagdhaus. Werden im Revier laut oder
stumm jagende wildernde Hunde festgestellt, wird die Falle aufgestellt
(Abb. 158 und 159). In die dem Dorf am nächsten gelegene Anjag-Dik-
kung wird die Hundefalle wenige Meter neben dem Schalenwildwechsel

Abb. 158
Hundefalle

Abb. 159
Stellung der Hunde-
falle

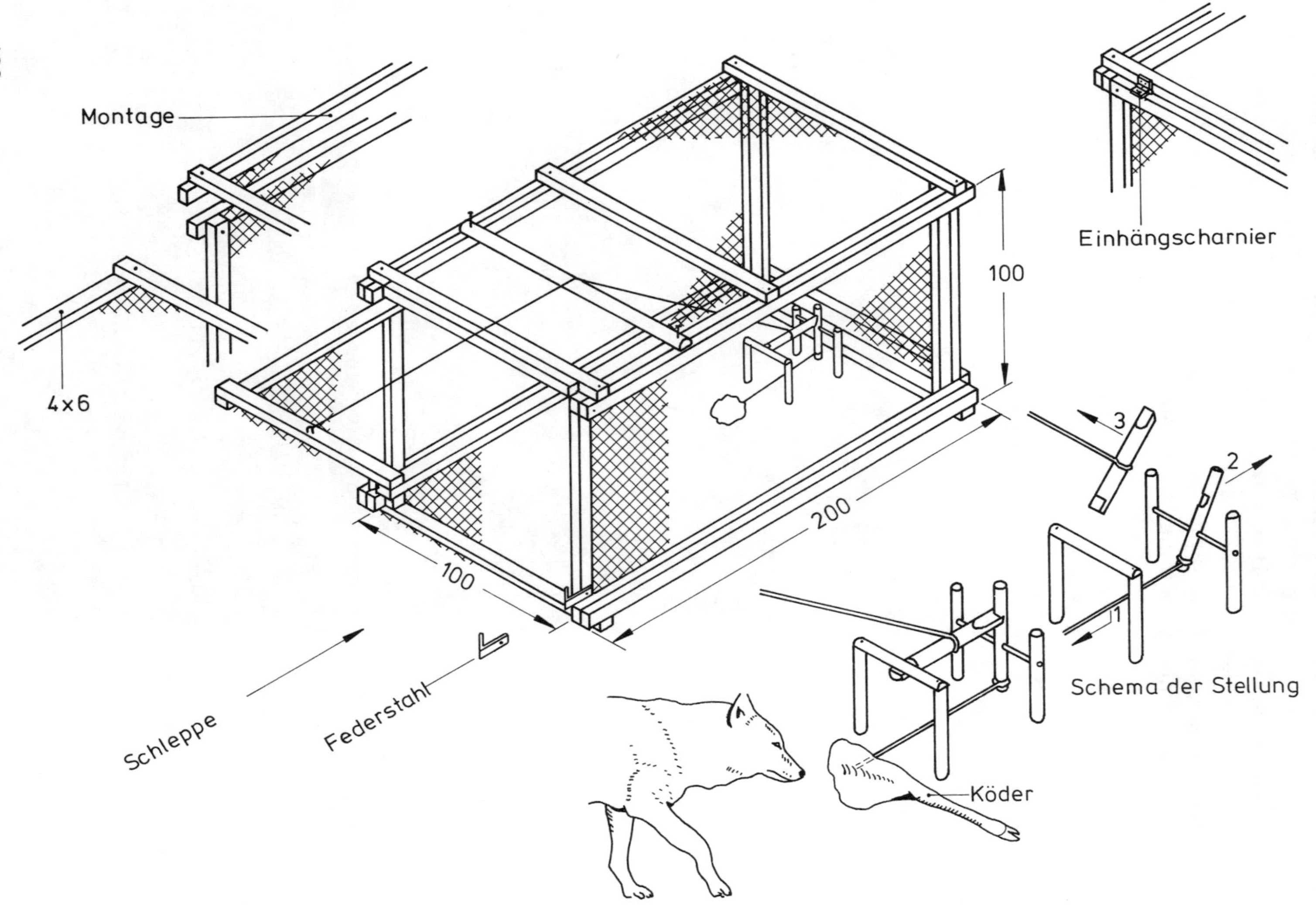

Montage
4x6
Einhängscharnier
100
200
100
3
2
1
Schema der Stellung
Schleppe
Federstahl
Köder

aufgestellt. Eine Schleppe führt den wildernden Hund zur Falle (gerissenes Wild – Schleppenwild). Läuft der wildernde Hund in die Falle und zieht an dem Köder, der mit der Stellung verbunden ist, so fällt die Falltür zu. Durch den Schwung drückt die Klappe die Federstahlhaken auseinander und rastet ein (Zeichn. 69).

Beim Bau der Falle ist darauf zu achten, daß die Falltür nicht von innen nach außen schlägt, sie würde dem Hund auf den Rücken schlagen und ein Fehlfang wäre nicht auszuschließen. Die sechs Rahmenflächen (4 × 6 cm Kreuzrahmen) werden mit starkem Maschendraht oder engmaschigem Baustahlgewebe bespannt. Die Wandteile werden im Steckverfahren montiert und mit Flügelschrauben verschraubt. Diese Montage erlaubt ein schnelles Aufbauen im Revier. Die Stellung ist sehr einfach: Zieht der Hund am Köder (1), wird das Stellholz (2) bewegt und das Halteholz (3) mit dem Seil gibt die Falltür frei.

Die Kontrolle der Hundefalle muß vor Tageslicht geschehen. Die Drahtfalle ist eine Sichtfalle, d. h. der gefangene Hund befindet sich nicht im Dunkeln und ist somit sehr unruhig.

Die Eichelhäherfalle (Landesjagdgesetze beachten!)

Die Falle sollte in keinem Waldrevier, insbesondere nicht an der Schwarzwildfütterung fehlen. An den Schalenwildfütterungen, in lichten Altholzbeständen, am Wildacker usw. können die Eichelhäherfallen aufgestellt werden. In Schwarzwildrevieren ist anzuraten, die Fangkisten auf Pfähle zu stellen, damit sie nicht von den Sauen beschädigt werden (Abb. 160). In dieser Falle kann nur jeweils ein Eichelhäher gefangen werden. Die Fangerfolge sind somit abhängig von der Zahl der aufgestellten Fallen (in sechs Fallen wurden 136 Eichelhäher in der Zeit von Juli–März gefangen). Ist der Erdboden lehmig, kann auf den Fangkasten verzichtet werden. In diesem Fall wird mit dem Spaten ein Fangloch in die Erde gestochen und der Fangdeckel mit dem Rahmen aufgelegt (Abb. 161). Es genügt, wenn die Eichelhäherfalle auf den Boden gestellt wird (Abb. 162).

Die Fangkiste und der Deckel werden aus 2,5 cm starken Schalbrettern angefertigt (Zeichn. 70). Der Abstand der Leisten des Deckels muß so weit sein, daß eventuell gefangene Kleinvögel entweichen können. Das Tretholz wird durch einen an der Innenseite der Falle befestigten Bindfaden, durch den Druck des Deckels und dem Stellholz in der Schwebe gehalten.

Die Falle wird mit Körnermais beködert. Durch das Aufspringen des Eichelhähers wird das nur leicht auf die Kante (Kerbe) der Kiste aufgelegte Tretholz heruntergezogen, das Stellholz wird nach innen gezogen und der Deckel fällt zu. Der gefangene Eichelhäher wird mit der Hand aus der Kiste entnommen und mit einem kräftigen Schlag auf den Kopf getötet.

Abb. 160
Eichelhäherfalle auf
Pfählen

Abb. 161
Eichelhäherrahmen-
falle

Abb. 162
Eichelhäherfalle auf
dem Boden

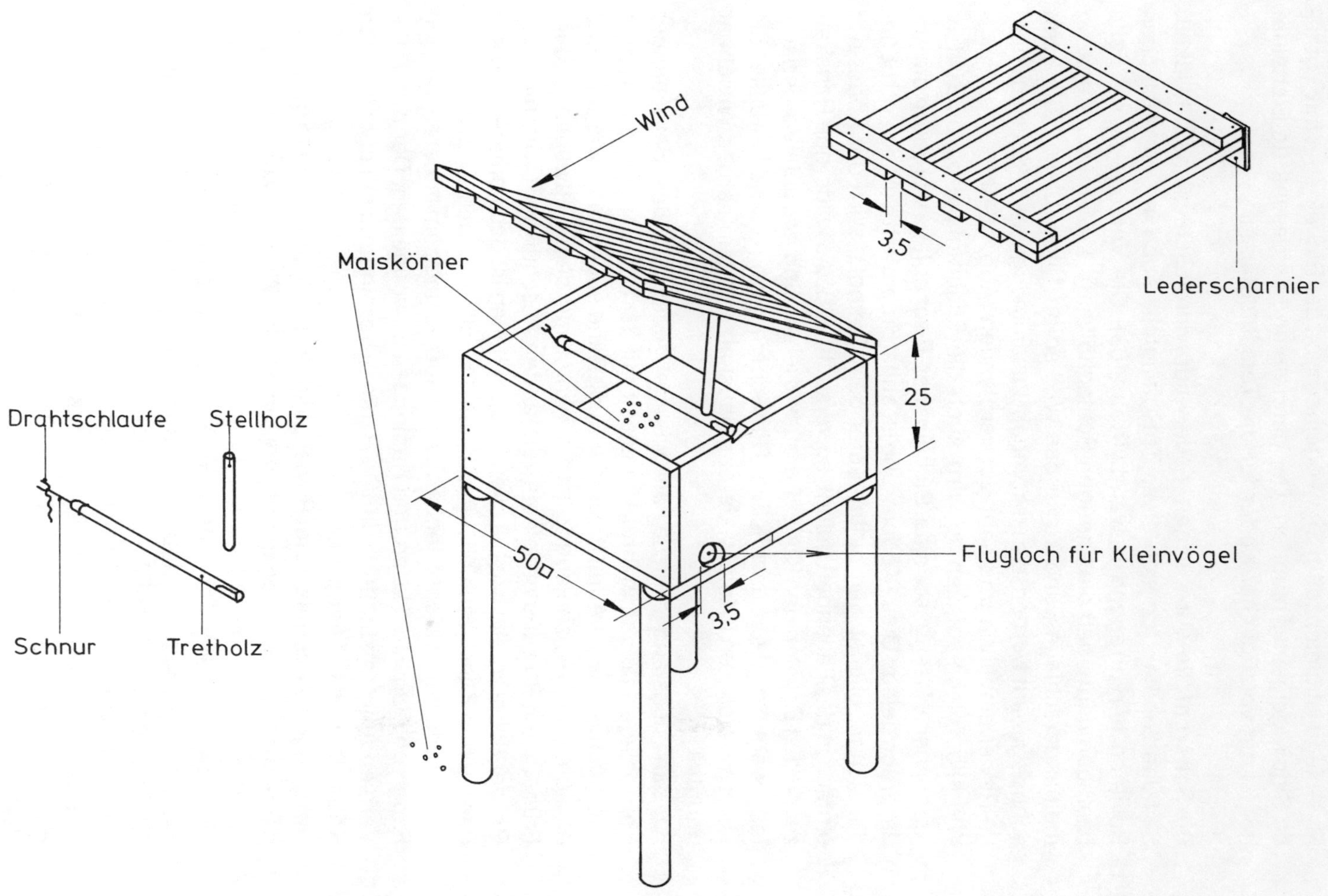

Wind
Lederscharnier
3,5
Maiskörner
Drahtschlaufe
Stellholz
25
Schnur
Tretholz
50□
Flugloch für Kleinvögel
3,5

Der Eichelhäherfang soll mittags und abends kontrolliert werden. Die Fallenjagd ist gleichzeitig Singvogelhege, da der Eichelhäher mit Vorliebe Singvogelnester plündert. Der getötete und aufgeschärfte Eichelhäher ist ein vorzüglicher Köder für die Totschlagfallen.

Die Scherenfalle wurde in den Niederwildrevieren Schlesiens entwickelt. Seit Jahrzehnten hat sich diese Totschlagfalle auch in den westlichen Revieren hervorragend bewährt. (Abb. 163). Die Vorzüge dieser Falle bestehen darin, daß die kantigen Schlaghölzer (4 × 6 cm) scherenartig ineinanderschlagen und somit das Wild sofort töten. Diese Falle kann schnell gebaut werden, sie ist kompakt zusammengesetzt, läßt sich leicht im Revier einbauen und sehr gut verblenden (Abb. 164).
Wie alle Totschlagfallen so wird auch die Scherenfalle beködert d. h. Kaninchen-Hasengescheide, Eichelhäher, Fischabfälle werden in die Ködergrube gelegt. Diese Ködergrube ist außerordentlich wichtig und befindet sich möglichst weit hinten unter dem Tretholz. Wird der Köder nur einfach in das Fallenbett gelegt, so versucht z. B. die wildernde Hauskatze mit den Branten den Köder herauszuziehen, und der üble Vorderlauffang wäre nicht auszuschließen. Die Scherenfalle ist eine Feldfalle. Sie fängt mit sicheren Erfolg wildernde Hauskatzen, Steinmarder, Waschbär und Iltis.
Für den Fuchsfang ist diese Falle weniger geeignet. Selbst Berufsfänger (Berufsjäger) fangen in ihrer Dienstzeit mit der Scherenfalle nur wenige Jungfüchse, die im August von der Fuchsfähe abgedrängt werden. Eine erfolgreiche Fuchsbejagung ist im Winter mit dem Schwanenhals, im Frühjahr am Bau und mit einem verstärkten Abschuß im Revier möglich. Bei der Scherenfalle wie bei allen Knüppelfallen ist das richtige Verblenden wichtig. Dies geschieht einmal, um die Fallen vor dem Zugriff und der Zerstörung durch Menschenhand zu schützen und zum anderen, um den Fang von Flugwild, Hasen und Kaninchen zu vermeiden. Der durch die Verblendung entstandene dunkle Raum in Verbindung mit dem frischen Köder lockt das Fangwild an.
Um geeignete Fangplätze im Revier ausfindig zu machen, sollte der Jäger beim Ansitz keine Gelegenheit versäumen, das Wild zu beobachten. Der Jäger kann aus diesen Beobachtungen die Fangplätze mit geübtem »Raubwildblick« bestimmen, z. B. kleine Feldgehölze, Heckenstreifen, Wasserläufe, Raine, Steinbrüche und Dickungen mit spitzen Waldecken sind geeignete Fangplätze.
Die Scherenfalle soll nicht zu groß gebaut werden (gefährlich für Kinder). Aus dem Material 4×6 cm Kantholz (Kreuzrahmen) werden im Arbeitsgang (1) die Bodenhölzer (A), die Schlaghölzer (B), die Galgenhölzer (C–D) und die Verbindungshölzer (E–H–I) zugeschnitten (Zeichn. 71). Das

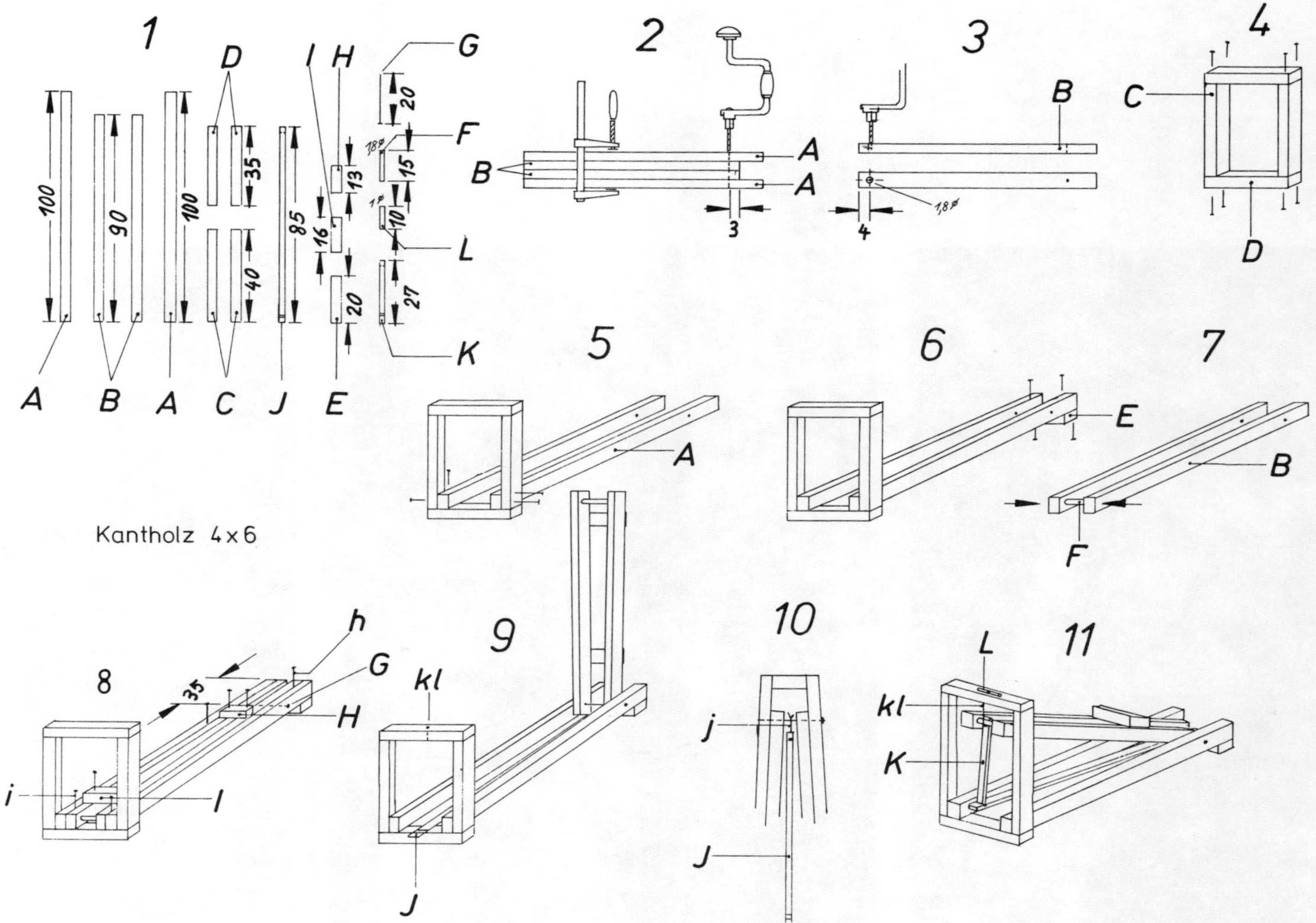
Kantholz 4×6

Abb. 163
Scherenfalle

Abb. 164
Scherenfalle im Fallenbett eingebaut, noch nicht verblendet

Abb. 165
Metallstellung an der Scherenfalle nach A. Herfen

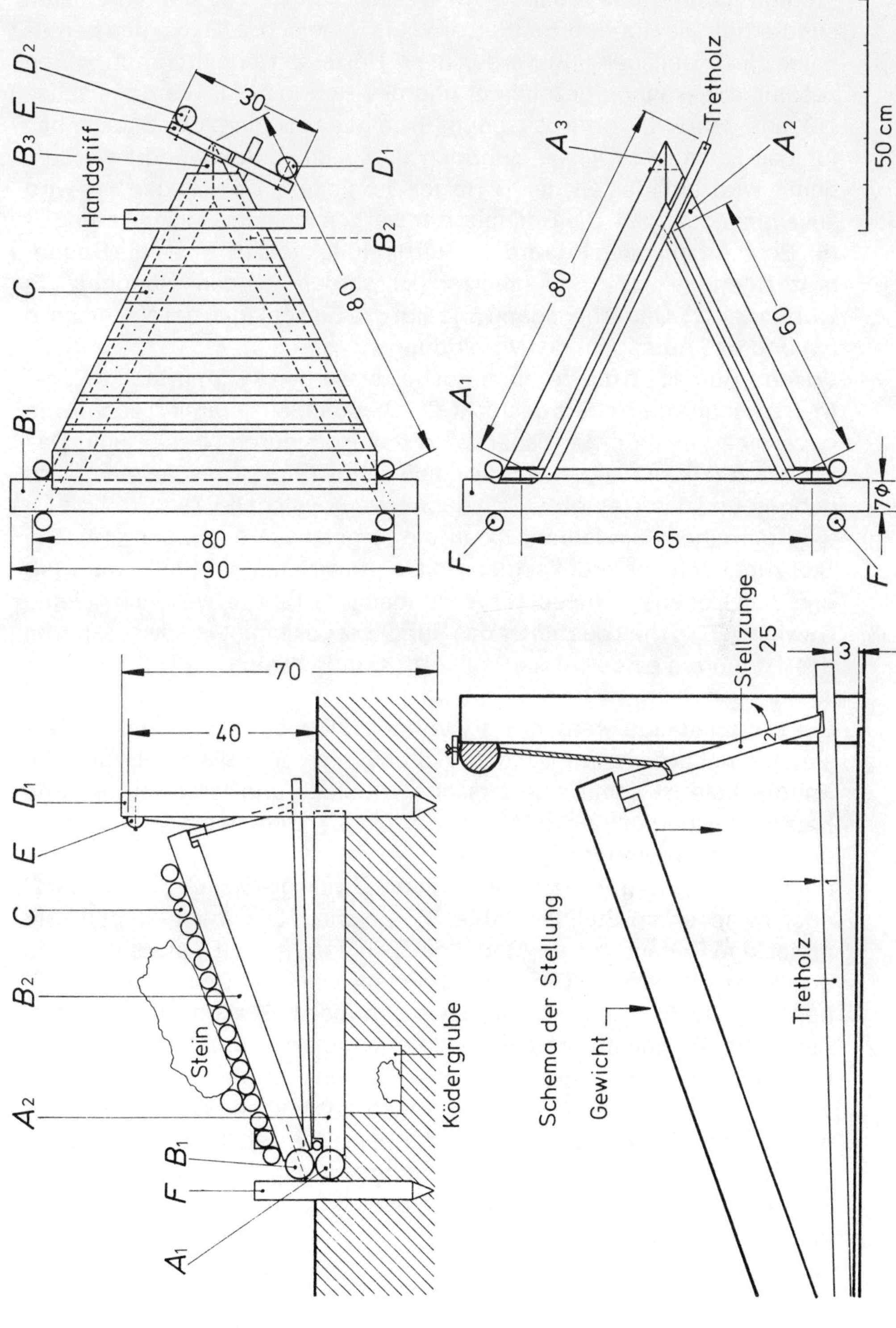

D_2
E
B_3
Handgriff
30
D_1
C
B_2
80
B_1
80
90
Tretholz
A_3
A_2
50 cm
80
60
A_1
F
65
7ø
F
70
40
Stellzunge
25
3
D_1
E
2
C
1
B_2
Stein
Tretholz
A_2
F B_1
A_1
Ködergrube
Schema der Stellung
Gewicht

Tretholz (J) und das Stellholz (K) werden aus 1,5 cm starken Leisten angefertigt. Die Rundhölzer (F–L) und die Nagelachse (G) werden bereitgelegt. Im Arbeitsgang (2) werden die A-Hölzer mit einer Schraubzwinge zusammengespannt, gezeichnet und das Bohrloch für die Nagelachse (10 mm) gebohrt. Der Arbeitsgang (3) zeigt das Bohren des Sackloches für das Rundholz. Dieses Bohrloch darf nicht durchgebohrt werden, damit wird ein Reißen der B-Hölzer verhindert. Der Galgen (4) wird zusammengenagelt. Die Bodenhölzer werden mit dem Galgen vernagelt (5). Beim Arbeitsgang (6) wird das Verbindungsholz (E) unter die Bodenhölzer genagelt. Die Schlaghölzer (B) werden mit dem Rundholz (F) verbunden (7). Der Arbeitsgang (8) zeigt das Einschlagen der Nagelachse (G) und das Aufnageln der Verbindungshölzer (H–I).

Vor dem Aufnageln der Verbindungshölzer werden ca. 5 mm starke Nägel (h–i) zwischen die Schere gesteckt. Dieser Luftspalt garantiert auch dann noch eine Funktion der Falle, wenn das Holz durch Nässe quillt. Das Bohrloch (kl) im Galgen für die Stellschnur (Plastikwäscheleine) wird gebohrt und das Tretholz (J) mit der Kerbe eingelegt (9). Das Tretholz (J) wird mit einem Bindedraht (j) an die Nagelachse gebunden (10). Die Stellzunge mit der angeflachten Spitze (K) wird mit der Stellschnur (kl) und dem Höhenstellknebel (L) verbunden (11). Das auf die Falle gelegte Gewicht (25 kg) hält das hinter das Rundholz geklemmte und in die Kerbe des Tretholzes eingerastete Stellholz (K) in Schwebe.

Die Knüppelfallen werden aus Rundholzknüppeln z. B. Fichtenreiserstangen gebaut. Dieses Baumaterial paßt sich dem Waldrevier an. Die Knüppelfalle ist somit eine typische Waldfalle und fängt Marder und Katzen gleichermaßen gut (Abb. 166 und 167). Gerade für den schwierigen Baummarderfang eignet sich diese Falle vorzüglich.
Die dreieckige Knüppelfalle kann mit der Zweiweg-Stellung (Zeichn. 72) oder der Dreiweg-Stellung (Abb. 168 Zeichn. 73) gebaut werden. Der dreieckige Bodenrahmen (A) und der Schlagrahmen (B) müssen genau übereinander passen. Der Schlagrahmen wird mit Deckknüppeln (C) benagelt. Der Galgen (D–E) hält die angebundene Stellung. Das überstehende Bodenrahmen- und Schlagrahmenholz (A1 u. B1) wird mit den eingeschlagenen Heringen (F) zu einem Gelenk verbunden. Das Tretholz wird aus drei dünnen Nadelholzstangen zusammengebaut und in die Kerben des Bodenrahmens eingehangen. Das Stellholz rastet in die Kerbe des Tretholzes ein. Der Bodenrahmen (A) muß bei allen Bodenfallen in das Fallenbett eingelassen werden, d. h. in die Erde eingegraben werden (Abb. 169 und 170).
Als Ködergrube kann ein Blumentopf verwendet werden, dieses Tongefäß verzögert das Verderben des Köders. Die Falle wird im Revier mit

15-20
3
25kg
Stein
Ködergrube
Stellung verblendet
Schema der Stellung
1
3
2
E
B3
B2
F
Ködergrube
Stein
C
B1
A1
A2
A3
D
Tretholz
80
80
100
100
Kerbe für das Tretholz
A
Ködergrube
100
100
Prügelfalle mit Doppelstellung

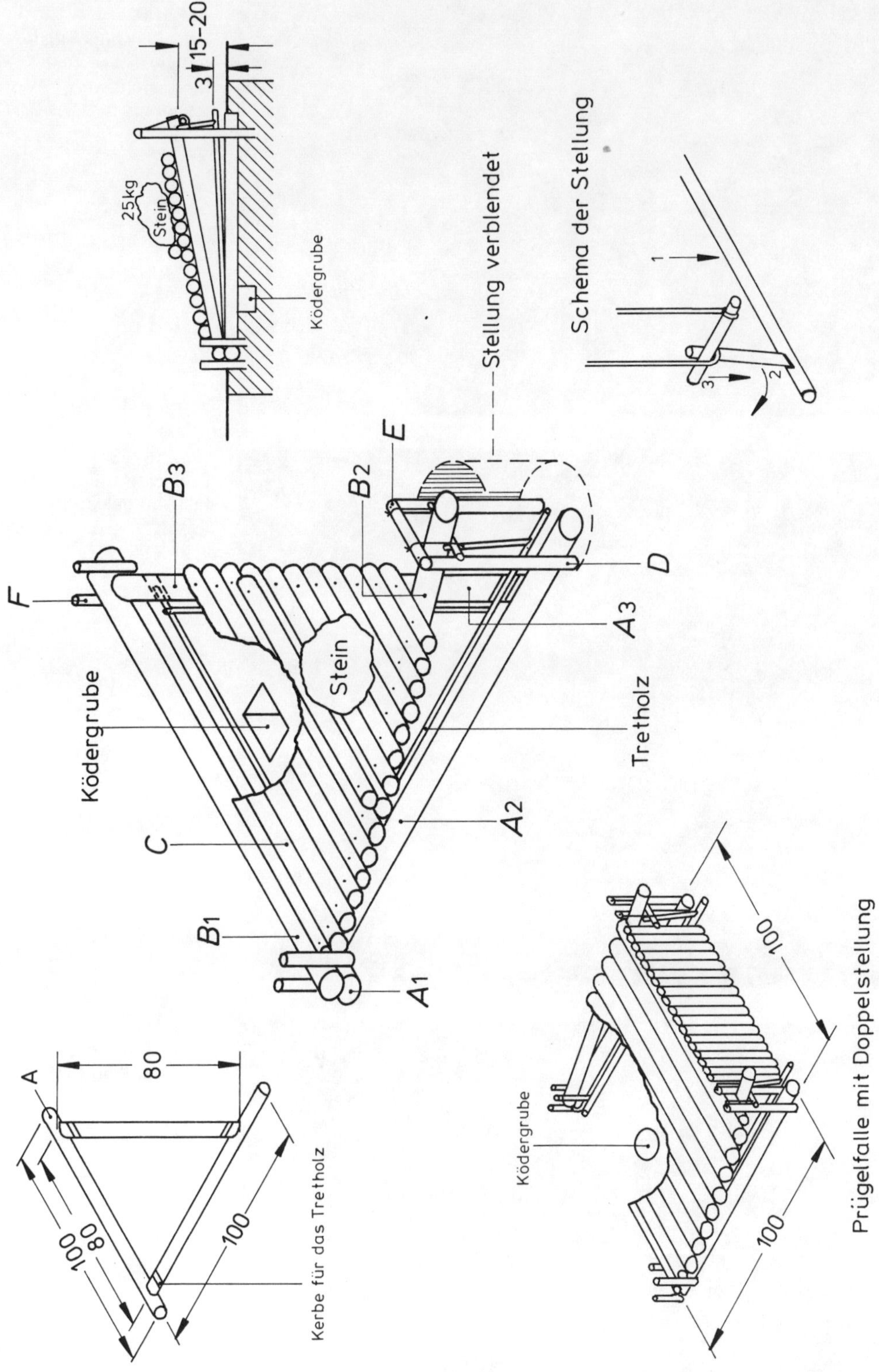

191

Abb. 166
Dreieck-Knüppelfalle mit Zwei-Weg-Stellung, nicht verblendet

Abb. 167
Dreieck-Knüppelfalle, aufgeklappt

Abb. 168
Dreieck-Knüppelfalle mit Drei-Weg-Stellung

Abb. 169
Prügelfalle mit Doppelstellung

Abb. 170
Prügelfalle mit Urstellung, fürs Revier nicht mehr zu empfehlen

Abb. 171
Knüppelfalle zu groß gebaut, eine Gefahr für Kinder

örtlich vorhandenem Verblendmaterial abgedeckt und die Stellung umbaut. Dieses Umbauen der Stellung ist wichtig, damit das Fangwild nicht die Stellung von außen auslöst. Die in den Maßen kleingehaltenen Knüppelfallen lassen sich gut transportieren. Zu groß gebaute Knüppelfallen sind eine Gefahr für spielende Kinder (Abb. 171).
Gute Fangplätze sind Schneisenkreuzungen und die spitzen Ecken der Nadelholzdickungen.

Der Marderschlagbaum ist eine Spezialfalle für den Baummarder- und Steinmarderfang (Abb. 172). Die über der Erde auf Holzbeinen angebrachte Totschlagfalle entspricht den Lebensgewohnheiten der Marder, d. h. die Marder klettern gerne an diesen Fallen hoch. Die alten Fallenjäger haben den Marderschlagbaum an drei Bäume genagelt. Diese alte Bauweise hat wesentliche Nachteile; so würde z. B. bei einem Wintersturm die Falle durch die Bewegung der Bäume zufallen, und die Nagelstellen an den Bäumen erfreuen auch nicht gerade den Waldbesitzer. Nach einer Wintersturmnacht mit einsetzendem Tauwetter fängt sich der Marder sehr gut im Schlagbaum. Es ist deshalb besser, den Marderschlagbaum auf Doppelbeine zu bauen (Zeichn. 74).
Dieser Schlagbaum hat nur ein Fangholz (A). Das Schlagholz (B) und der vernagelte Deckrahmen (C) werden auf die drei eingegrabenen Doppelbeine (D), die mit Verbindungshölzern (E) vernagelt sind, aufgesetzt. Die Schlagbaumhöhe richtet sich nach der durchschnittlichen Schneehöhe, in der Regel ist die Höhe von 150 cm ausreichend. Die Steck- oder Studentenstellung ist die zuverlässigste Stellung für den Schlagbaum (Abb. 173). In wenigen Minuten kann diese Stellung mit dem Nicker aus Hasel- oder anderem Holz geschnitzt werden. Früher hat man auf die Stellung den Köder gesteckt, sie mußte dann sehr hart gestellt werden. Zweckmäßiger ist es, den Köder (z. B. Taube) unter das Dach zu binden. Wird die Stellung zwischen die Schlaghölzer gestellt, so versperrt sie dem Marder den Durchlauf auf dem Fangholz (Abb. 174).
Eine wesentliche Verbesserung ist die Lagerung der Stellung auf zwei an der Innenseite eingeschlagenen Nägeln (Abb. 175). Diese Stellung arbeitet sehr fein, sie ist vor Nässe (Frost) durch die aufgelegte Baumrinde (keine Dachpappe) geschützt (Zeichn. 74). Die Abb. 176 zeigt den Marderschlagbaum mit Dreiwegstellung. Versucht der Marder den Köder zu erreichen, so berührt er zwangsläufig die Stellung und wird zwischen dem Fangholz und Schlagholz getötet.
Der Marderschlagbaum wird von der echten Wildkatze nicht angenommen. Er ist somit die einzigste Totschlagfalle die z. B. in Eifelrevieren aufgestellt werden kann.

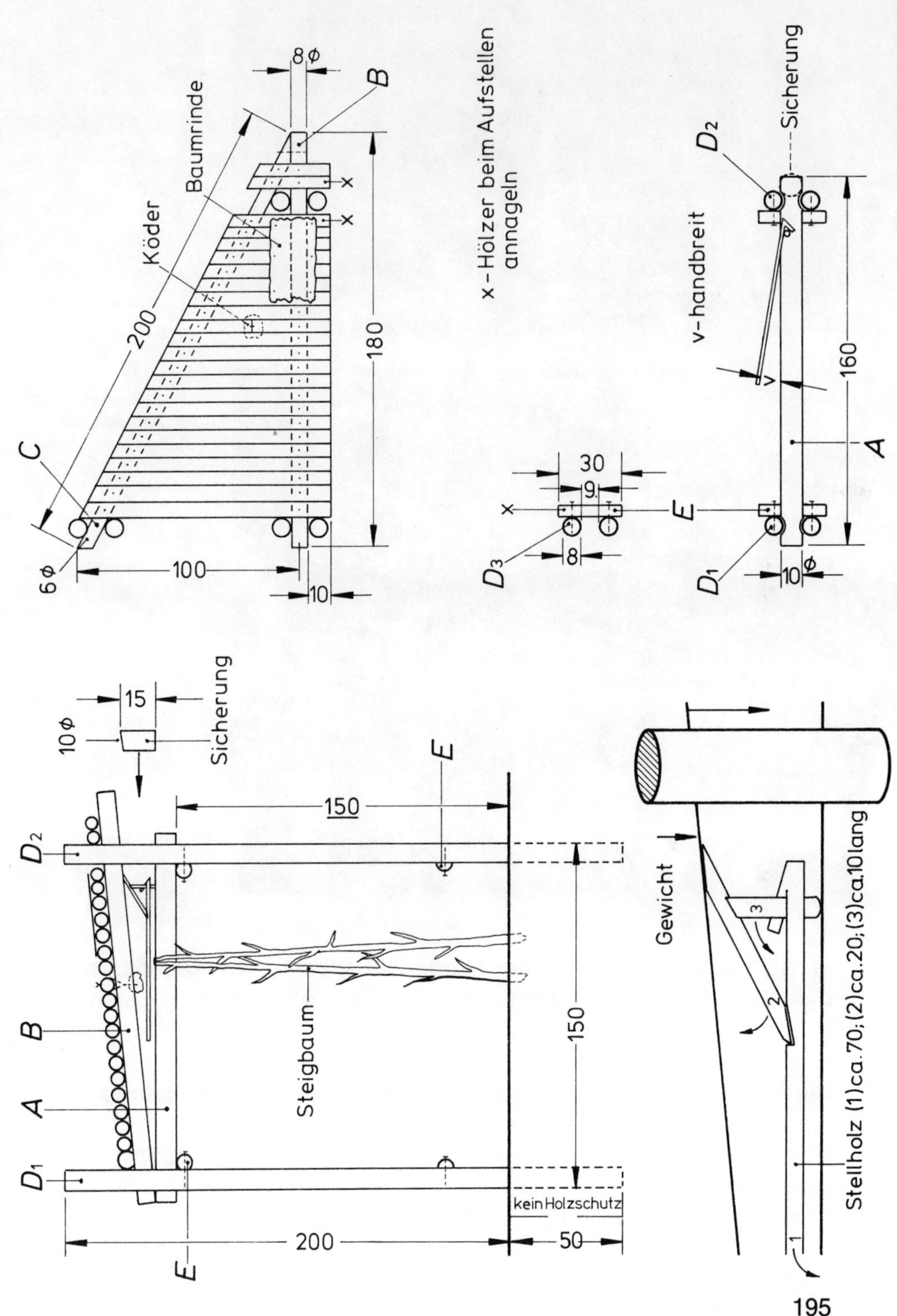

Baumrinde
Köder
200
180
100
10
6 ⌀
8 ⌀
B
C
x – Hölzer beim Aufstellen annageln
v – handbreit
Sicherung
D₂
160
A
D₁
10 ⌀
30
9
8
D₃
E
15
10 ⌀
Sicherung
150
E
D₂
B
A
D₁
Steigbaum
kein Holzschutz
200
50
150
E
Gewicht
Stellholz (1)ca.70;(2)ca.20;(3)ca.10lang
1
2
3

Im Nadelstangenholz wird der Marderschlagbaum wenige Meter neben dem Rehwildwechsel aufgestellt. Die Falle wird von Oktober an gekirrt und in der Jagdzeit der Marder beködert.

Die Marderburg kann zur Ergänzung der Schlagbäume und Knüppelfallen zum Baummarderfang im Wald gebaut werden (Abb. 177). In diese Marderburg wird das Marderabzugeisen unter die eingefüllte Nadelspreu eingebettet. In die Einlaufschlitze schlüpft der Marder und fängt sich im Abzugeisen. Die Marderburg wird im Nadelholz eingebaut und mit Reisig gut verblendet. Das in der Marderburg untergebrachte Fangeisen gefähr-

196

Abb. 174
Steckstellung zwischen die Schlaghölzer gestellt

Abb. 175
Marderschlagbaum mit verbesserter Steckstellung, auf Nägeln stehend

Abb. 176
Drei-Weg-Stellung am Marderschlagbaum

det nicht den Jagdhund, die Menschen und das Schwarzwild. Ab Oktober wird die Marderburg z. B. mit Pflaumen, Backobst, Ebereschenbeeren oder mit frischen Eiern als Kirrung beschickt. Zum Ködern in der Jagdzeit wird ein Ei auf den Abzugteller gebunden.

Der Steinmarderfang im Gehöft kann für den Jäger zur notwendigen Nachbarschaftshilfe werden, wenn der Landwirt ihn darum bittet. Die Schwierigkeiten, die in einem von Mensch und Tier bewohnten Gehöft mit der Arbeit des Abzugeisens entstehen können, kann sich jeder Jäger vorstellen. Es ist ratsam, das Marderabzugeisen nicht auf die Erde zu stellen, sondern auf die Dachstuhlbalken der Scheune (Abb. 178). Das

Abb. 177
Marderburg mit Ei-abzugeisen vor dem Einlauf liegend. Bei Bodenfrost kann ein Haarab-zugeisen unter den Deckel geschraubt werden.

Abb. 178
Fangkiste mit Eiab-zugeisen für den Steinmarderfang im Gehöft

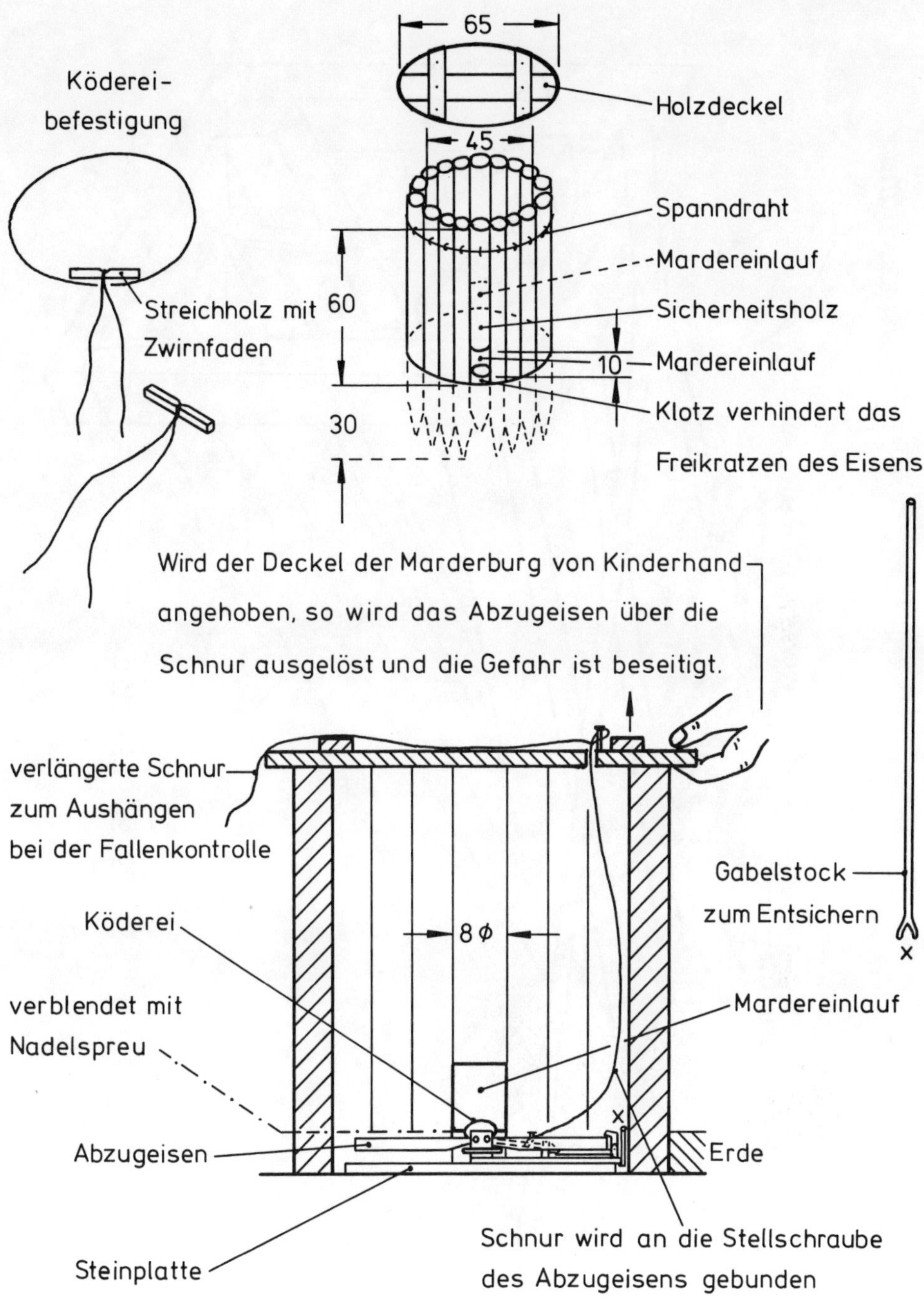
Köderei-
befestigung
Streichholz mit
Zwirnfaden
65
Holzdeckel
45
Spanndraht
Mardereinlauf
60
Sicherheitsholz
10
Mardereinlauf
Klotz verhindert das
Freikratzen des Eisens
30
Wird der Deckel der Marderburg von Kinderhand
angehoben, so wird das Abzugeisen über die
Schnur ausgelöst und die Gefahr ist beseitigt.
verlängerte Schnur
zum Aushängen
bei der Fallenkontrolle
Gabelstock
zum Entsichern
Köderei
8 Ø
verblendet mit
Nadelspreu
Mardereinlauf
Abzugeisen
Erde
Steinplatte
Schnur wird an die Stellschraube
des Abzugeisens gebunden

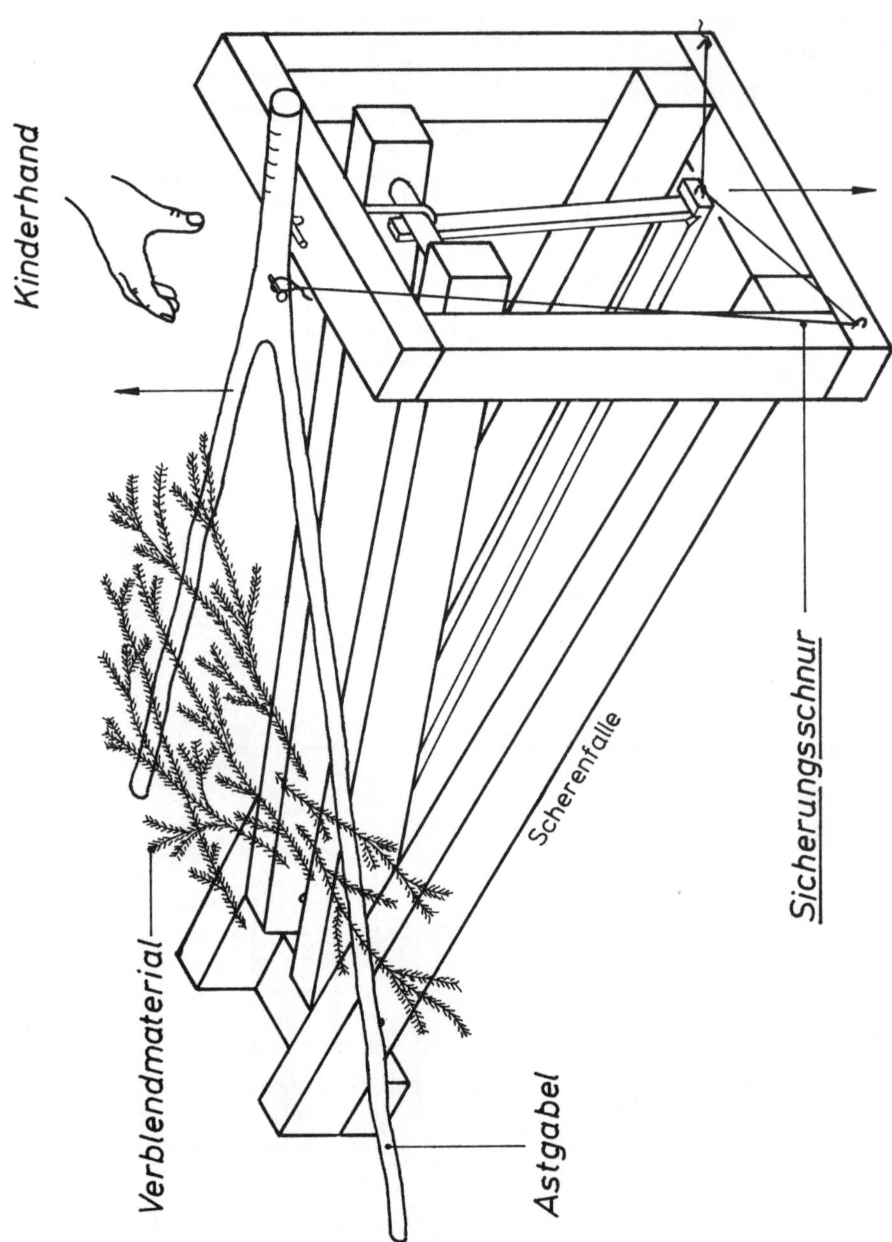

Kinderhand
Verblendmaterial
Astgabel
Scherenfalle
Sicherungsschnur

Eisen soll nicht ohne Verblendung aufgestellt werden. Eine Fangkiste, der Größe des Eisens entsprechend, wird zusammengenagelt. In diese Fangkiste wird das Abzugeisen gelegt und mit Haushuhn- oder Taubengestüber abgedeckt. Eierschalen und Hühnerfedern dekorieren die Fangkiste. Das frische Hühnerei wird mit starkem Zwirnfaden auf den Köderteller gebunden. Der Zwirnfaden wird mit einem kurzen Streichholz, das eine Einkerbung hat, verbunden. Vorsichtig wird in das Ei ein Loch gestoßen und das Streichholz mit dem Faden in das Ei gesteckt. Wird der Zwirnfaden angezogen, so stellt sich das Streichholz im Ei quer, Ei und Zwirnfaden sind somit verbunden. Das Hühnerei darf nicht fest auf das Fangeisen gebunden werden. Zwischen Köderteller und Ei muß ein Spielraum von ca. 2 cm sein. Der Marder greift das Ei und schiebt es sehr behutsam hinter die Fangzähne. Das starr mit dem Köderteller verbundene Ei würde der Marder wieder loslassen.

Spannbretter für Wildbälge

Winterbälge von gesundem Wild sind für den Jäger eine wertvolle Jagdbeute. Es lohnt sich deshalb immer, die Winterbälge zu Rauchware (Rauhware), d. h. zu Pelzwerk, verarbeiten zu lassen. Das Abstreifen der Bälge zählt zur Grundausbildung des Jägers und soll hier nicht näher erläutert werden. Um wertvolles Pelzwerk zu erhalten ist es wichtig, die Bälge auf einem Spannbrett luftzutrocknen und nicht zu salzen. Wird der Balg auf ein nicht geteiltes Spannbrett gezogen, so läßt sich der angetrocknete Balg schlecht vom Brett lösen. Aus diesem Grund sind geteilte Spannbretter geeigneter (Abb. 179). Ist das Kopfteil des Spannbrettes nicht verstellbar, so wird ein starker Balg sehr keilförmig gespannt.
Die Spannbrettmaße sind sehr wichtig (Zeichn. 77). Die Schnittmuster-Maße sind für den *Fuchsbalg* berechnet. Werden dieselben Maße um die Hälfte verkleinert, so ergeben sich Spannbretter für *Marder* und *Iltis*. Die Spannbretter (A und B) sind in der Breite verstellbar. Die Bälge vom Jungfuchs im Herbst bis zum stärksten Winterfuchs (Oberkopf) können aufgespannt werden. Aus gehobelten 2 cm starken, möglichst astfreien Brettern werden die Spannbretter gebaut. Nach dem Aufzeichnen der Mittellinie werden die Schnittmustermaße übertragen. Die Bretter werden auf der Mittellinie (A) aufgeschnitten oder der Keil (B3) ausgesägt. Die Spannbrettform wird zugeschnitten, gehobelt und die Kante (x) geschliffen. Beim Brett (A1) wird das Verstellblech (A6) mit der Sägezahnbohrung in das aufgeschlitzte Kopfteil gesteckt und mit zwei Schrauben (A7) verbunden. Die Verstell- und Gelenkschraube (A8) verbindet das Brett (A1) und das Brett (A2). Die Kopfform des Spannbrettes (A) kann mit dem

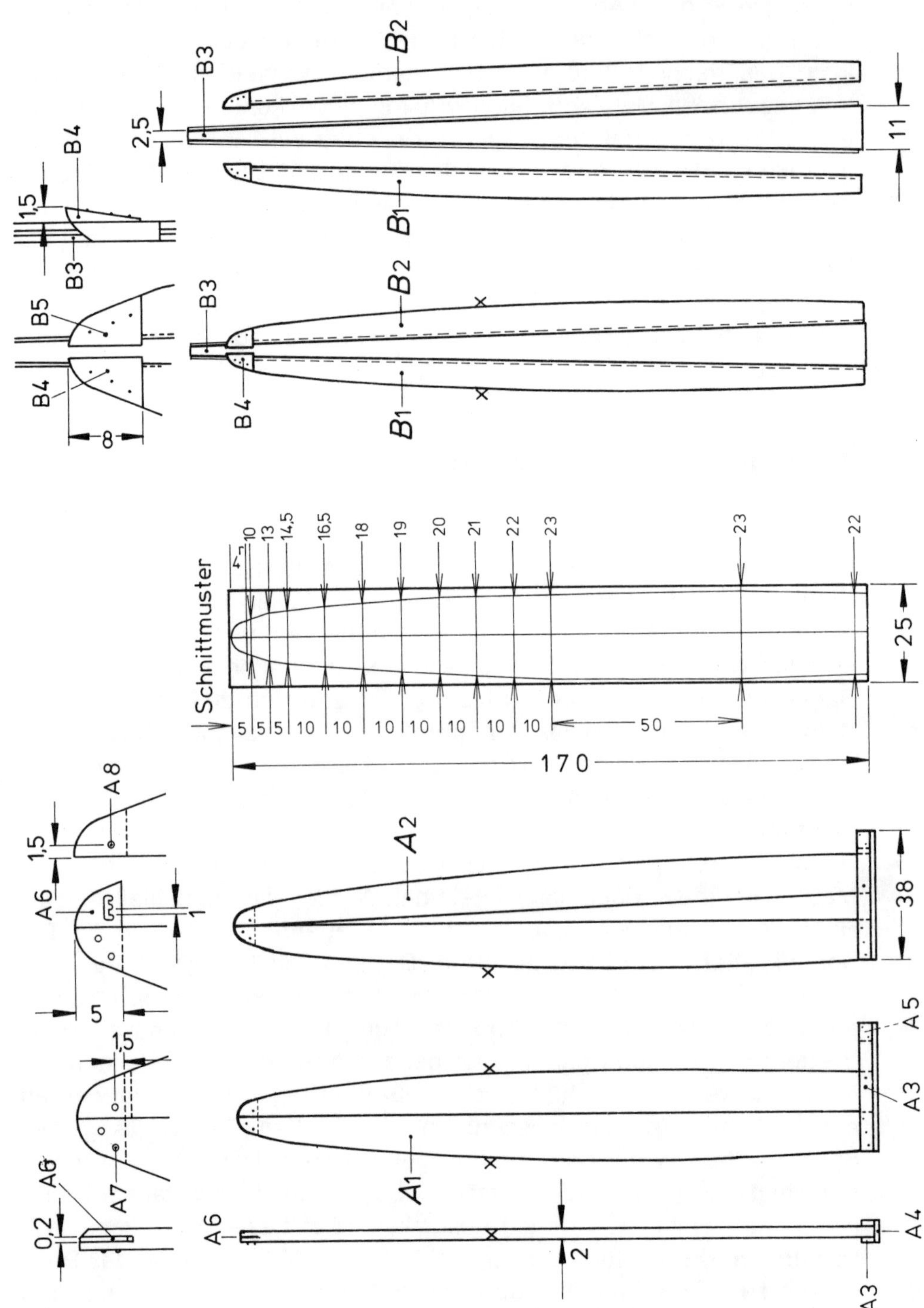
B3
B2
2,5
11
B4
1,5
B3
B5
B3
B2
B1
B4
B1
B3
B2
8
B4
B1
Schnittmuster
4
10
13
14,5
16,5
18
19
20
21
22
23
23
22
25
5 5 5 10 10 10 10 10 10 10
50
170
A8
1,5
A6
1
A2
5
1,5
A6
A5
A3
A6
A7
0,2
A6
A1
A4
2
A3
38
A3

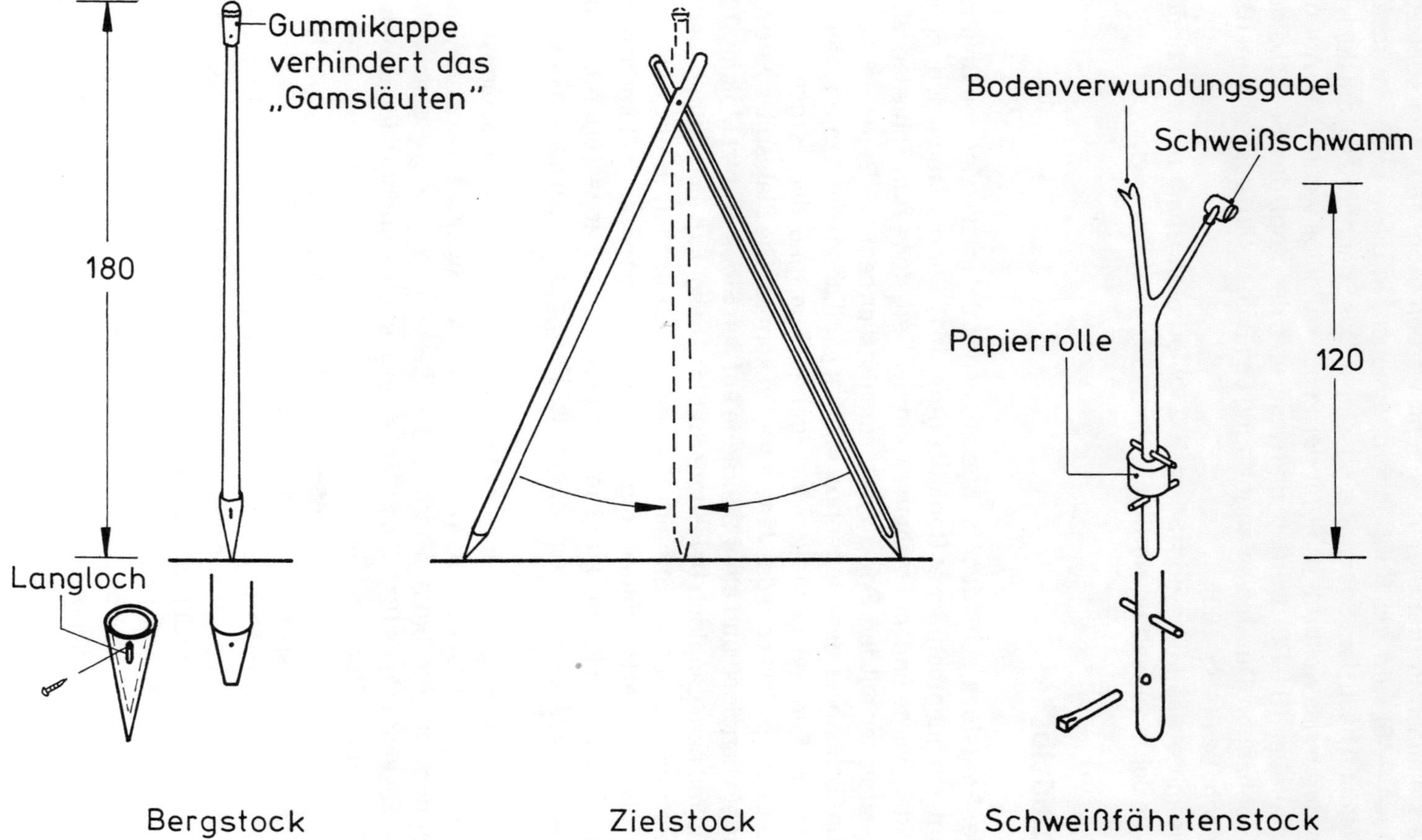

Gummikappe verhindert das „Gamsläuten"
180
Langloch
Bergstock
Zielstock
Bodenverwundungsgabel
Schweißschwamm
Papierrolle
120
Schweißfährtenstock

Verstellblech in drei Stufen verstellt werden (Abb. 180). Die Fußleiste (A3–A4–A5) wird mit Bohrlöchern versehen, in diese Löcher wird ein Haltestift nach dem Spannen eingesteckt. Das Spannbrett (B) mit der Nut ist durch das Keilbrett (B3) mit der Feder stufenlos verstellbar. Auf die Keilbretter (B4–B5) werden die Nase und der Kopf des Fuchsbalges eingehangen. Durch die Fangöffnung des Balges wird das Keilbrett (B3) geschoben (Abb. 180).
Die mit etwas Mühe und Sorgfalt angefertigten Spannbretter können viele Jahre verwendet werden.

Jagdstöcke

Der Bergstock ist für den Hochgebirgsjäger, der im schwierigen Gelände jagt, ein unentbehrlicher Begleiter (Abb. 181). Für die Jagdausübung im Mittelgebirge und im Flachland kann der Bergstock zum Schießen, zum Anstreichen mit dem Spektiv usw. sehr nützlich sein. Der Bergstock sollte aus Eschenholz, dem Bogenholz unserer jagdlichen Urahnen, angefertigt werden. Für den Gebrauch im Hochgebirge muß der Bergstock das ganze Körpergewicht des Jägers tragen können. Die Stahlspitze wird mit einem Langloch und einer Schraube auf den Stock gesetzt (Zeichn. 78). Die mit dem Langloch befestigte Stahlspitze schlägt sich immer wieder fest und klappert nicht beim Steigen. Zum Pirschen in der Nähe des Wildes wird der Bergstock umgedreht und auf das mit einer Gummikappe versehene Stockende aufgesetzt. Diese Gummikappe verhindert das laute Anschlagen an Steinen, das der Bergjäger »Gamsläuten« nennt.

Der Zielstock ist eine sehr brauchbare Zielstütze beim Schießen im Feldrevier. Besonders bewährt hat sich der Stock beim Führen von Jagdgästen. Am einfachsten ist der Zielstock aus zwei Besenstielen herzustellen (Abb. 181). Eine Fläche wird an die Rundholzstöcke gehobelt und die Stöcke mit einer Schloßschraube und einer Kronenmutter verschraubt (Zeichn. 78). Dieser Klappzielstock läßt sich in jeder Höhe einstellen und ist leicht zu transportieren.
Mit dem **Schweißfährtenstock** arbeitet man die Schweißhunde und andere Jagdhunde auf der künstlichen Schweißfährte (Abb. 181). Das Legen der künstlichen Schweißfährte mit dem im Stock eingeklemmten Schwamm ist eine bekannte Methode. Beim Legen der künstlichen Schweißfährte hat der Jäger in einer Hand den Stock, in der anderen Hand den Schweißbehälter. Der Fährtenverlauf muß zusätzlich gezeichnet werden.

Abb. 179 Geteiltes Spannbrett und Keilspannbrett

Abb. 181 Schweißfährtenschuh, Bergstock, Schweißfährtenstock, Zielstock, dazw. Sitzstock

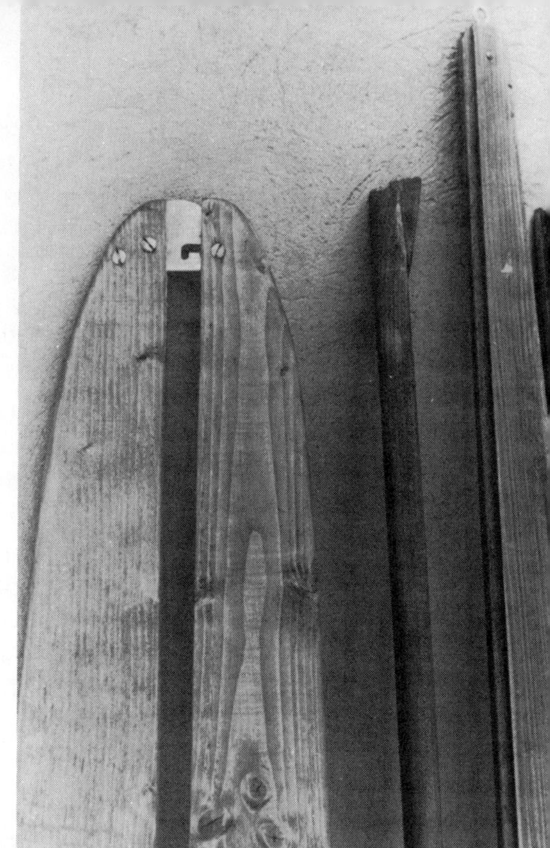

Abb. 180 Verstellblech im Kopfteil des Spannbretts;
Keilspannbrett mit Kopfkeilen

Abb. 182 Gewehrständer am Treibjagd-Mittagsplatz

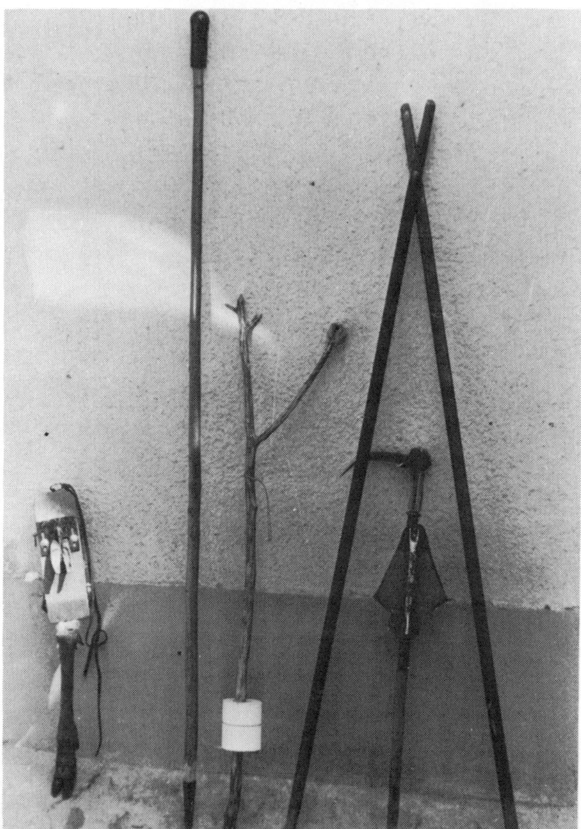

Zur Arbeitserleichterung wurde der in Zeichn. 78 gezeigte Schweißfährtenstock hergestellt. Auf dem Stock ist eine Papierrolle (Toilettenpapier)
aufgesteckt; mit den abgerissenen Papierblättern läßt sich der Fährtenverlauf gut markieren, und die Blätter verrotten nach einem Regen
schnell. Entscheidend für eine gute Ausbildung des Jagdhundes zum
Schweißhund ist die Bodenverwundungsgabel am Stock.
Die Praxis lehrt den Jäger, daß nicht immer Schweiß in der Wundfährte
liegt; die Hundenase ist dann auf die Bodenverwundung des Wildes
angewiesen. Beim Legen einer künstlichen Schweißfährte ist anzuraten,
diese Bodenverwundung mit einzubauen. Vom künstlichen Anschuß aus
(Schnitthaar-Schweiß) wird mit dem Schweißschwamm der Fährtenverlauf getupft, an einer geeigneten Stelle z. B. nach dem Wundbett unterbrochen und die Bodenverwundung eingebaut. Zu dieser Bodenverwundung wird der Fährtenstock gedreht und mit der Gabel der Erdboden
aufgeritzt. Jedes umgedrehte Laubblatt, jeder abgerissene Grashalm
zeigt der Hundenase den Fährtenverlauf. Wird der Jagdhund schon in der
Ausbildung mit dem Fehlen von Schweiß konfrontiert, so ist er für die
schwierige Nachsuche auf krankes Wild vorbereitet. (Fährtenschuh
Seite 221)

Gewehrständer für die Treibjagd

Zu einer gepflegten Gesellschaftsjagd gehört am Mittagsplatz ein Gewehrständer, um die Jagdgewehre ordnungsgemäß abzustellen und Unfälle zu vermeiden (Abb. 182). Es ist kein gutes Bild für den verantwortungsbewußten Jäger, wenn die Jagdgewehre an Bäume gelehnt stehen
oder an Ästen aufgehangen werden. Die wertvolle Jagdwaffe ist im
Gewehrständer am sichersten untergebracht. In den mit Flügelschrauben
zerlegbaren Gewehrständer können auch Kipplaufgewehre mit geöffnetem Verschluß gestellt werden. In die zwei Seitenböcke wird das Mittelrundholz mit der Holznageleinteilung gesteckt und mit den vier Schaftauflagehölzern verschraubt.

Standmarkierung für die Drückjagd

Bei der winterlichen Drückjagd auf Schwarzwild wird das Schießen mit
der »großen Kugel« oft zu einer erheblichen Gefahr, wenn die Stände der
Schützen schlecht gewählt sind. Eine große Sorge ist es für den Jagdleiter, wenn die Anweisungen und die Schußrichtungen nicht beachtet
werden. Aus diesen Gründen kann es erforderlich sein, daß auf dem
Stand des Schützen eine Schußrichtungstafel aufgestellt werden muß
(Zeichn. 79).

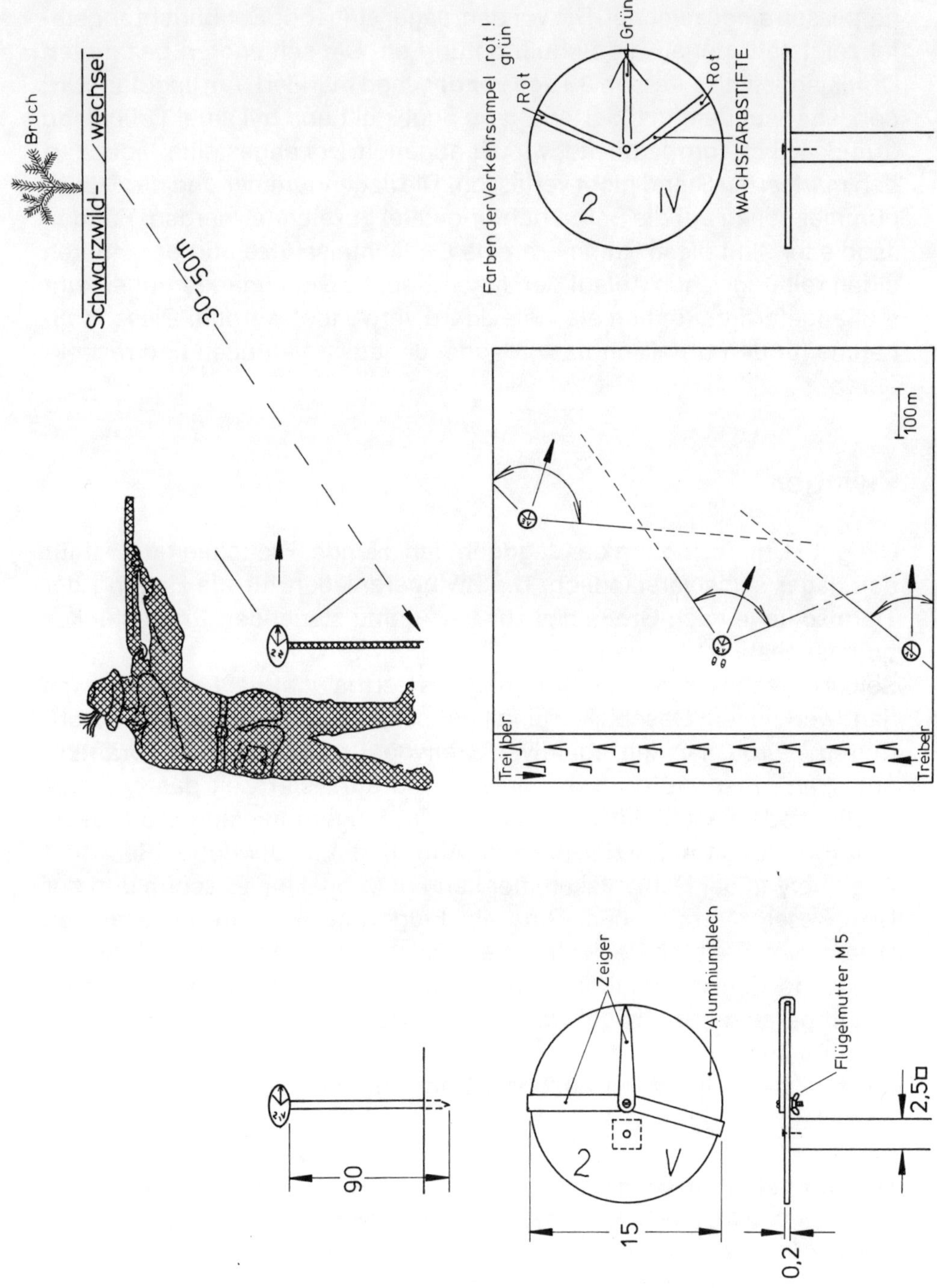
Bruch
Schwarzwild- / wechsel
30-50m
Farben der Verkehrsampel rot !
grün
Rot
Grün
Rot
WACHSFARBSTIFTE
2
IV
100 m
Treiber
Treiber
Zeiger
Aluminiumblech
Flügelmutter M5
2
V
90
15
0,2
2,5□

Auf einem Pfahl wird ein Aluminiumblechteller befestigt. Auf diesem Teller wird die Schußrichtung (grün) und die Schußwinkelbegrenzung (rot) mit Wachsfarbstiften oder mit farbigen Zeigern je nach Standverhältnissen eingezeichnet. Die vor dem Jäger stehende Schußrichtungstafel zeigt sehr genau die Schußrichtung an. Die seit Jahren bekannten Drückjagdstände werden 8 Tage vor der Jagd markiert. Am Jagdtag wird der Jäger auf dem markierten Stand angestellt und bei einer Drückjagd grundsätzlich vom Jagdleiter wieder abgeholt. Der angestellte Jäger darf den markierten Stand nicht verlassen! Die Jagennummer und die Standnummer sollen auf die Schußrichtungstafel gezeichnet werden. Für den Jagdleiter sind diese Nummern eine Gedächtnisstütze und garantieren einen reibungslosen Ablauf der Jagd. Sind die Standmarkierungen einmal angefertigt, können sie viele Jahre verwendet werden. Diese Maßnahme für den Unfallschutz wird jeder Jagdgast begrüßen und respektieren.

Zwinger

Die gute Unterbringung der Jagdgehilfen, Hunde, Frettchen usw. ist für den Jäger selbstverständlich. Die Zwingeranlagen für die Haltung der Tiere sollte je nach Größe des zur Verfügung stehenden Grundstückes optimal gestaltet werden.
Selbst die schwierige Unterbringung des Beizhabichts läßt sich mit etwas handwerklichem Geschick und falknerischen Grundkenntnissen durchführen. Würde man den tagaktiven Greifvogel in einen Zwinger (Drahtkäfig) sperren, so würde sich der Vogel in kürzester Zeit das gesamte Großgefieder beschädigen (verbinzen). Die Flugdrahtanlage ist die ideale Unterbringung für den Beizhabicht (Abb. 183). Von der hohen Reck (mit Recktuch) in der Habichtskammer kann der Vogel am Geschüh und der Langfessel, die mit einem Ring am Flugdraht befestigt ist, über den Rasen zum niederen Reck streichen. Diese Anlage hat sich auch für die Greifvogel-Rückführstationen bewährt, d. h. kranke und in Gefangenschaft geratene Greifvögel werden nach der Pflege wieder in die Landschaft entlassen.
Mit gleicher Sorgfalt ist auch die Unterbringung von Jagdhunden zu gestalten.

Der Hundehüttenzwinger ist eine gute Einrichtung für kleine Jagdhunde (Abb. 184). Wird dieser Hüttenzwinger mit einem Auslaufzwinger verbunden, so ist der Hund bei jeder Witterung gut untergebracht. Der Tages- und Nachtraum kann mit einem Schieber verschlossen werden (Zeichn.

Abb. 183
Flugdrahtanlage für
Beizvögel – im Vor-
dergrund der niedere
Reck mit Flugdraht,
im Hintergrund
Habichtskammer
mit Beizhabicht
auf der hohen Reck

Abb. 184
Hundehüttenzwinger

Abb. 185
Hundeauslauf-
zwinger

80). Für den Züchter hat diese Unterteilung des Hüttenzwingers den Vorteil, daß die im Nachtraum untergebrachten Welpen zeitlich begrenzt von der Hündin getrennt werden können. Der Hüttenzwinger läßt sich gut reinigen, wenn zwischen die Kanthölzer des Tagesraumes und dem Fußboden Rohrringe (N) mit 6 cm ∅ und 2 cm stark gelegt werden. Als Baumaterial werden 1,9 cm starke Nut- und Federbretter, 6 × 6 cm gehobelte Kanthölzer, 8 × 8 cm Bodenkanthölzer (M), Maschendraht und Eternitplatten verwendet. Der Fußboden (A) ist zweiteilig. Die 6 × 6 cm Rahmenkanthölzer für die Einzelteile (Zeichn. 81) werden zugeschnitten, überblattet, geleimt, verschraubt und mit Nut- und Federbrettern oder Maschendraht benagelt. Die Türen (H–J) werden nach innen geöffnet. Die Dachfläche (L) ist für den leichten Transport mit Auflagebrettern (K) unterteilt und sollte mit Eternitplatten (O) abgedeckt werden. Das Bespannen des Daches mit Betumendachpappe ist wegen der Hitzeeinwirkung nicht zu empfehlen. Die Hüttenzwingerwände werden mit Schloßschrauben verschraubt. In den Nachtraum kann eine Hütte für den Winter gestellt werden. Bei starker Kälte wird der Nachtraum mit dem Schieber (F) und dem Seilzug (X) geschlossen.

Der Hundeauslaufzwinger ist dann eine notwendige Einrichtung, wenn der Jagdhund nicht jeden Tag im Revier geführt werden kann (Abb. 185). Bei der Planung der Zwingeranlage ist zu beachten, daß die Grundfläche möglichst lang und schmal gehalten wird. Hunde sind Lauftiere und können sich nur in einem langen Zwinger die nötige Bewegungsfreiheit verschaffen (Zeichn. 82). Kleine quadratische Zwinger sind für große Vorstehhunde weniger geeignet. Der lange Auslaufzwinger kann z. B. parallel zum Grundstückszaun verlaufend aufgebaut werden.
Die Holzpfosten für den Zaun können auf Betonsteine gesetzt werden oder es werden imprägnierte Weinbergspfähle in den Boden gerammt. Für den Zwingerzaun können starkes Viereckdrahtgeflecht oder engmaschige Baustahlmatten verwendet werden. In jedem Fall muß ein Erddraht im Boden eingegraben werden um zu verhindern, daß der Hund aus dem Zwinger ausbricht (Zeichn. 82). Die Tür soll gegen den Hund zu öffnen sein d. h. die Tür wird zum Innenraum des Zwingers geöffnet. Eine eingelassene Türschwelle schützt die Öffnung vor dem Durchgraben des Hundes.
Die isolierte Hütte (doppelwandig) kann in die N.-Westseite des Zwingers gestellt werden. Der Hund liegt am Tage besonders gerne auf dem Pultdach der Hütte. Über der Hütte wird der Zwinger mit einem Drahtdach überspannt. Im Erdboden des Auslaufzwingers kann der Hund Fleischreste und Knochen vergraben, was für seine Gesundheit wichtig ist. Frisches Wasser, möglichst im Steintrog, darf im Hundezwinger nie fehlen.

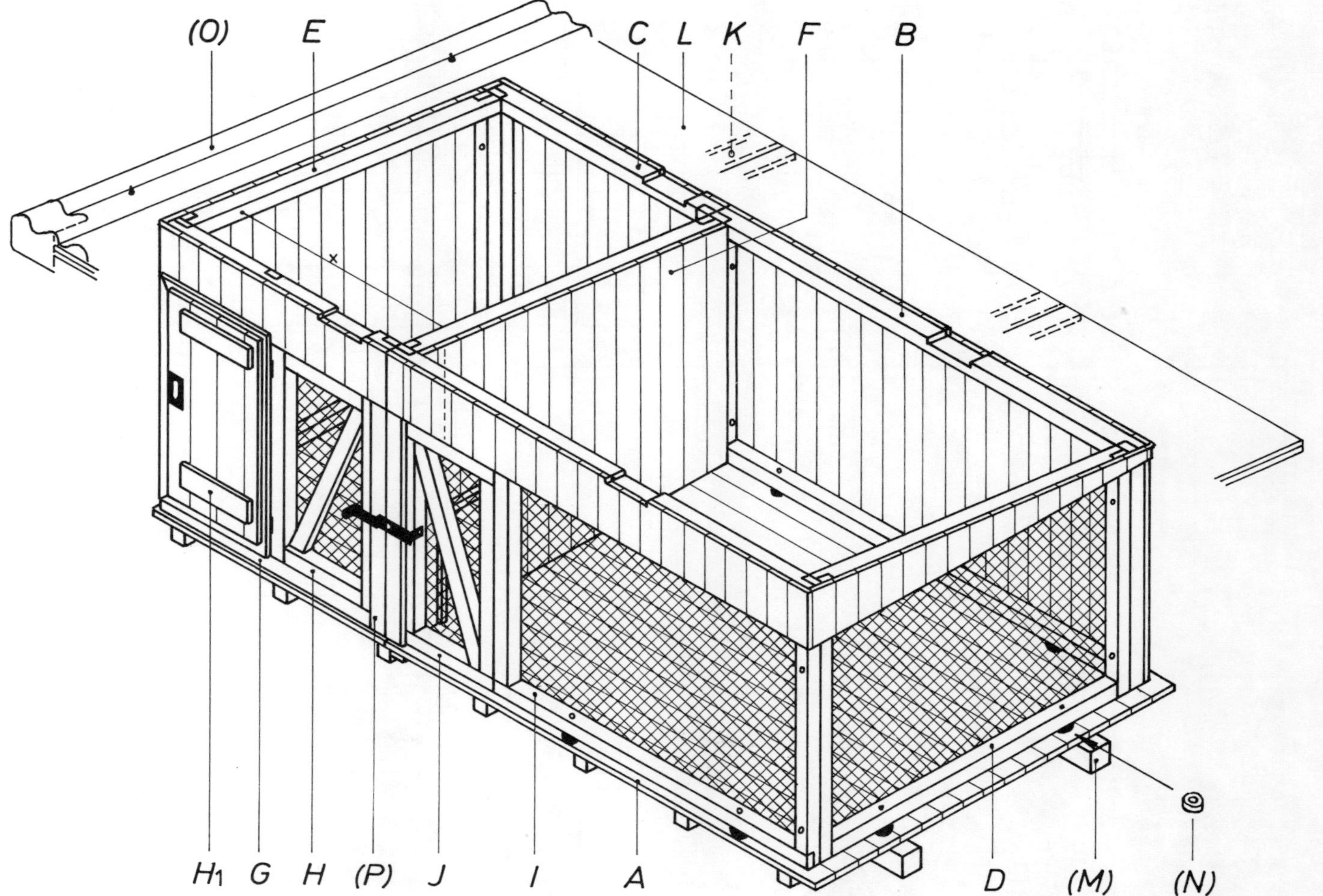
(O)
E
C
L
K
F
B
H₁
G
H
(P)
J
I
A
D
(M)
(N)

87
49
H
7
1,5
1,5x5 2,5
49
H₁
6,5
87
120
D
150
6x6
100
1,5 – 1,9
E
150
122
122
G
100
C
100
50
102
100
zum Auslaufzwinger
Dach
240 x 372
in 3 Teile
Eternitpla.
100 x 250
100 cm
122
45
16
35
Rolle
F
102
1,5 – 1,9
6x6
105
A
B
200
I
200
J
3,5
150
120
100
170
205

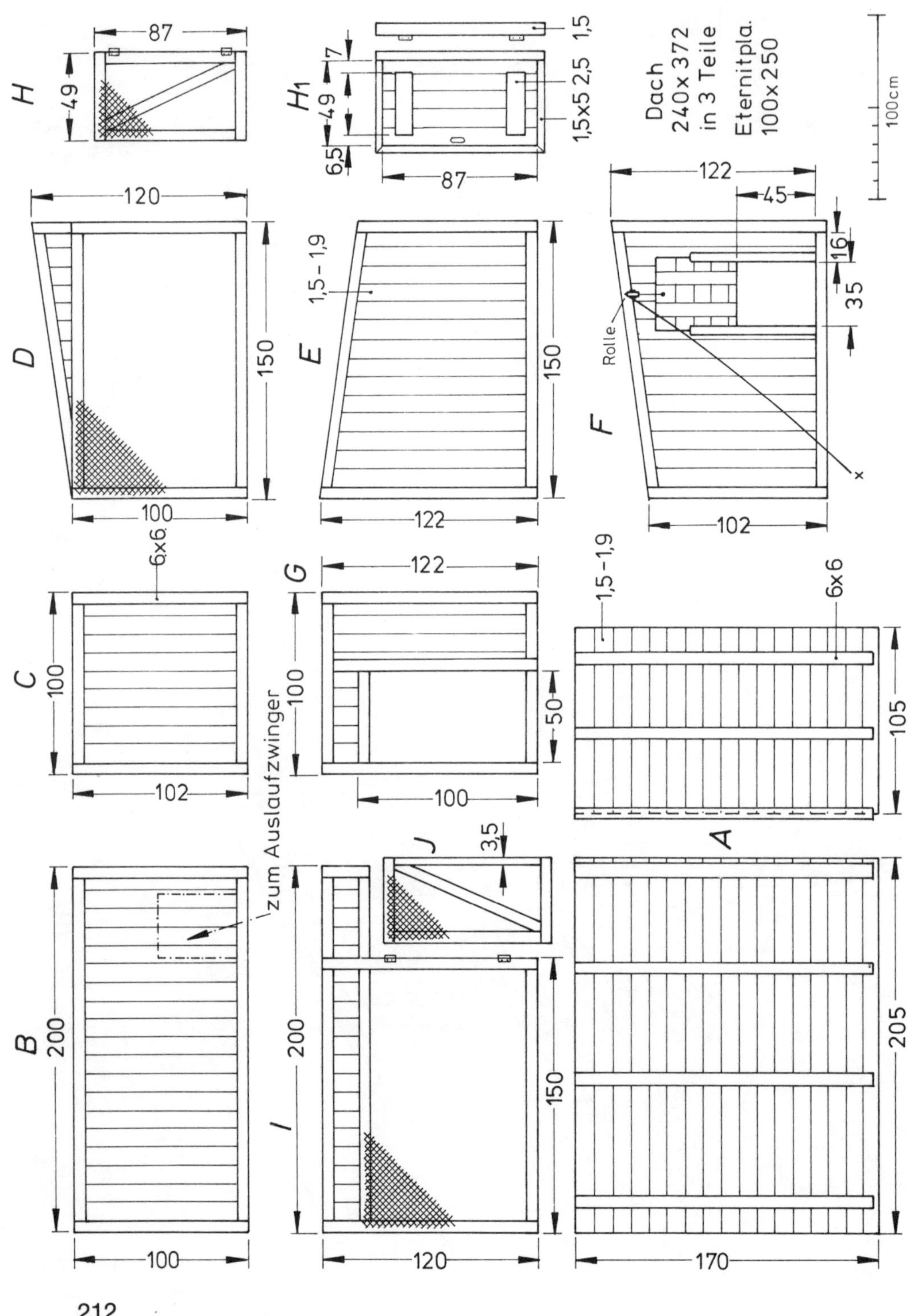

212

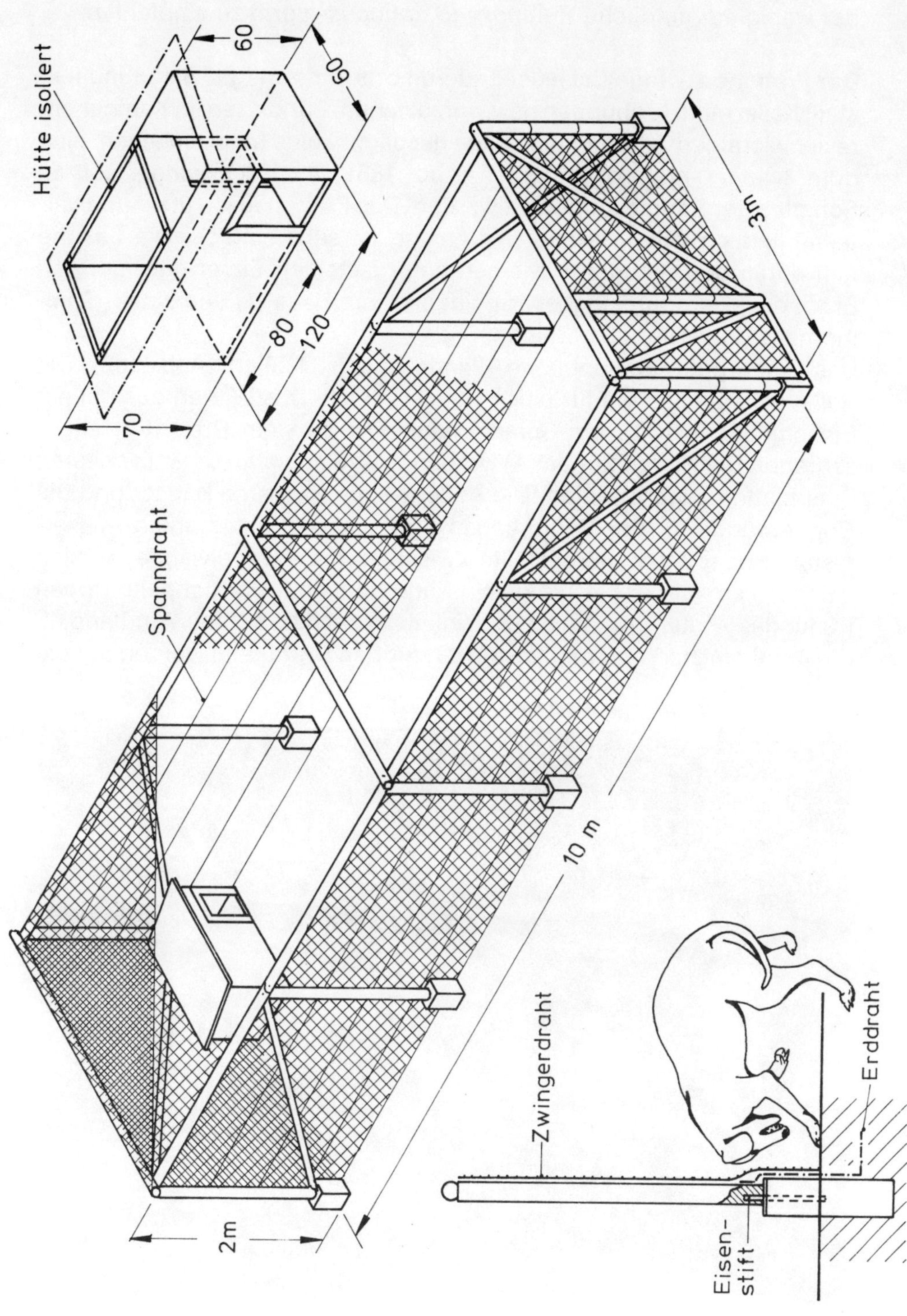
Hütte isoliert
60
60
80
120
70
Spanndraht
3 m
10 m
2 m
Zwingerdraht
Erddraht
Eisen-
stift

Soll der Innenraum des Zwingers mit Sträuchern bepflanzt werden, so ist der wenig empfindliche Holunder *(Sambucus-nigra)* zu empfehlen.

Der Frettchenzwinger ist jeder anderen Unterbringung z. B. Kaninchenstall, Kellerraum, Schuppen usw. vorzuziehen. Für diesen im Kaninchenrevier wichtigen Jagdgehilfen sollte der Jäger keine Mühe scheuen, eine gute Zwingeranlage zu schaffen (Abb. 186). Der Hochzwinger soll im Schatten der Bäume aufgebaut werden. Das Frettchen ist hitze- und kälteempfindlich. Die Wartung der Anlage ist sehr einfach. Die Losung fällt durch den Siebdraht in einen untergestellten Eimer oder auf den Erdboden. Der Laufkäfig ist mit einem Winterhaus (1) und einem Sommerhaus (2) verbunden (Zeichn. 83).
Das Winterhaus hat doppelte Wände und ist isoliert (Abb. 187). Die Außenwandmaße sind für beide Häuser gleich. Das Winterhaus hat ein Einschlupfloch (C1), am Sommerhaus wird nur ein Brett (C2) angeschraubt. Die Bodenplatten (A) werden aus 19 mm starken wasserfesten Spanplatten zugeschnitten. Die Außenwände für beide Häuser und die Doppelwände für das Winterhaus werden aus 10 mm starken wasserfesten Spanplatten hergestellt. Zwischen die Doppelwände werden 2,5 × 2,5 cm starke Leisten geleimt und genagelt. Der doppelte Boden (K) für das Winterhaus hat einen Winkelsteckschlitz für den Windfang (I). Die 4 × 6 cm starken Trageleisten (G) für den Drahtkäfig werden auf die

Abb. 186 Frettchenzwinger (Hochzwinger)

Lagerleisten (H) am Haus aufgelegt. Fällt Schnee auf den Drahtkäfig, so verhindern die Trageleisten das Durchbiegen des Käfigs. Die Dachfläche (E1) für das Winterhaus ist ebenfalls mit Styropor isoliert. Der Drahtkäfig kann 160–300 cm lang sein. In das Winterhaus wird Heu und in das Sommerhaus Flußsand gefüllt. Das Dach (E2) wird zum Füttern hochgeklappt (Zeichn. 84).
Der Frettchenzwinger soll neben dem Hundezwinger stehen. Es ist sehr wichtig, daß sich Hund und Frettchen kennenlernen. Beim täglichen Füttern der beiden Tiere kann der Jäger den notwendigen Kontakt für die Jagdausübung herstellen.

Der Frettchenrasenzwinger ist eine wichtige Ergänzung zum Frettchenhochzwinger (Abb. 186). Die wechselweise Unterbringung des Frettchens im Rasenzwinger (Abb. 188) am Tage im Halbschatten auf dem Rasen und die Unterbringung bei Nacht im F. Hochzwinger ist eine artgerechte Haltung des Frettchens. Bis auf die wenigen Jagdtage im Revier (Ende Oktober bis Mitte Februar) läuft das Frettchen sonst nur auf Maschendraht im Hochzwinger. Im Rasenzwinger kann das Frettchen auf dem Boden laufen und sich im Gras, das durch den Maschendraht wächst, wälzen. Bei dieser abwechslungsreichen Haltung wird der Jäger ein

215

Abb. 188
Frettchenrasenzwinger

Abb. 189
Frettchen wird
an der Holzröhre
abgenommen

Abb. 190
Einlauf
in den Rasenzwinger
durch die Holzröhre

sichtbares Wohlbefinden seines Jagdkameraden feststellen. Das Umstellen des Zwingers auf dem Rasen gewährt die Sauberkeit. Das Frettchen wird am Abend im Hochzwinger gefüttert. Beim Öffnen des Schiebers an der Holzröhre wird das Frettchen mit der Hand abgenommen (Abb. 189) und in den Hochzwinger getragen. Dieses ständige Abnehmen und Einlaufenlassen des Frettchens in die Holzröhre (Abb. 190) ist eine gute Vorbereitung für die Jagd am Kaninchenbau. Unter Aufsicht des Jägers kann der Rasenzwinger auch kurze Zeit in den Hundeauslaufzwinger gestellt werden um Hund und Frettchen aneinander zu gewöhnen.

Für den Bau des Rasenzwingers werden gehobelte 4 × 6 cm Fichtenkanthölzer verwendet (Zeichn. 85). Der Bodenrahmen (A) und der Deckrahmen (B) mit den Tragegriffen wird zugeschnitten, ausgekerbt, verleimt und verschraubt. Die Eckpfosten (D) werden zugeschnitten, mit Schraubzwingen an die beiden Rahmen geheftet, gebohrt und mit Schloßschrauben verschraubt. Vor dem Einschlagen der Schloßschrauben wird die Siebdrahtseitenbespannung eingelegt. Die Stirnseitenbespannung (G) an der Holzröhre (F) wird nach dem Einsetzen der Röhre von außen angenagelt. Der Bodenrahmen (A) und der Deckrahmen (B) mit der Verstärkerleiste (E) werden ebenfalls mit Draht bespannt. Für die Holzröhre werden gehobelte 2,5 cm starke Bretter benutzt. Nach dem Zuschneiden der Bretter und vor dem Zusammenschrauben der Röhre müssen die Schieberschlitze eingeschnitten werden. Die Holzröhrenöffnung in dem Zwingerraum wird mit einem Deckbrett, das ein Einschlupfloch hat, zugenagelt. Der Einlaufschieber muß mit einem Steckstift gesichert werden.

Abb. 191
Frettchen

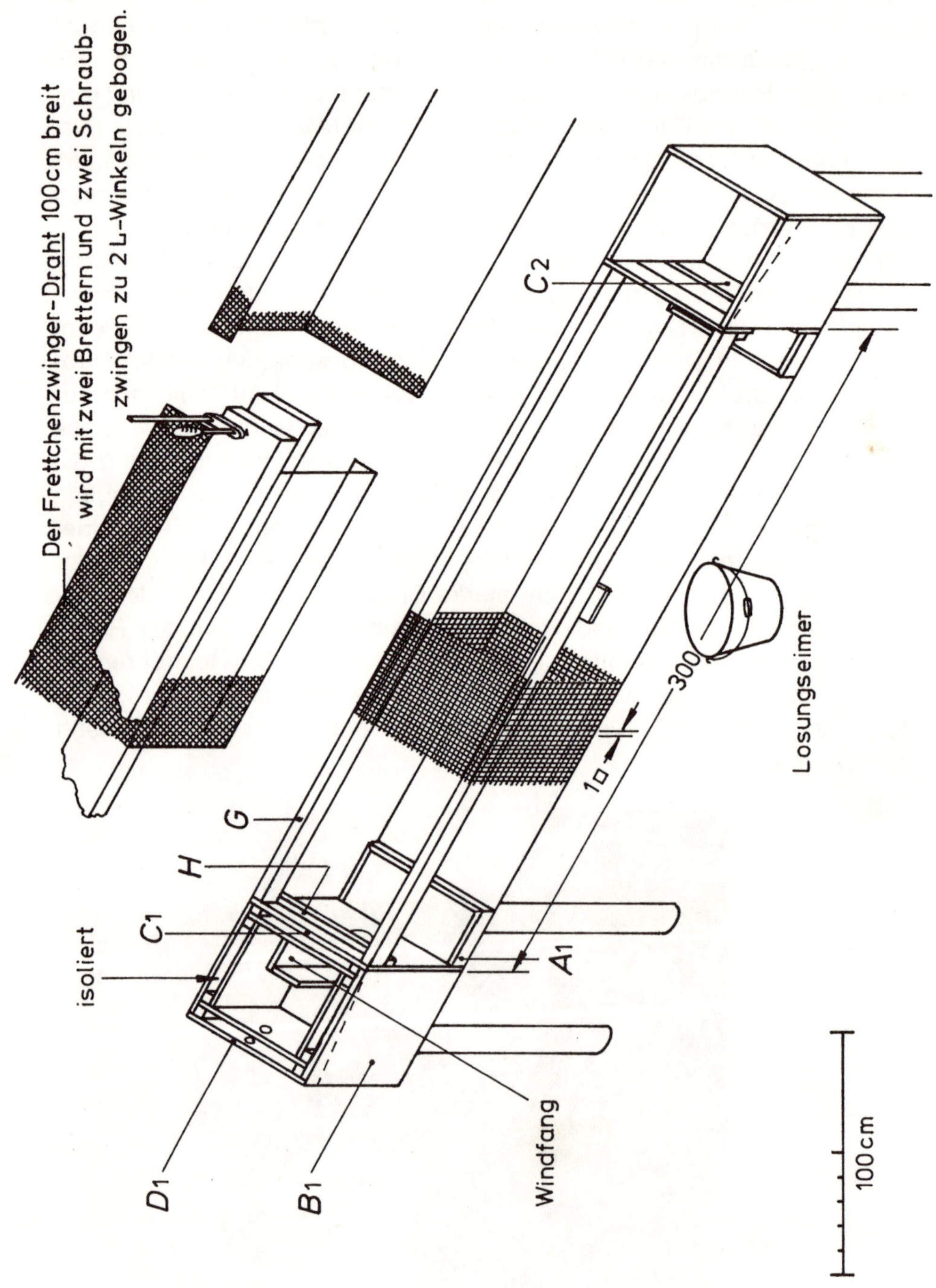
Der Frettchenzwinger-Draht 100cm breit
wird mit zwei Brettern und zwei Schraub-
zwingen zu 2 L-Winkeln gebogen.
C2
isoliert
C1
H
G
D1
B1
Windfang
A1
1□
300
Losungseimer
100 cm

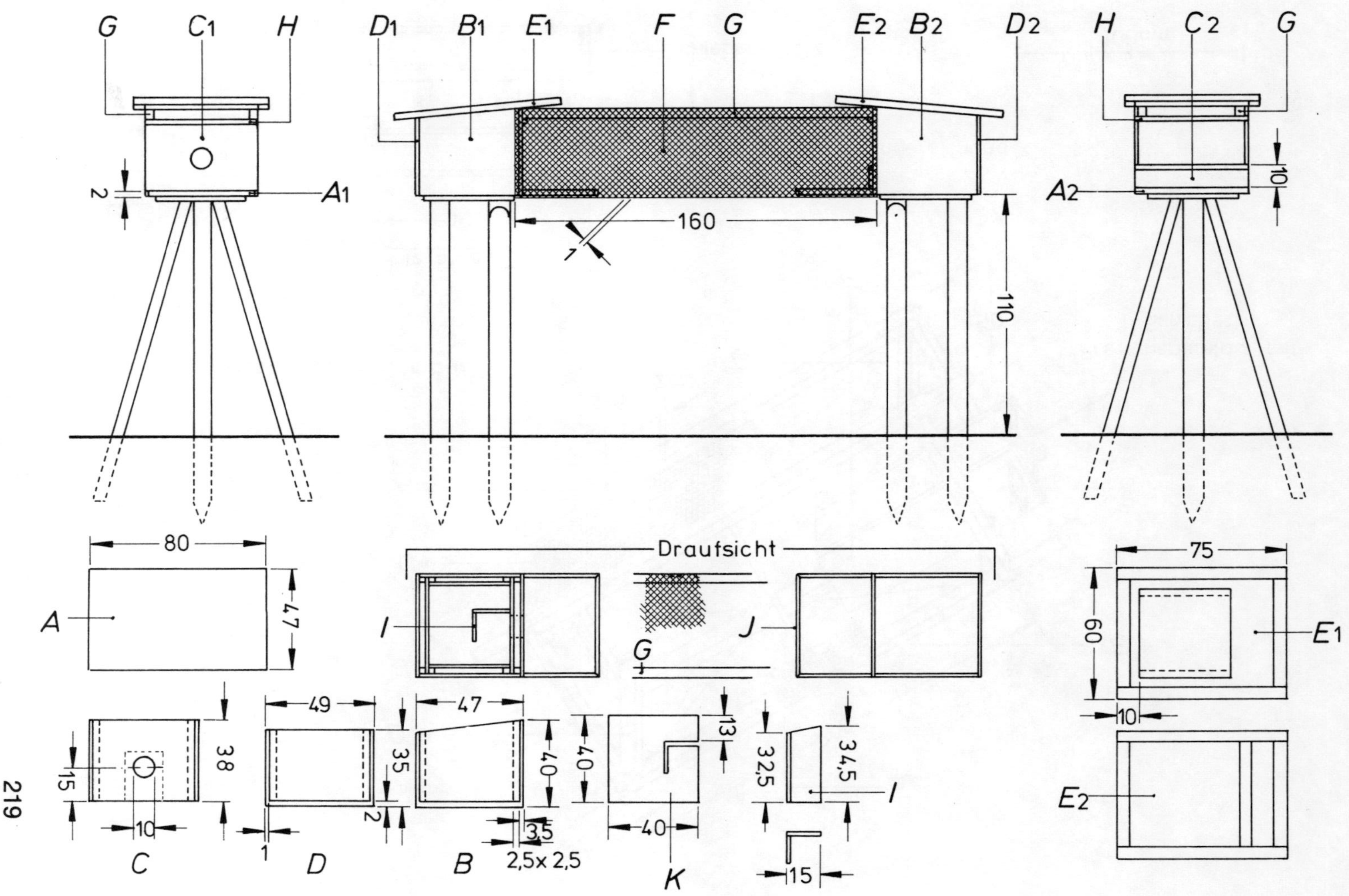

G
C1
H
D1
B1
E1
F
G
E2
B2
D2
H
C2
G
A1
2
A2
10
160
1
110
80
47
A
38
15
10
C
49
35
2
1
D
47
40
40
35
B
2,5x 2,5
13
40
K
15
32,5
34,5
I
Draufsicht
I
G
J
75
60
10
E1
E2
219
Frettchenzwinger 84

25
D
E
200
80
B
C
A
4×6
2□
verlöteter Siebdraht 2cm□ (C)
G
F
50
Frettcheneinlauf mit Schieber
Holzröhre (F)
100
6
15
15
Zwingeröffnung
10
6
Schieberschlitz
100cm

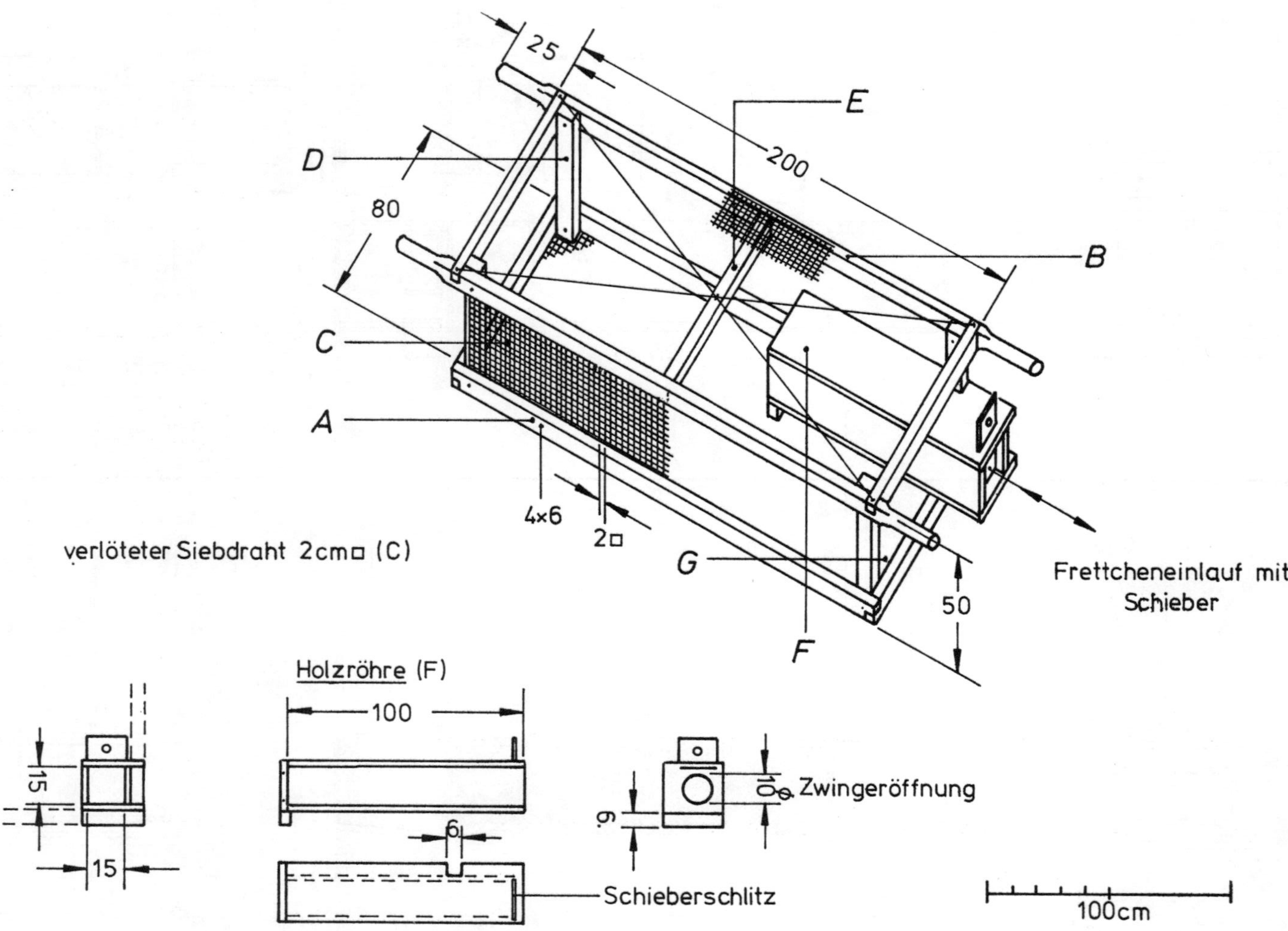

220

Wittrungsschuh und Fährtenschuh

Um den Jagdhund für die schwierige Nachsuche auf krankgeschossenes Schalenwild vorzubereiten gibt es viele Möglichkeiten: Die Einarbeitung auf der kalten Gesundfährte (Jägerhofmethode); die Arbeit auf der künstlichen Schweißfährte mit getupftem oder gespritztem Schweiß; die Führung des Hundes auf der Schleppe, insbesondere die Arbeit des Junghundes auf der Futterschleppe. Es ist wesentlich einfacher den Welpen von der Futterschleppe über die künstliche Schweißfährte auf die Nachsuche vorzubereiten, als wie den Jagdhund nach den Gehorsamsfächern, dem Apportieren, der Arbeit im Feld, dem Stöbern usw. auch noch als letztes auf Schweiß zu führen. Der Welpe ist noch »Jungwolf«, sein übergeordneter Selbsterhaltungstrieb macht die Einarbeitung auf der Schweißfährte besonders leicht.
Mit dem Wittrungsschuh und Fährtenschuh können die genannten Einarbeitungsmethoden ergänzt und kombiniert werden (Abb. 192). Es ist gar nicht so wichtig wie man die Krankfährte legt, was man den Hund suchen läßt, sondern vielmehr nur, daß er sucht worauf er angesetzt wird und daß er fährtentreu im weitesten Sinne ist.

Abb. 192 Wittrungsschuh und Fährtenschuh

Ein brauchbarer Wittrungs- und Fährtenschuh besteht aus einem etwa 4,5–5,0 cm starken ovalen, etwa der Form einer Schuhsohle nachempfundenen Stück gehobelten Hartholz (Zeichn. 86). Das Zuschneiden der Schuhe geschieht am besten mit einer elektrischen Stichsäge, mit kurvengängigem Sägeblatt.

Der große Ausschnitt im linken Wittrungsschuh wird von unten auf der Laufsohle mit einem Lochblech verschlossen. In dieses ausgeschnittene Fach kann ein Stück Lunge oder Pansen für die Wittrung eingelegt werden und wird von oben mit einem eingepaßten Deckbrettchen abgedeckt.

Der Fährtenschuh ist in der Mitte längsgeteilt und mit 2 Ausschnitten versehen, die der Form nach dem Querschnitt eines schwachen Rotwildlaufes entsprechen. Die beiden Hälften dieser Holzplatten werden mit 2 langen Schrauben nebst Flügelmuttern zusammengehalten. Die Schrauben ermöglichen das Öffnen der Ausschnitte und machen sie für Läufe verschiedener Stärke und Wildart passend. Im Bereich des Absatzes befindet sich eine Lederferse die den Jagdschuh in Verbindung mit einem langen Lederriemen durch die Riemenösen mit dem Fährtenschuh gut verbindet und festen Halt gibt. Dieser feste Sitz der Fährtenschuhe an den Jagdschuhen des Jägers ist sehr wichtig beim Legen der Fährte im Gelände.

Grundsätzlich eignen sich Läufe aller Hochwildarten, wobei man je nach Revierverhältnissen entweder Rotwild- oder Schwarzwildläufe bevorzugt. Selbstverständlich nimmt man dort, wo etwa nur Dam- oder Mufelwild vorkommt, die Läufe dieser Wildarten.

Wir wissen heute, daß Wild bereits unmittelbar nach dem Schuß eine von der des ruhigen Normalzustandes abweichende Wittrung ausscheidet. So werden auch die Art und die Intensität der von den abgenommenen Läufen (abtrennen über dem Oberrücken oder unter dem Geäfter) ausströmenden Wittrung ganz verschieden sein.

Aus dieser Überlegung heraus bietet es sich beispielsweise an, an einem in der Frühe geschossenes Wild die Schalen von je einem Vorder- und Hinterlauf abzunehmen, in den mitgeführten Fährtenschuh einzuspannen und eine mehr oder weniger lange Fährte zu legen. Nach zwei bis drei Stunden läßt sich diese zum Wild führende Fährte mit dem Hund ausarbeiten, ohne daß das noch am Ort liegende Wildbret Schaden leidet. Diese Form des Fährtenlegens ist wohl die »natürlichste« aller Kunstfährten, weil dem Hund durch das erlegte Stück ein volles Erfolgserlebnis geboten wird und nicht zuletzt, weil die beiden Läufe, die verwendet wurden, von dem erlegten Stück stammen.

Ist die Möglichkeit nicht gegeben gleich nach dem Schuß die Fährte zu legen, so lassen sich die Läufe luftig aufhängen und trocknen. Die Schalen von einem Rotwildkalb welche vor 12 Jahren luftgetrocknet wurden riechen heute noch mit Menschennase nach Rotwild. Um einen Vorrat an Läufen für die Fährtenschuhe anzulegen, können sie auch eingefroren werden. Auch können die Läufe ohne weiteres mehrfach verwendet werden.

Beim Legen einer künstlichen Schweißfährte ist unbedingt darauf zu achten, daß am Anschuß Schnitthaar ausgestreut wird. Schnitthaar ist immer am Anschuß wenn das Geschoß das Stück Wild verletzt hat, Schweiß oft sehr wenig. Der vom Schweißhund geführte Jäger – einen Schweißhundeführer gibt es bei dieser Arbeit nicht – sollte beim Legen der künstlichen Schweißfährte auf das Vorhandensein von Schnitthaar achten. Das Schnitthaar läßt sich problemlos vom erlegten Wild entnehmen und kann in einem Glasbehälter mit luftdichtem Verschluß in großer Menge aufbewahrt werden.

Die künstliche Schweißfährte sollte im abwechslungsreichen Gelände und Bewuchs gelegt werden. Für den Junghund ist mit einer Stehzeit von mindestens 3 Stunden zu beginnen. Man steigert die Stehzeit etappenweise bis zur Übernachtfährte. Für die Fährtenlänge gilt das gleiche. Sie richtet sich nach dem Fährtenwillen und dem Konzentrationsvermö-

Abb. 193 Legen einer künstlichen Schweißfährte mit dem Schweißfährtenstock, dem Wittrungsschuh und Fährtenschuh

gen des Junghundes. Gewöhnlich kann mit 200 bis 300 m vom Anschuß bis zum Stück oder Decke oder Schwarte begonnen werden.

Sehr viele Variationsmöglichkeiten sind beim Legen einer Schweißfährte in Verbindung mit dem Wittrungsschuh und Fährtenschuh vorhanden (Abb. 193).

Das eingelegte Lungen- oder Pansenstück in den Wittrungsschuh macht die Arbeit für die unerfahrene Hundenase besonders leicht.

Mit dem Fährtenschuh findet der Hund auch die nötige Bodenverwundung vor und das Trittsiegel vor Trittsiegel. Es können Widergänge angelegt werden. In Kombination mit dem Schweißfährtenstock (Seite 204) wird die Fährte mit Schweiß getupft, nach dem Wundbett kann eine schweißfreie Strecke angelegt werden. Zum bequemen Laufen sollte der linke Wittrungsschuh und der rechte Fährtenschuh getragen werden. Um die Fährte nicht zu intensiv zu legen, kann die Wittrung aus dem linken Schuh herausgelassen werden. Auch ohne Schweiß, nur mit den Fährtenschuhen, kann die Wundfährte gelegt werden.

Eine andere besonders hervorzuhebende Möglichkeit bietet der Fährtenschuh wenn es darum geht, den Hund zur Fährtentreue zu erziehen. Man spannt hierzu, nachdem die eigentliche Fährte getreten wurde, andere Schalen in die Schuhe und kreuzt damit ein- oder mehrmals die Fährte oder geht je nach Ausbildungsstand des Hundes, stückweise auf der eigentlichen Fährte entlang. Anfangs wird man hierzu die Läufe von zwei verschiedenen Wildarten verwenden, etwa Rotwild und Schwarzwild. Später dann, wenn der Hund schon sicherer ist, kann man auch die Läufe zwei verschiedener Stücke der gleichen Wildart nehmen z. B. Alttier und Kalb.

Zum Suchen von Geweihabwurfstangen kann der Jagdhund mit den Fährtenschuhen ausgebildet werden. Im Frühjahr, in der stillen arbeitslosen Schweißhundzeit, wird eine frische Abwurfstange im Revier ausgelegt und mit dem Fährtenschuh die Färte z. B. zum Rotwildfutterplatz getreten. Wenige Tropfen Schweiß – vom Rosenstock – am Futterplatz ausgespritzt veranlaßt den erfahrenen Hund unter Zuspruch die Fährte rückwärts auszuarbeiten und der Hund findet die Abwurfstange. Wird der Hund zum Abwurfstangensuchen frei geschnallt, so ist es ratsam ihm eine kleine Glocke mit Gummihalsband anzulegen um dem Rotwild im Einstand rechtzeitig den suchenden Hund »mit Geläut« anzukündigen, das Wild würde sonst von dem stummsuchenden Hund überrascht und gehetzt. Die Fährtenschuhe werden nach dem Gebrauch mit Wasser und Bürste gereinigt und an einem luftigen Ort, ohne Zivilisationsdüfte anzunehmen, aufgehangen.

Riemenösen
aufgenähte Lederschlaufe
1,2
Hartholz
Riemenschlaufe
21
4,5
Seitenansicht
linker Wittrungsschuh
Lochblech
31
4,3 r
5,3 r
7
Draufsicht
Lederferse
20
1,0–1,5
Lederferse
12
Ösenblech
Nägel
Seitenansicht
7
Schloßschrauben M 8
7
rechter Fährtenschuh
8
0
4,3 Ø
Draufsicht
2,5
Flügelmuttern
2,5
10cm

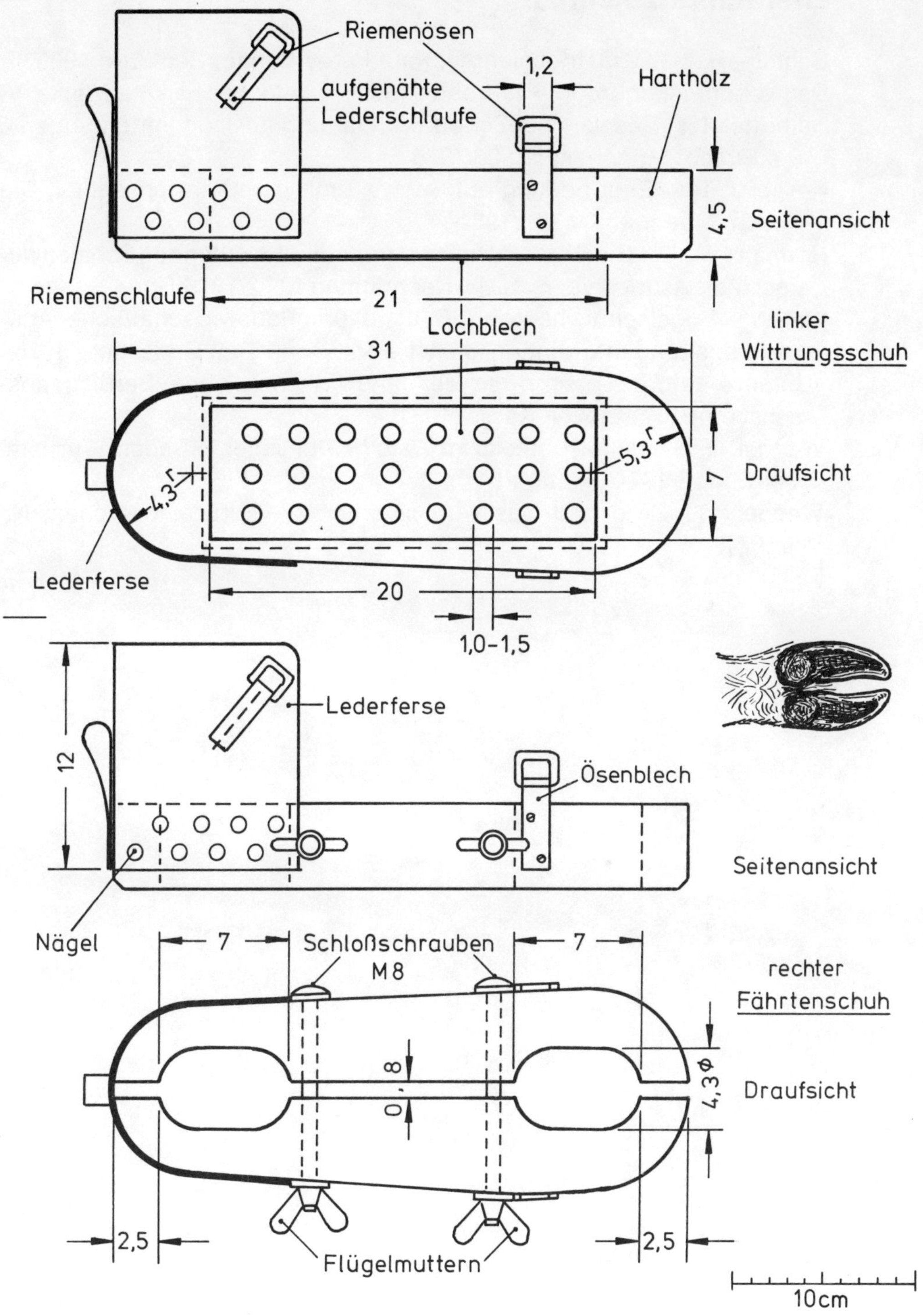

225

Literaturverzeichnis

Behnke, H.: »Jagdbetriebslehre«, Paul Parey Verlag, Hamburg 1965

Deutscher Falkenorden: »Jahrbuch 1965«, Deutscher Falkenorden e. V.

Halbritter, L.: »Gesetzlicher Schutz und Haftung für Jagdeinrichtungen«, Die Pirsch, München, Nr. 26/1975

Hespeler, B.: »Einarbeitung auf Schweiß mit dem Fährtenschuh«, Die Pirsch, München, Nr. 14/1981

Hofmann, R. R.: »Die Charakterisierung des wiederkäuenden Schalenwildes nach Äsungstypen«, DJV-Nachrichten Nr. 2/1976 Bonn

Keil, W.: »Vogelschutz heute«, AID (Land- und Hauswirtschaftlicher Auswertungs- und Informationsdienst e. V.), Bonn-Bad Godesberg 1975

»Unfallverhütungsvorschriften der landwirtschaftlichen Berufsgenossenschaft«, Hannover–Kassel 1981

Wandel, G.: »Hirsch-Apotheke im Wald?«, Der Jäger in Baden-Württemberg, Nr. 2/1974, Stuttgart

Wandel, G.: »Wie und was wird siliert?«, Die Pirsch, München, Nr. 1/1971

BLV-Bücher – unentbehrlich für jeden Jäger

Jagd-Lexikon

Wildbiologie, Jagdbetrieb und Wildhege, Wildkrankheiten, Jagdhunde, Jagdwaffen, Falknerei, Jagdkultur, Jagdgeschichte, Jagdrecht, Naturschutz, Land- und Waldbau

Dies ist bei uns das erste umfassende und neu erarbeitete Jagd-Lexikon in deutscher Sprache seit Anfang dieses Jahrhunderts. Mit über 5000 Stichwörtern, mehr als 1000 Abbildungen und lexikalisch aufbereitetem, komprimiertem Wissen von 14 Fachautoren informiert es über alle Teilgebiete der modernen Jagdwissenschaft und Jagdpraxis.

707 Seiten, 560 Fotos, 426 Zeichnungen, 110 Verbreitungskarten

BLV Jagdbuch
Fritz Nüßlein/Walter Helemann

Jagdkunde

Ein Lehrbuch zur Einführung in das Waidwerk

Das Standard-Lehrbuch bietet wichtiges Grundwissen für die Bereiche Jagdrecht, Wildtierkunde, Jagdbetrieb, Wildkrankheiten, Jagdhunde, Waffenkunde, informiert über Umwelt- und Naturschutz, Landschaftsschutz und -pflege und vermittelt die Grundlagen des Land- und Waldbaues. Die einzelnen Themen werden nicht in Frage und Antwort, sondern in einer Gesamtschau behandelt. Damit bleibt die »Jagdkunde« auch nach der Jägerprüfung ein wichtiger Leitfaden und Ratgeber.

11. Auflage, 375 Seiten, 4 Farbtafeln, 264 Fotos, 80 Zeichnungen

BLV Jagdbuch
Carl Tabel

Der Jagdgebrauchshund

seine Erziehung, Abrichtung und Führung

Aus jahrzehntelanger Praxis gibt der Autor eine Fülle von Ratschlägen und Hinweisen an jeden Führer weiter, gleich ob er einen Vorsteh-, Stöber- oder Erdhund führt. Die Berücksichtigung der Psyche des Hundes steht als Grundlage für die erfolgreiche Ausbildung im Vordergrund.

6. Auflage, 293 Seiten, 132 Fotos, 9 Zeichnungen

BLV Jagdbuch
Ernst Schäfer

Hegen und Ansprechen von Rehwild

Alle Fragen zur Rehwildhege in der Kulturlandschaft werden praxisnah nach dem neuesten Stand wildbiologischer Erkenntnisse und praktischer Hegeerfolge ausführlich behandelt.

4. Auflage, 218 Seiten, 68 Fotos

BLV Verlagsgesellschaft München

BLV-Bücher – unentbehrlich für jeden Jäger

BLV Jagdbuch
Rolf Hennig
Schwarzwild
Biologie – Verhalten – Hege und Jagd

Die umfassendste Monographie über Schwarzwild behandelt aktuelle Probleme der Wildstandsbewirtschaftung wie Bestands- und Abschußplanung, Sinn und Aufgabe der Schwarzwildringe, Wildschadenverminderung, das »Lüneburger Modell« sowie Jagdgehegehaltung und bespricht diverse weitere Fragen rund um diese Wildart.

221 Seiten, 54 Fotos, 18 Zeichnungen

BLV Jagdbuch
Eberhard Schneider
Der Feldhase
Biologie – Verhalten – Hege und Jagd

Der Hase als Wild unserer Kulturlandschaft, seine Abstammung und Verwandtschaft zu anderen Tieren sowie seine Verbreitung wird hier beschrieben. Zudem erfährt man alles über Parasiten, Krankheiten und erhält Hinweise zur Wildbiologie mit Tips für Hege und Jagdpraxis.

198 Seiten, 11 Farbfotos, 31 s/w-Fotos, 4 Bildserien, 27 Zeichnungen

---

Albrecht und Jenke von Bayern
Über Rehe in einem steirischen Gebirgsrevier

Das außergewöhnliche Werk vermittelt neben einer Vielzahl von hervorragenden Farbfotos eine Fülle an Erfahrung und Wissen über die Verhältnisse eines Reviers und seiner bodenständigen Rehe. Es bietet Anregung und Hilfestellung in der täglichen Revierpraxis und beantwortet gleichzeitig aktuelle Fragen der Rehwildhege.

3. Auflage, 247 Seiten, 597 Farbfotos, 1 s/w-Foto, 28 Tabellen, 7 Diagramme, 14 Zeichnungen

BLV Verlagsgesellschaft München